国宏智库青年丛书

东亚电子产业空间格局及对中国区域发展影响

公丕萍 著

中国社会科学出版社

图书在版编目（CIP）数据

东亚电子产业空间格局及对中国区域发展影响／公丕萍著．—北京：中国社会科学出版社，2021.10

（国宏智库青年丛书）

ISBN 978-7-5203-9339-3

Ⅰ.①东… Ⅱ.①公… Ⅲ.①电子工业—产业发展—研究—东亚 ②区域经济发展—研究—中国 Ⅳ.①F431.66 ②F127

中国版本图书馆 CIP 数据核字（2021）第 230127 号

出 版 人	赵剑英
策划编辑	喻 苗
责任编辑	刘凯琳
责任校对	任晓晓
责任印制	王 超

出　版	中国社会科学出版社
社　址	北京鼓楼西大街甲 158 号
邮　编	100720
网　址	http://www.csspw.cn
发行部	010-84083685
门市部	010-84029450
经　销	新华书店及其他书店

印　刷	北京明恒达印务有限公司
装　订	廊坊市广阳区广增装订厂
版　次	2021年10月第1版
印　次	2021年10月第1次印刷

开　本	710×1000　1/16
印　张	14
字　数	205 千字
定　价	78.00 元

凡购买中国社会科学出版社图书，如有质量问题请与本社营销中心联系调换
电话：010-84083683
版权所有　侵权必究

前言

本书是在我博士学位论文的基础上修改完善而成的,是一本略显"迟到"的专业著作。博士毕业后,原计划将学位论文尽快整理成书,但来到中国宏观经济研究院工作后,我面临工作环境改变、科研任务加重、家庭生活变故及转型等多重变化,因此迟迟未能付诸行动。时隔多年,随着工作生活均渐入正轨,我终于得以借此次"国宏智库青年丛书"编撰之机,下定决心对博士学位论文进行整理、修改和成书。

本书的整理和出版,最主要是出于两方面的原因。一方面是与当前的中美竞争加剧态势有关。自2018年以来,中美之间贸易竞争日趋激烈,美国对中国高科技产业的打击压制措施明显增强,特别是将我国多家主要的电子产品有关企业列入了实体名单。在这种情况下,回顾世界、东亚与我国电子制造业的发展历程及空间联系网络,对于我国制定合理的电子产业政策、寻找恰当的产业突围切入点等都是非常有益的。另一方面是与书中所用的科学分析方法有关。在多年的工作实践过程中,我接触了关于"一带一路"建设和区域发展战略政策研究领域的大量课题,在课题开展过程中,深感政策建议需要科学依据的必要性。而本书内容中既有关于产业发展历程梳理的定性分析,也有关于区域间投入产出表的编制和量化研究,这些对于科学分析和理解社会经济现象来说都是非常必要的;特别是,书中部分研究方法与成果在我参与2019年度国家高端智库课题《推进"一带一路"建设高质量发展研究》撰写专题报告时,发挥了重要基础支撑作用。基于上述种种考虑,终于下定决定将其系统整理出版。

本书核心内容是关于东亚及中国电子制造业空间组织格局的量化分析,是对全球生产网络研究的有益补充。本书包含八个章节,其主要内容可大致分为五个部分,分别是:电子制造业产业链的基本介绍及研究回顾、全球电子制造业生产与贸易的时空演变、东亚地区间投入产出表的编制方法与过程、东亚电子制造业贸易的地区间联系及其对区域发展的影响、中国电子制造业的省级贸易联系及其对经济发展的影响。经过研究发现,(1)全球电子制造业呈现梯度转移发展特征,东亚-东南亚地区已崛起处于全球电子制造业生产和贸易的核心位置;(2)东亚地区内部贸易联系日趋紧密,且贸易互补性较强;(3)中国大陆南部沿海和东部沿海地区对日本、韩国及中国台湾地区的中间投入依赖程度较强,台湾地区、韩国及日本是贸易增加值的净流入地;(4)中国大陆电子制造业已形成了以江苏为核心的泛长三角和以广东为核心的泛珠三角两大组团,前者对东北及华北地区各省有较强影响,而后者主要影响中国中部及南部各省。总体来看,本书内容既包含对全球电子制造业空间组织情况的系统梳理,也包含对东亚地区内部电子制造业空间联系与影响的深入分析。

本书在研究撰写和整理出版的过程中,得到了周围很多人的支持和帮助,这是本书带给我的一笔宝贵财富。一方面,我要特别感谢我研究生期间的导师——中国科学院地理科学与资源研究所副所长刘卫东研究员。刘老师在博士论文选题、研究思路与框架设计、重要数据获取和结果分析的全过程中,给予了我悉心指导和大量帮助,可以说,没有他的支持很难有本书的成形。同时,刘老师胸怀家国的情怀、渊博深湛的学识、豁达勤勉的态度、科学严谨的风格、正派温和的作风,更为我树立了生活工作的学习榜样!同时,我还要感谢中科院地理所宋周莺研究员、唐志鹏副研究员等师长和师兄弟姐妹的关心帮助,让我在地理所度过了美好的研究生生活。另一方面,我要真诚地感谢史育龙所长、高国力所长、申兵副所长、张庆杰副所长、夏成副所长、曹忠祥主任、卢伟主任、张燕主任等单位历任领导和周围同事对我工作及生活方面的关心支持与指导帮助,让我在经历生活工作环境转变及身份转换的过程中少了些彷徨、多了些踏实！也正是因为他们为我提供了包容宽松的工作空间，才让我有时间和精力将该书整理出版。还要感谢本书编辑——喻苗老师，她认真负责和细心周到的工作态度为本书顺利出版提供了重要保障。最后，我要感谢下我的家人们——我的爸爸、妹妹及爱人，正是他们坚定温暖的支持，让我在遇到困难时没有放弃、得以抵达阶段性"终点"。特别是希望我最爱的妈妈可以放心，我会照顾好自己，也会照顾好家人！

需要特别说明的是，本书的研究工作得到了中国科学院地理科学与资源研究所刘卫东研究员牵头的国家杰出青年科学基金项目"区域发展研究"（2012-2015，41125005）的大力支持！本书出版过程得到了宏观院中青年人员著作出版资助和宏观院国土开发与地区经济研究所卢伟研究员牵头的国家高端智库项目"推进'一带一路'建设高质量发展研究"课题的资助，在此表示真挚感谢！

文末，在强调说明文责自负的基础上，再次向所有为本书提供过指导和帮助的师长朋友们，特别是受限于篇幅未能一一提及的朋友们，致以真挚的感谢！

公丕萍
2021 年 10 月

目 录

第一章 绪 论 // 1
　　第一节　研究背景 // 1
　　第二节　研究意义 // 6
　　第三节　研究目标与内容 // 7
　　第四节　研究方法与路线 // 9

第二章 产业空间组织研究的相关理论与进展 // 12
　　第一节　产业发展与空间组织的相关理论基础 // 12
　　第二节　全球生产网络及全球价值链相关研究进展 // 23
　　第三节　小结 // 35

第三章 电子制造业的产业链构成与空间组织研究 // 37
　　第一节　电子制造业的概念、范围及特点 // 37
　　第二节　电子制造业的技术变革历程 // 41
　　第三节　电子制造业的产业链构成 // 45
　　第四节　电子制造业的产业空间组织研究综述 // 54
　　第五节　小结 // 59

第四章 全球电子制造业的生产及贸易发展与格局演变 // 61
　　第一节　全球电子制造业生产格局的发展演变 // 61
　　第二节　1980年以来全球电子制造业贸易的时空演变特征 // 72

第三节　1980年以来全球电子制造业贸易网络的演变特征 // 95
第四节　小结 // 99

第五章　东亚地区间投入产出表的数据处理与编制 // 101

第一节　国家间投入产出表的形式及编制方法 // 101
第二节　中日韩及中国台湾地区投入产出表编制情况及数据预处理 // 105
第三节　2010年东亚地区间投入产出表的编制方法及过程 // 116

第六章　东亚电子制造业的地区间贸易组织与格局 // 122

第一节　研究方法及主要指标 // 122
第二节　2001—2014年东亚地区电子制造业的贸易发展演变 // 126
第三节　2010年东亚地区电子制造业空间组织对区域发展的影响 // 140
第四节　小结 // 153

第七章　中国电子制造业的省域空间组织与格局 // 155

第一节　中国电子制造业的发展历程 // 155
第二节　近年来中国电子制造业总量变化及空间格局演变 // 164
第三节　中国电子制造业的省域空间联系分析 // 175
第四节　中国电子制造业生产的增加值分布格局 // 182
第五节　小结 // 192

第八章　主要结论与研究展望 // 195

第一节　主要结论 // 195
第二节　对我国电子制造业发展的政策建议 // 199
第三节　研究展望 // 201

参考文献 // 203

第一章 绪 论

第一节 研究背景

一 全球化背景下区域发展与产业空间组织密切相关

自 20 世纪后半期以来，信息技术及交通运输技术迅猛发展，使得原材料等要素及产品的流动性大大提升，对经济的组织方式及空间格局造成了广泛而深入的影响（Dicken，2003）。尤其是 20 世纪 50 年代以来，商业喷气式飞机与集装箱运输两项关键交通运输方式的出现，以及卫星、光纤及互联网等通信技术的进步，极大地压缩了经济活动空间，对世界经济地理产生了深刻而广泛的影响（Dicken，2003；Coe et al.，2007）。

交通及通信技术进步带来的空间压缩效应，不仅使生产者与消费者的空间分离成为可能，而且促进了生产过程的片段化及其在全球范围内的空间再配置，产业空间组织方式发生了重大转变。为了尽可能地降低生产成本，寻求利益最大化，以及应对全球范围内日益激烈的竞争，资本主义经历了由标准化生产、大众消费的"福特主义"向柔性生产、个性化消费的"后福特主义"的转型（Cox，1997；Dicken，2003；苗长虹，2011）。企业广泛采用新技术、新资源，以及新的产业链组织方式，产业生产体制及空间组织方式更趋灵活（见表 1-1）。

在全球经济不断整合的背景下，区域发展与产业空间组织的关系更加紧密。一方面，作为全球经济的首要"推动者与塑造者"，跨国公司通过投资、转包等方式构建跨国生产网络，对"接入"网络的企业、地区造成不同程度的影响（Dicken，2003；Coe et al.，2007）。以笔记本电脑的生产为例，尽管全球众多品牌企业的笔记本生产业务转包给了以富士康为代表的中国台湾企业，但具体的制造工厂多位于中国大陆，因此笔记本电脑的跨国生产网络对中国台湾及大陆地区发展造成不同影响。另一方面，与地方研究的复兴相适应，区域可以通过自身经济制度的构建及创新来影响资金、商品、服务等资源"流"，从而参与到全球化过程及产业的空间组织之中（刘卫东等，2003）。

表1-1　　　　　　　福特主义与适时生产的空间组织对比

项目		福特主义的生产（以规模经济为基础）	适时生产（以地域经济为基础）
空间	功能空间的专门化（集中化/非集中化）	空间集群与集聚
	劳动空间划分	空间合并
	地区劳动市场同质化（空间上被分割的劳动市场）	劳动市场多样化（地方内的劳动市场分割）
	组成部分和转包者的世界范围来源	半垂直式结合的公司在空间上的近似

资料来源：哈维（2003）；引自：苗长虹（2011）。

二　东亚电子制造业区域生产网络在全球经济中的崛起

作为专业化程度较高的行业，电子制造业处于全球化最前端，它对国际贸易及生产网络的依赖程度是其他行业无法比拟的（Ernst，1997）。以苹果为例，2012年初，该公司公布的供应商有156家之多，涉及集成电路（IC）/分立器件、内存、硬盘/光驱、被动器件等14个行业类型；零部件供应商的空间分布范围覆盖美国、欧洲、日本、韩国、中国台湾等众多地区（刘卫东等，2013）。

在电子制造业的生产组织中，东亚及中国扮演着十分重要的角色。20世纪后期，全球生产网络不断扩展并日益深化，为东亚地区提供了更多的发展契机，对产业发展起到了一定的促进作用。随着大型跨国公司的进入，以及当地电子产业公司的纷纷建立，东亚逐渐成为全球电子产业中最重要的制造基地，特别是在电子产品的装配和零部件生产方面尤为突出（Yusuf et al.，2005）。特别地，中国已经成长为世界电子信息产品的第一制造大国。2010年，在世界办公及通信设备制造业出口中，中日韩及中国台湾、中国香港的合计比重高达55.7%，其中中国大陆比重为27.8%，居于世界首位；进口中，中日韩及中国台湾、中国香港的合计比重共达到36.2%，中国大陆比重为15.9%（见表1-2）。

表1-2　2010年办公及通信设备制造业贸易中的重要国家及地区

	出口				进口		
	产值（10亿美元）	比重（%）	排名		产值（10亿美元）	比重（%）	排名
中国大陆	449	28.0	1	欧盟	516	29.5	1
欧盟	364	22.7	2	美国	285	16.2	3
中国香港	173	10.7	4	中国大陆	278	15.9	4
美国	135	8.4	5	中国香港	182	10.3	5
韩国	97	6.0	7	日本	82	4.7	7
日本	93	5.8	8	韩国	48	2.7	9
中国台湾	81	5.1	9	中国台湾	46	2.6	11

数据来源：根据2011年WTO国际贸易数据整理。

三　东亚地区生产网络对中国区域发展具有战略性意义

自20世纪80年代以来，通过不断的改革和对外开放，中国已经积极地参与了全球化过程（陆大道等，1997）。全球化的因素和力量对中国地区发展及其空间过程产生了深刻影响（刘卫东，2003）。在这个过程中，由于地缘等因素的作用，中国与东亚地区经济关系密切。特别是随着东亚区域生产网络的形成，区域经济一体化程度不断加深，中国与东亚的关系更趋紧密（黄卫平，2009）。

长期以来，东亚在中国进出口贸易中占有重要地位，尤其是进口方面（见图1-1）。2010年，在中国商品出口贸易中，亚洲地区的比重达到42.6%，欧盟及北美洲的比重分别为20.5%、19.7%；而在中国商品进口贸易中，亚洲比重达到57.1%，日本、韩国及中国台湾的比重分别达到12.7%、9.9%及8.3%，仅后三者之和就远远超过欧盟（12.1%）

及北美洲（8.9%）的比重。黄卫平（2009）的研究也发现，自20世纪90年代初期以来，中国与东亚贸易伙伴产业内贸易呈明显增加的趋势，其中垂直产业内贸易增加尤其迅速。这在一定程度上反映出，中国在东亚地区生产网络中的融入程度不断加深。

因此，随着区域经济一体化的不断推进，东亚地区生产网络组织对中国产业发展的影响将会不断加大。为实现更好的增长，中国必须加强对东亚地区生产网络的认识，对自身在东亚地区网络中所处的位置进行准确定位。

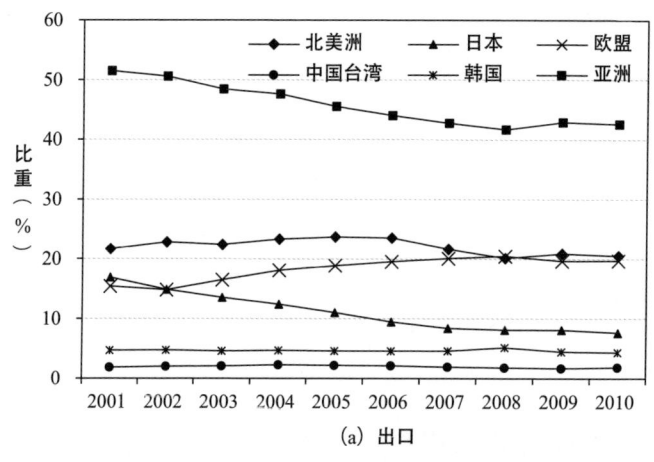

(a) 出口

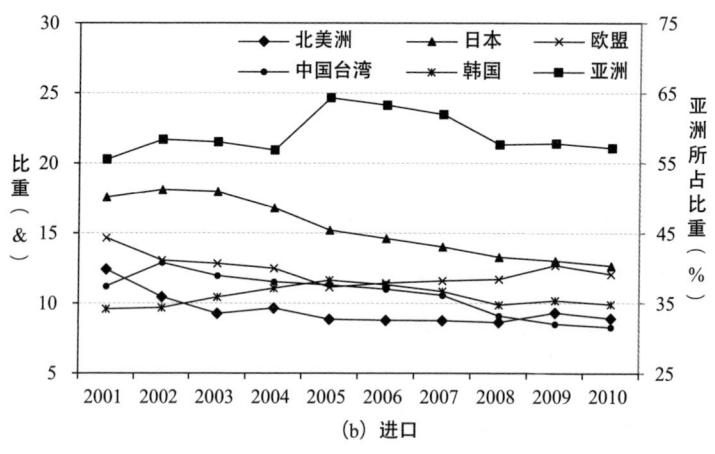

(b) 进口

图1-1 中国与主要国家及地区贸易进出口结构

数据来源：根据历年WTO国际贸易数据整理。

四 中国电子产业发展面临转型升级的重大挑战

改革开放后,中国逐渐形成了出口导向型的经济发展模式。长期以来,为追求高速经济增长,加大投资及刺激出口一直都是中国制定经济政策时的重点。加入WTO后,外贸在中国经济增长中的作用进一步扩大。这种高度外向型的经济发展模式不仅拉大了中国经济发展的区域差距,同时导致了中国经济增长的结构性失衡(刘卫东等,2011a)。

从发展水平来看,作为"世界工厂",中国主要承担了价值链中低端的组装加工环节,制造业的平均附加值水平远远低于美国、日本等发达国家(见图1-2a)。这在苹果iPhone附加值的国家/地区分布中可以清晰地看出(刘卫东等,2013):材料成本占21.7%,未确认利润占5.8%,苹果公司利润为58.5%,非苹果美国公司的利润占2.4%,韩国公司的利润占4.7%,欧洲公司为2.4%,日本公司和中国台湾公司利润分别为0.5%,非中国大陆劳工成本占3.5%,而中国大陆劳工成本仅占1.8%。从产业结构来看,中国第三产业比重偏低;高技术制造产业的比重也远低于美国、德国、日本等制造业先进国家,对经济贡献较小(见图1-2b)。这种发展模式严重影响了中国经济增长的质量,带来了巨大的社会成本及资源环境代价。

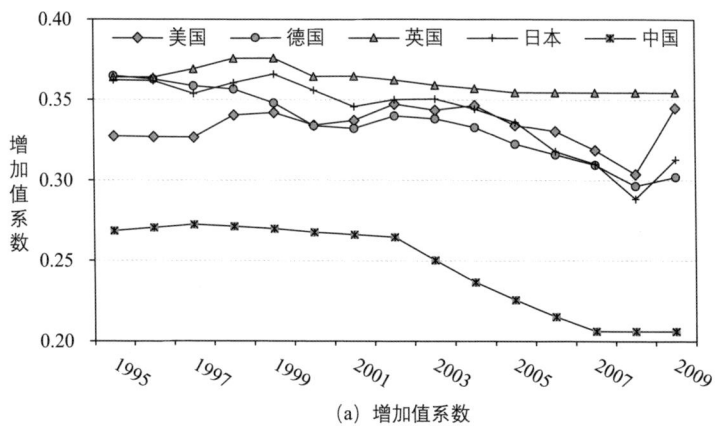

(a) 增加值系数

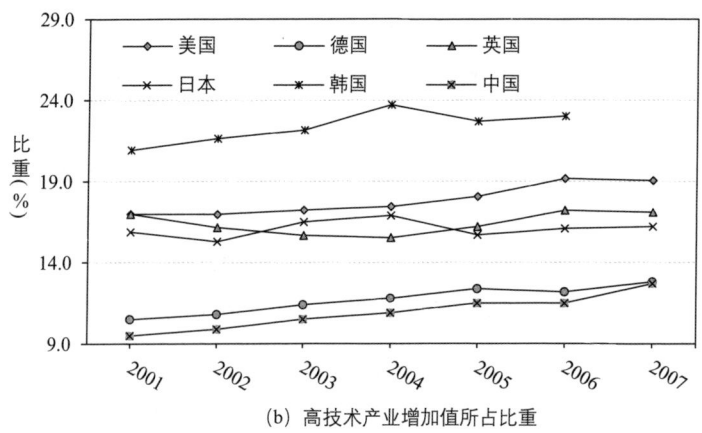

(b) 高技术产业增加值所占比重

图1-2 中国与部分国家制造业的增加值系数（a）及高技术产业增加值所占的比重（b）

数据来源：（a）根据World Input-Output Database相关数据整理；（b）《2012年中国高技术产业统计年鉴》。

2008年国际金融危机的爆发，进一步暴露了出口导向型发展模式的局限性，较高的外贸依赖程度使中国更容易受到世界经济波动的影响。此外，随着中国经济的不断发展，中国的劳动成本优势正在不断消失。中国制造业"低成本竞争模式"的发展空间正在不断缩小，中国产品在国际上遭遇的反倾销调查越来越多，所处境地颇为尴尬（刘世锦，2006）。

为实现可持续发展，中国亟须转变高度外向型的发展模式。在当前发展阶段中，如何推进产业的转型升级、提升自身核心竞争力，是中国经济发展面临的一个重大挑战。

第二节　研究意义

在全球化的大背景下，区域发展与产业空间组织的关系日益密切，这是本节的重要理论背景。东亚地区电子制造业生产网络日益崛起，并对中国经济发展的影响逐渐加深，以及中国亟待通过产业转型升级来实现经济发展方式的转变，构成了本节的现实背景。基于上述理论及现实背景，不同尺度下东亚电子制造业的空间组织格局及区域联系特点，以及其对中国区域发展的影响，都亟待深入研究与探讨（见图1-3）。

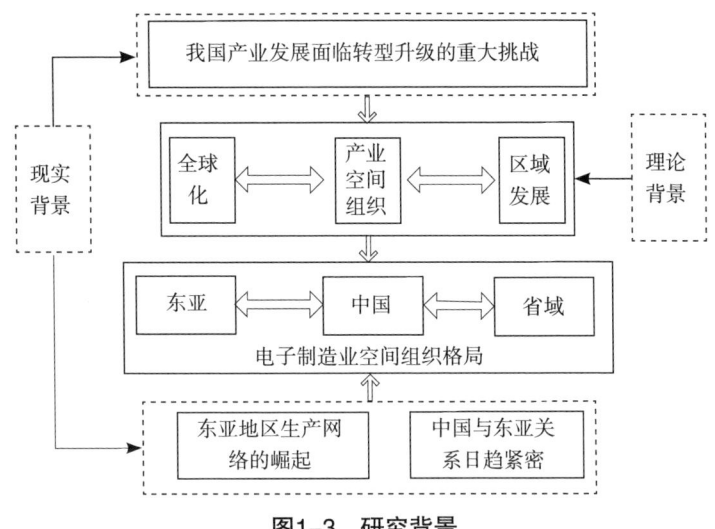

图1-3 研究背景

数据来源：笔者绘制。

本书在理论及现实方面均具有重要意义。在理论方面，本书一方面可以弥补当前产业空间组织研究，特别是全球生产网络及全球价值链研究，定量分析不足的薄弱环节，完善电子制造业空间组织格局的研究体系，另一方面可以丰富产业空间组织对区域发展的影响研究。现实意义方面，本书可以为中国电子制造业的转型升级及空间组织优化提供思路。

第三节 研究目标与内容

一 研究目标

基于投入产出模型，本书旨在研究东亚及中国电子制造业的空间组织格局及区域联系，以及它们对区域发展的影响。具体目标包括：

（1）从区域联系及贸易商品结构等着手，刻画东亚地区电子制造业产业空间组织格局。

（2）基于增加值贸易核算方法，通过刻画增加值的区域流动格局，分析当前东亚地区电子制造业产业空间组织格局对区域发展的影响，特别是对中国区域发展的影响。

（3）结合中国各省区市在东亚地区电子制造业空间组织中的相对分工及获益水平，对中国电子制造业的空间组织优化及转型升级提出政策建议。

此外需要说明的一点，基于上述背景分析及数据获取的考虑，本书所涉及的东亚地区仅限定为日本、中国大陆、韩国及中国台湾四个国家/地区。

二　研究内容

（一）东亚地区间投入产出表的编制

首先，回顾总结地区间投入产出表的编制方法，并确定本书中东亚地区间投入产出表编制的基本思路。其次，明确本书的主要数据来源。然后，制定本书中东亚地区间投入产出表的具体编制方案，包括各国或地区部门分类的匹配方法、分国别进口矩阵及出口向量的研制方案，转换系数向量的确定以及最终的调整平衡方法。最后给出衔接完成的东亚地区间投入产出表。

（二）全球电子制造业贸易的时空格局演变

首先，梳理全球电子制造业发展历程，并重点对美国、日本、韩国及中国台湾地区电子制造业的产业发展政策及历程进行介绍。其次，分别从电子制造业整体及集成电路两个层面，对1980年以来全球电子产品进出口贸易时空格局演变进行分析。最后，采用网络社团识别方法，分别对全球电子制造业整体贸易网络以及集成电路贸易网络的演变特点进行深入分析。

（三）东亚地区电子制造业的空间组织格局

第一，利用贸易显性比较优势指数，分析东亚地区电子制造业贸易总量及相对地位变化过程。第二，分析东亚各地区电子制造业贸易商品结构变化,并结合贸易强度指数及贸易互补性指数,对东亚地区间电子制造业贸易联系格局及特点进行研究。第三,研究东亚地区电子制造业空间组织格局及其对区域发展的影响:对东亚各国/地区电子制造业贸易商品结构进行对比分析;利用前后向联系指数,揭示东亚地区电子制造业的区域联系特点;利用增加值贸易核算方法,分析东亚地区电子制造业增加值流动格局,揭示空间组织格局对区域发展的影响。

(四)中国电子制造业的省域空间组织格局

首先,介绍中国电子制造业的发展历程,并进行发展阶段划分。其次,结合地理学中的空间格局度量指标,对中国电子制造业的生产格局及专业化格局演变特点进行分析及归纳总结。再次,研究省域尺度上中国电子制造业的区域间贸易格局及联系特点。最后,研究中国电子制造业增加值的空间分布格局:在对中国省域电子制造业增加值系数进行简单对比分析后,计算出口对各地区增加值的拉动情况,研究中国电子制造业的增加值分配格局。

(五)中国电子制造业发展优化路径及政策建议

一方面,对研究进行回顾总结,指出中国电子制造业发展中存在的主要问题及发展瓶颈。另一方面,结合研究发现,对中国电子制造业的空间组织优化及转型升级提出具体建议。

第四节 研究方法与路线

一 研究方法

根据研究内容及思路,本书主要以经济地理学、区域经济学、产业经济学以及管理学等相关学科的理论为指导。在研究方法上,本书主要遵循规范分析与实证研究相结合、理论总结与比较分析相结合、历史与逻辑分析相结合的原则,以定量研究为主,以定性分析为辅。本书的核心方法是区域间投入产出模型,此外还包括基于ArcGIS的空间分析及一些基本的数据统计分析等，技术路线如图1-4所示。

（一）区域间投入产出分析

由于投入产出分析在分析产业间投入产出联系及区域联系方面的优势，利用该方法对产业空间组织的研究结果更能反映现实情况。

在构建东亚地区投入产出表的基础上，建立区域间投入产出模型。通过对电子制造业增加值系数的简单对比分析，可以得到对电子制造业发展水平及增加值创造格局的直观认识；将出口带来的增加值分配到各个区域，揭示电子制造业增加值的分配格局；进一步地对各地区出口的增加值结构进行分析，可以得到地区间电子制造业的相互依赖关系。

（二）空间分析

空间分析是探索空间对象之间的空间关系，从中发现规律的方法（周成虎等，2011）。空间对象之间一般都是存在某种空间关系的，通过空间分析可以发现数据本身所不能反映出来的空间联系。

对东亚地区间投入产出表提供的电子制造业贸易数据进行空间分析，可以揭示东亚各国家/地区间的贸易联系及格局，结合增加值贸易核算方法，可以揭示电子制造业的空间组织模式及其对区域发展的影响；在此基础上，结合各省域电子制造业出口贸易商品结构，可以大致把握各省域在中国电子制造业价值链上所处的相对位置及区域发展收益水平。

（三）数据统计分析等方法

除了进行投入产出分析及空间分析，本书还需要通过一些基本的统计分析来反映东亚及各国家/地区电子制造业在世界的地位，以及揭示地区间电子制造业的贸易状况及依赖程度。涉及的指标主要包括贸易显性比较优势指数、贸易强度指数、贸易互补性指数等。

二 技术路线

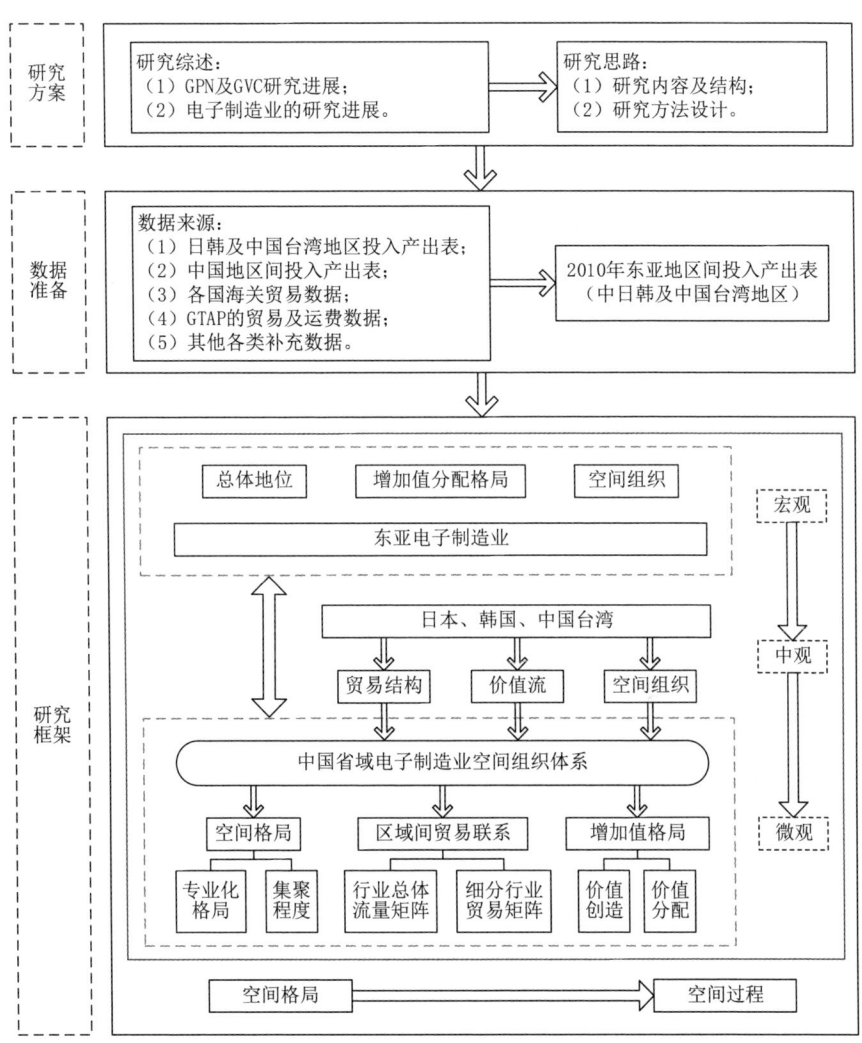

图1-4 技术路线图

第二章
产业空间组织研究的相关理论与进展

该章主要对产业空间组织相关理论及研究进展进行系统阐述，为后续对东亚地区间电子制造业产业空间组织研究提供理论基础。近年来，随着全球化的不断深入，全球产业组织呈现出新态势，涉及地域范围更广，组织结构更复杂。相应地，相关理论不断涌现，包括全球生产网络、全球价值链等。因此，本章主要分为两大部分来对产业空间组织的相关理论进行梳理。第一部分对产业发展与空间组织的经典理论及方法进行回顾，主要涉及区域分工与贸易、产业转移及空间组织，以及区域间投入产出模型三个方面。第二部分对近年来该领域内新涌现的理论流派进行总结，在这里主要对具有较大影响力的全球生产网络、全球价值链两大流派进行概述。

第一节　产业发展与空间组织的相关理论基础

一　区域分工与贸易理论

区域分工，亦称为区际分工、劳动地域分工或地理分工，它是区域间联系的重要形式（魏后凯，2006）。由于地区差异性的存在，尤其是在生产要素及资源无法达到充分流动的情况下，为了实现地区利益最大化，各地根据自己的优势组织专业化生产，从而形成生产活动在地理空间上的分异（魏后凯，2006；李小建，2006）。区域分工与贸易往往是紧密联系的，各个地区可以通过贸易获取自身生产不能满足的产品需求。因此，区域分工是区际及国际贸易发生的前提，同时，贸易发展还会影响并塑造区域分工格局。通过区域分工与贸易，各区域的资源条件得以充分利用，并产生规模经济及集聚经济（魏后凯，2006）。

由于区域分工与贸易的紧密联系，国际贸易理论在区域分工的解释中一直占有重要地位。从始于亚当·斯密的古典贸易理论到当前盛行的新贸易理论，都对区域分工及贸易问题进行了阐述及解释（魏后凯，2006；陈才，2009）。

（一）古典区域分工贸易理论

最初，古典区域分工贸易理论是用于解释国际分工及贸易，后来被区域经济学家引入到区际分工与贸易的解释中。古典区域分工贸易理论以劳动价值论作为基础，通过生产成本及劳动生产率差异来确定各国优势，从而进行分工与贸易。其中，亚当·斯密的绝对优势理论及大卫·李嘉图的比较优势理论具有较大影响。

1. 绝对优势理论

绝对优势理论于1776年由亚当·斯密提出。该理论认为，每个国家都有适于生产某些特定产品的绝对有利的生产条件，如果每个国家都根据绝对有利的生产条件去进行专业化生产，那么就可以使绝对成本降低。然后，彼此进行产品交换，则对有关国家都有利（李小建，2006）。各国在生产技术上的差别使得劳动生产率及生产成本存在绝对差别，这构成了国际贸易和地区分工的基础。各国应当集中要素生产并出口具有优势的产品，进口不具备"绝对优势"的产品，从而实现资源配置的最优化（高鸿业，2011）。

然而，现实中，部分发达国家可能在大多数产品的生产上都存在"绝对优势"，但是国际贸易仍然发生。因此，该理论解释存在着很大的局限性。但总体而言，绝对优势理论为人们理解贸易提供了一种思路，是国际贸易理论的重要部分。

2. 比较优势理论

1815年，罗伯特·托伦斯在《谷物出口评论》一文中最先给出了比较优势的理论框架（Torrens，1840）。大卫·李嘉图在1817年出版的《政治经济学及赋税原理》一书中用数字举例证明了这一理论，使它被人们广为接受（Ricardo，2004）。

该理论认为，两国发生互利的分工和贸易的起点是两国产品的相对成本的不同。国际贸易的形成基础并不一定是生产技术上的绝对差异。只要两国存在生产技术的相对差异，不同产品的生产成本及价格存在相对差别，那么各国就会在不同产品的生产上存在比较优势，从而出现国际贸易与区域分工。每个国家都出口本国具有比较优势的商品，那么贸易将会使各国受益。

该理论极大弥补了亚当·斯密的绝对优势理论的不足，在18—19世纪产业还没有完全形成的历史条件下是个重大贡献，在理论上更广泛地论证了国际贸易的合理性。然而，随着社会的发展，该理论也暴露出一些弊端，如它暗含的完全竞争市场的假设、生产资料在国内完全自由流动的假设等是不符合经济现实的。另外，对于是什么原因造成了各国在生产不同产品上的比较成本差别，该理论也没有给出相对合理的解释（王浩，2011）。

（二）资源禀赋理论

资源禀赋理论是由赫克歇尔（E. Heckscher）和俄林（B. C. Ohlin）先后提出的。在1919年的一篇论文中，赫克歇尔认为产生比较成本差异需要具备两个条件：一是两国拥有不同的要素禀赋；二是在产品生产过程中不同产品的要素投入比例不一样。在此基础上，俄林在继承老师赫克歇尔观点的基础上，于1933年出版的《区际贸易与国际贸易》一书中比较全面地提出了资源禀赋理论。他指出，国家内部的贸易和国际贸易都属于区域间的贸易，进行贸易的基本单位是地域；地域的形成必须具备两个基本条件：一是本地区与其他地区具有不同的生产要素分布和流动情况；二是与其他地区相比，本地区内部各地域之间生产要素分布和流动情况的差异较小（张秀生，2007）。

该理论的基本思想是，区域之间或国家之间生产要素的禀赋差异是它们之间出现分工和发生贸易的主要原因。各地区拥有的要素资源比例是不同的，即各地区生产要素的相对丰裕程度存在差异，由此决定了生产要素相对价格和劳动生产率的差异，从而导致了产品的比较成本存在差异。一般地，在资本丰富的国家，利息率水平相对低于工资水平。在劳动力丰富的国家，工资水平相对低于利息率水平。所以，如果各个国家都密集地使用丰富的要素生产商品就能获得比较优势。也就是说，资本丰富的国家可以较低廉地生产资本密集型商品。劳动力丰富的国家则可以较便宜地生产劳动密集型商品。在国际贸易中，它们就能够出口使用低廉生产要素比例大的商品，进口使用昂贵生产要素比例大的商品。这样，既发挥了各自的比较优势，又满足了相互的需求。在自由贸易的条件下，各个区域或国家都应该根据资源禀赋条件，进行分工，开展贸易，从而更有利于提高各区域或各国的经济发展水平（李小建，2006）。

（三）新贸易理论

20世纪60、70年代以来，对国家间贸易的研究发现，在资源禀赋相似的发达国家之间贸易越来越普遍，发达国家与发展中国家间贸易关系相对减弱，而且产业内的贸易在贸易中的比重越来越大，产业间的贸易所占份额不断下降。传统贸易理论已经不能对现实中的贸易情况做出合理的解释和指导。于是，20世纪70年代末和80年代初开始，以迪克西特、斯蒂格利茨、克鲁格曼、格罗斯曼、赫尔普曼为代表的一批西方学者运用产业组织理论、市场结构理论的分析方法，使用规模经济、不完全竞争、多样化等概念和思想，研究20世纪50年代以来发达国家之间的贸易和产业内贸易现象，创立了新贸易理论（李小建，2006）。

1977年，迪克西特和斯蒂格利茨在《美国经济评论》上发表了一篇题为"垄断竞争与最优产品多样化"的论文，建立了一个规模经济和多样化消费之间两难选择的模型，即D-S模型（Dixit & Stiglitz, 1977）。在这一模型中，从生产者角度考虑，由于生产中存在规模经济，产品生产的规模越大成本越低，产品的品种会越来越少。从消费者角度考虑，由于消费者偏好多样化的消费，因此，产品的品种应越多越好。这就产生了一个两难冲突：消费者要求产品品种多样化，而生产者在资源稀缺性的约束条件下，生产规模就会缩小，导致每种产品的生产成本及价格上升。但由于规模经济的作用，市场竞争会使这种两难达到一种次优的均衡：每个生产者都会生产一种差别性产品，既能满足消费者多样化和廉价的消费需求，又能使生产者本身获得一定程度的垄断利益，从而形成某种垄断竞争的局面。

在迪克西特—斯蒂格利茨模型分析方法的基础上，克鲁格曼假定企业会追求内部的规模经济，并具有垄断竞争的市场结构，通过采用垄断竞争分析方法去分析规模报酬递增条件下的国际贸易。为了追求内部规模经济，企业需要选择专业化的方式以不断地扩大生产规模，并保持在国内市场上的竞争优势。这样就产生了两个结果：一是在国内市场上形成只有少数大企业存在的不完全竞争市场，二是生产的产品种类减少。这样，在规模经济的作用下，国家之间的产业内贸易就会产生。他的研究还表明，当国家间越来越相似，市场结构从完全竞争转变为不完全竞争，达到规模报酬递增阶段的时候，规模经济就取代要素经济的差异成为推动国际贸易的主要原因。这样，该模型就从根本上打破了传统贸易理论中的完全竞争假设和规模收益不变的假定，把新贸易理论提升到基础理论的高度，使其适用性进一步得到增强（Krugman，1980）。

综上来看，新贸易理论认为，即使国家之间在资源禀赋、技术和消费偏好等方面完全相同，在垄断竞争条件下，由于每个企业只生产一种差异化产品，国家之间也会发生产业内贸易，并且国家之间越相似，产业内贸易的规模也越大。由此，可以看出，导致国家间发生贸易、形成分工的原因既有比较优势、资源禀赋的作用，也有规模经济和不完全竞争市场的作用。比较优势、资源禀赋的差异导致了国家间的产业间贸易，形成产业间分工。规模经济和不完全竞争市场导致了国家间的产业内贸易，形成产业内分工。

（四）竞争优势理论

1990年，美国著名学者迈克尔·波特（Michael E. Porter）在《国家竞争优势》一书中提出了竞争优势理论（Porter，1990）。该理论认为，一个国家的竞争优势主要体现在企业、行业的竞争优势上，也就是生产力发展水平上的优势；一国兴衰的根本原因在于它能否在国际市场中获取竞争优势。竞争优势形成的关键在于能否使主导产业具有优势，而主导产业和优势产业的建立有赖于生产效率的提高，提高生产效率的源泉在于企业是否具有创新机制。从宏观经济来看，一个国家某产业的竞争优势由生产要素，国内需求，支撑产业和相关产业，企业的战略、结构和竞争四方面的因素共同决定，同时还与机遇和政府作用相关。前四个因素组合形成一个棱形结构，形似钻石，因此常被称之为"钻石理论"。

该理论中，生产要素包括一个国家的自然资源和人为创造的资源。后者主要包括人力资源、知识资源、资本资源、基础设施等。生产要素可进一步划分为基本要素和高级要素。其中，人为创造的资源、高级要素对于提高竞争力更为重要。国内需求就是国内市场对产品或者服务的需求，包括需求结构、规模、成长性、高级购买者的压力，以及国际化程度，这些因素都对一个国家某个产业的竞争优势有重要影响。一般而言，国内市场需求大，就有利于形成国内竞争，产生规模经济。如果国内消费者对产品和服务具有鉴赏、挑剔的能力和习惯，就会迫使企业不断改进产品，提高服务水平，这有利于提高一个国家某个产业的国际竞争力。支撑产业和相关产业是指为主导产业提供投入和服务的产业。对一个主导产业而言，如果支撑产业和相关产业体系完善且发展水平高，则有利于其提高竞争力。企业战略、结构和竞争包括了企业的组织管理模式、竞争程度、创新能力、企业家才能等。这四个因素相互影响并相互强化，共同构成了一个有利于企业成长，增强产业竞争力的动态激励环境。

除上述四个因素之外，机遇和政府也发挥着重要作用。机遇主要是指科技发展、创新、汇率波动，以及能源危机、战争等企业无法控制的重大外部变化，这往往会打破企业既有的竞争环境。而政府因素主要是指政府运用制度、政策影响某个产业的发展。其中，政府的关键作用在于为企业创造一个公平的竞争环境，通过有序、激烈的竞争迫使企业提高竞争力，并向海外拓展发展空间，参与国际竞争。机遇和政府作用通过影响上述四个因素而对产业竞争力产生影响。

竞争优势理论以不完全竞争市场为前提，强调一个国家如何在国际贸易中增加本国的福利，提高在国际分工中的有利地位，因此，一个国家必须努力保持和增强国际竞争力。一个国家的竞争优势关键在于创新，竞争优势与人为创造的资源关系密切，因而其在国际分工的地位是动态的。在实际的国际分工中，需要注意将比较优势转换为竞争优势才能形成真正的经济优势，否则就有可能陷入"比较优势陷阱"（李小建，2006）。

二　产业转移及空间组织理论

（一）产品生命周期理论

以美国制造业为例，弗农（Vernon，1966）将区位因素引入到产品生命周期理论之中，用来解释制造业生产的国际区位演化过程，从而说明国际贸易发展的三个阶段。

根据该理论，任何产品都可能经历从创新、增长到成熟进而衰退老化的阶段。在产品生命周期理论中，其市场需求、技术资本密集度、关键生产要素与生产区位等各个方面存在一个演化过程。产品周期论的出发点是假设国内生产厂家首先开发研制并在当地市场销售其新的产品。

在产品的创新阶段，由于技术不成熟，产品生产非标准化，市场需求较小，需要风险资本、熟练劳动力及追求外部经济，通常其区位会选址在美国，并逐渐出口少量到欧洲等发达国家。随着欧洲市场对该产品需求不断增加，生产技术的逐步成熟，生产厂家为了占有和接近市场，减少交通通信成本和其他交易成本，美国生产企业首先在欧洲和加拿大建立分公司进行生产及服务于当地市场；同时美国开始向发展中国家出口其产品。这些出口逐渐地被欧洲和加拿大等其他发达国家的出口所取代，甚至出口回美国。等到产品走向成熟和标准化生产，降低生产成本，尤其是劳动力成本，成为企业的主要目标和竞争手段，其生产区位也逐渐向发展中国家转移，以便充分利用当地的廉价劳动力，美国从发展中国家进口这些产品。产品从创新到成熟再到老化，其生产区位在不断转移，从美国到欧洲及加拿大再转移到发展中国家。

产品生命周期理论实际上是新古典要素禀赋理论的扩展，强调市场需求和成本决定产业区位,可以很好地解释一些市场导向型制造业的国际投资区位问题及产业转移问题。然而,在当今经济全球化和生产一体化背景下,许多国际生产并不符合生命周期理论所设计的线性模式。即使是创新性跨国公司,其产品创新可以在其生产网络中任何区位发生。在理论上,它也没有解决内部化所带来的竞争优势等问题(Dunning,1993)。弗农的理论只重视企业最终产品的生产周期,而未考虑这些产品的生产工艺流程可进行国际分工。有学者认为,在未进入标准化阶段,追求低生产成本的一些生产工艺也可在发展中国家投资生产(Helleiner,1981)。

(二)区域产业梯度转移理论

梯度转移理论是建立在产品周期理论基础之上的。在研究区域之间经济发展关系时,梯度是指区域之间经济总体水平的差异,而不仅仅是技术水平的差异。梯度转移学说的基本观点是:

(1)一个区域的经济兴衰取决于它的产业结构,进而取决于它的主导部门的先进程度。与产品周期相对应,可以把经济部门分为三类:即产品处于创新到成长阶段的是兴盛部门,处于成长到成熟阶段的是停滞部门,处于成熟到衰退阶段的是衰退部门。因此,如果一个区域的主导部门是兴盛部门,则被认为是高梯度区域;反之,如果主导部门是衰退部门则属于低梯度区域。

(2)推动经济发展的创新活动(包括新产品、新技术、新产业、新制度和管理方法等)主要发生在高梯度区域,然后,依据产品周期循环的顺序由高梯度区域向低梯度区域转移。转移之所以必要,是因为随着技术的转让,同种工厂增多,竞争加剧。这时工厂再不能靠垄断价格获利而不计成本。在劳动费、地价、房屋租金等生产费用方面,第二梯度地区往往比第一梯度地区更有优势;转移之所以是有序的,是由地区接受能力的差异决定的。经济越落后的地区,对产业的接受能力越差。受劳动者素质、管理水平等多方面条件的制约,处在低梯度上的地区暂不具备接受最高梯度地区的产业的能力,而只能考虑接受较高梯度地区的某些产业。

(3)梯度转移主要是通过多层次的城市系统来进行的。这是因为创新往往集中在城市，而且从环境条件和经济能力看，城市比其他地方更适于接受创新成果。具体来讲，梯度转移可通过两种方式进行：一种方式是创新从发源地向周围相邻的城市转移；另一方式是从发源地向距离较远的第二级城市转移，再向第三级城市转移，依此类推。这样，创新就从发源地转移到所有的区域（李小建，2006）。

梯度转移理论开始是一种静态定位理论，把世界各国、各地区固定在特殊阶段上。但世界经济的不平衡性，打破了传统理论，因此，梯度转移理论在长期、动态的区域间贸易分析时存在着一定缺陷与不足。

（三）国际生产折中理论

1977年，英国著名跨国公司学者邓宁结合国际贸易理论、产业组织理论以及产业区位论等有关经济理论提出了一个解释国际生产活动的折中框架（eclectic paradigm）（Dunning，1977，1993）。国际生产折中论吸收了新古典国际贸易理论对国际生产的解释，认为生产要素禀赋决定国际生产的空间分布。同时，其强调结构性市场不完善和中间产品市场不完善对国际生产的影响，认为市场结构、交易成本、公司组织形式、管理战略等是重要的国际生产决定因素。

根据该理论，一个跨国公司的过程生产水平与结构取决于其能否同时满足下列三个条件：（1）所有权优势（ownership-specific advantages），这些优势包括产权与无形资产优势、企业组织优势和跨国性经营优势。这些优势可以使跨国公司成功地克服在东道国面临的劣势。（2）内部化优势（internalization advantages），通过将市场内部化，公司可以降低交易成本和市场所带来的不确定性等。（3）区位优势（location specific advantages），将公司所具有的所有权优势和内部化优势与区位优势相结合，克服公司在东道国面临的各种劣势，如信息不对称、商业风险、投资不确定性，从而提高公司的总体盈利水平。这些区位优势包括东道国的资源禀赋、基础设施、市场潜力、贸易壁垒、技术水平、集聚经济以及有好的外资政策等。国际对外直接投资的区位选择在很大程度上取决于这些区位优势的空间分布（魏后凯，2006）。

综上所述，当某企业仅仅拥有所有权优势时，它可将其优势转让给其他企业以获取收益；当某企业拥有所有权优势并在企业内部利用这种优势时，它可通过产品出口获取利益；只有当企业内部利用所有权优势，并充分利用世界各国的区位优势时，对外直接投资才会发生（李小建，2006）。

（四）雁行模式

日本经济学家赤松要最早在20世纪30年代研究日本棉纺工业史后提出"雁行形态论"最初的基本模型（1935，1937），战后与小岛清（1973）等人进一步拓展和深化了该理论假设，使其成为一个成熟的理论模式。

雁行模式从比较优势的角度解释了发展中国家产业结构的顺序发展。在其早期理论关于产业发展的基本模型中，后进国家的产业赶超先进国家时，产业结构的变化呈现出雁行形态。即后进国家的产业发展是按"进口—国内生产—出口"的模式相继交替发展。这样一个产业结构变化过程在图形上很像三只大雁在飞翔，故称之为"雁行理论"。

产业发展的雁行理论具体表现为：第一只"雁"是国外产品大量进口引起的进口浪潮，第二只"雁"是进口刺激国内市场所引发的国内生产浪潮，第三只"雁"是国内生产发展所促进的出口浪潮。这个模式还有两个变形，一个是产业发展的次序一般是从消费资料产业到生产资料产业，从农业到轻工业，进而到重工业的不断高级化过程；另一个是消费资料产业的产品不断从粗制品向精制品转化，生产资料产业的产品不断从生产生活用的生产资料向生产用的生产资料转化，最终使得产业结构趋向多样化和高级化（李小建，2006）。

三 区域间投入产出模型

投入产出技术是20世纪30年代末由美国经济学家列昂惕夫（Leontief）提出的一种分析框架，利用数学方法及计算机等来研究经济系统中投入与产出之间的数量关系，尤其是研究和分析国民经济各个部门在产品生产和消耗之间数量依存关系并在经济学分析中得到广泛应用（Miller et al.，2009；陈锡康等，2011；刘卫东等，2011b）。投入产出技术的思想渊源主要有两个方面（陈锡康等，2011）：一是20世纪20年代苏联编制的平衡表；另一个理论渊源是19世纪卡尔·马克思（Karl Marx）提出的两个部门再生产模型，以及瓦尔拉斯（Walras）构造的多个生产部门一般均衡数学模型（general equilibrium analysis）。

区域间投入产出模型是投入产出表的重要组成部分，并在区域间产业联系方面得到广泛应用及重视。区域间投入产出模型最早在1951年由美国经济学家Isard提出，称为Interregional Input-Output Mdoel，简称IRIO模型，也称作Isard模型（Isard，1951，1960）。他利用一个两区域四部门的模型对区域间投入产出表进行了介绍，并将模型扩大到多区域的投入产出模型。IRIO模型是非竞争型投入产出模型，其编制需要区域间的流量矩阵，并需要明确各区域产品在其他区域的流向流量，对数据量要求较大，编制过程比较困难。对此，很多学者相继提出了一些对数据要求较少的模型。Chenery（1953）和Moses（1955）先后独立提出了多区域投入产出模型（Multiregional Input-Output Model），简称MRIO，又称作Chenery-Moses模型或列系数模型。该模型对每一个部门建立一个产品流动矩阵，由此对区域间的贸易系数进行推算，与IRIO相比对数据要求较少，得到了广泛的应用（国家信息中心，2005）。在此之后，Leontief和Strout（1963），Polenske（1970），Isard（1998）等也对区域间投入产出模型进行研究，提出了其他类型的区域间投入产出模型，如Leontief模型、阿柴尔特模型、行系数模型、Pool-Approach模型等。这些模型基于不同的假设，对基础数据的要求不同，模型估算的精度和误差也不同，但都起到了简化编制过程的作用（陈锡康等，1982）。

区域间投入产出模型系统全面地反映了各个区域各个产业之间的经济联系，是进行区域之间产业结构和技术差异比较、分析区域间产业相互联系与影响、资源在区域间的合理配置、区域经济发展对其他经济的带动作用和溢出、反馈效应等研究的重要基础工具（张亚雄等，2006）。

第二节 全球生产网络及全球价值链相关研究进展

一 全球生产网络研究进展

（一）全球生产网络的理论起源

全球生产网络（global production networks，简称为 GPN）是 21 世纪初由曼彻斯特学派（Manchester school）提出的一种理解全球经济的概念框架，代表人物包括 Coe，Henderson，Dicken，Hess 及 Yeung 等人（Henderson et al., 2002；Coe et al., 2004；Hess et al., 2006；Dicken, 2003）。该理论提出之前，"新区域主义"（new regionalism）理论在区域发展研究中较为盛行，该理论普遍认为内生性因素是影响并决定区域发展的主要驱动力（Macleod, 2001）。然而，随着全球化力量的加强以及作用范围的拓展，受当时经济地理学中"关系转向"等影响，片面强调内生视角的"新区域主义"受到广泛批判，一部分学者开始逐步转向将外生因素及内生因素结合起来，探讨全球化与区域发展之间的关系（Boggs et al., 2003；Yeung, 2005；Amin, 1998）。在这种背景下，曼彻斯特大学的一批学者提出了全球生产网络的概念框架，并将全球生产网络与区域发展联系起来以理解全球经济。

全球生产网络概念框架的提出受到很多先驱理论的启发及影响，其中贡献较大的理论主要有价值链（value chain）、网络嵌入理论（networks and embeddedness）、行动者网络理论（actor-network theory，简称 ANT）、全球商品链（global commodity chain,简称 GCC）及全球价值链理论（global value chain，简称 GVC）（Hess et al., 2006）。上述理论流派中，价值链、全球商品链及全球价值链理论对全球生产网络理论的主要影响是提供了认识和理解生产活动组织以及区域经济发展的一种新视角，这些理论将在下一小节中进行介绍，这里不再赘述。该处主要对网络嵌入理论及行动者网络理论进行简要介绍（见表2-1）。

表 2-1　　　　　　　　　全球生产网络的理论起源

理论起源	兴起时期	主要学科	核心概念	代表人物	与 GPN 的联系
价值链	20世纪80年代早期	战略管理	生产阶段 竞争策略 竞争优势	Michael Porter	生产活动的空间组织 价值概念 生产概念涵盖制造及服务活动
网络嵌入理论	20世纪80年代中期	经济社会学 组织研究 战略管理	商业结构、绩效与组织间联系 经济行为与社会结构的关系	Ronald Burt Mark Granovetter Carlos Jarillo Jan Johanson Nitin Nohria Walter Powell	主要企业及其嵌入网络 网络作为关系的空间拓展 网络中价值创造、提升及获取
行动者网络理论	20世纪80年代中期	科学知识研究 社会科学的后结构主义	异质关系 远程控制 人及非人行动者	Michel Callon Bruno Latour John Law	GPN 对网络及关系的分析 行为主体间权力关系
全球商品链及全球价值链	20世纪90年代中期	经济社会学 发展研究	商品生产链条 链条组织中的价值创造	Dieter Ernst Gary Gereffi John Humphrey Hubert Schmitz	GPN 的空间架构及经济发展 对 GPN 的制度影响

数据来源：Hess et al., 2006.

网络嵌入理论（networks and embeddedness）主要强调经济行为是嵌入在动态的社会关系网络中的。该理论最早是由 Planoyi 提出的，之后经 Granovetter 加以改进发展，自20世纪80年代中期以来在经济社会学、管理学及战略管理研究中影响不断增大。Planoyi（1957）指出，经济并非单纯的独立领域，前工业社会的经济是嵌入在社会、宗教以及政治制度中的，例如贸易等经济活动都是和社会现象结合在一起的，是嵌入在社会结构中的；而现代社会中市场价格机制对经济活动进行调节，不存在上述嵌入现象。而 Granovetter（1984）认为，无论前工业社会还是工业社会，任何经济活动都是嵌入在经济行动主体所在的社会关系网络及互动联系中的，核心的社会结构就是社会关系网络。自20世纪90年代早期，该理论逐步被引入到经济地理学研究中，并成为后来经济地理学"关系转向"的重要支撑理论之一。其中，Dicken 及 Thrift

（1992）将网络嵌入理论引入到企业地理学的研究中，强调采用一种更广义的社会组织学视角来研究企业，加强研究组织内及组织间关系对企业经济地理活动的影响。此外，一些学者开始将经济行为主体的嵌入作为研究分析的核心（Yeung，1994）。

网络嵌入理论为全球生产网络的社会组织维度分析提供了较好的理论支撑，但该理论过于侧重大量网络关系的存在及其影响，忽视了企业等行动主体而缺乏分析研究主线。为应对上述问题，行动者理论被引入到全球生产网络的理论构建中。

行动者理论是20世纪80年代由科学研究的巴黎学派结合后结构主义提出的，该学派代表性学者包括Bruno Latour、Michel Callon以及John Law等。该理论自提出以来就在科学社会学研究及科研管理政策方面产生重大影响。该理论认为，科学研究及实践中的行动者既包括人也包括非人主体，其中以科学活动的积极参与者为核心。行动者是相互依赖且动态变化的，其根据所处的社会政治环境以及与其他行动者的关系变化而不断变化，因此行动者是存在于关系中的。同时，行动者具有异质性的基本特性，它们的利益取向及行为方式均存在差异，不同行动者之间的协调过程影响了网络的稳定性及结果。

行动者网络理论对全球生产网络概念的影响主要有三点。首先，行动者网络理论强调行动者之间关联关系，这帮助经济地理学者深化了对生产网络及其构成的理解（Hess et al，2006）。例如，全球生产网络中的企业并不是独立行动体，而是所在网络的重要组成部分，是权力结构及影响实现的空间载体。另一方面，行动者网络理论拓宽了传统经济地理学中"空间"的概念，它赋予空间网络及拓扑属性，空间成为影响、权力以及联系的空间属性和关系范围。另一方面，该理论通过"行动者"概念的提出消除"人"及"非人"的二元对立，为全球生产网络理论引入技术因素等提供了路径（Hess et al.，2006）。

（二）全球生产网络的内涵及核心概念

作为理解全球化下区域发展的概念框架，全球生产网络理论试图抓住并刻画不同尺度及不同维度下的经济全球化过程（Henderson et al.，2002）。其中，生产网络是指涵盖商品及服务生产、分布以及消费等一系列活动所构成的网络。该网络中的不同过程是在全球、区域及地方尺度等不同尺度上进行的。此外，该网络不仅包含了经济地理研究中常见的活动主体——企业，还涵盖了国家、跨国组织等各种主体；不仅仅包含了经济联系，还涵盖了社会关系等，是一个多维度概念。

根据 Henderson 等（2002），全球生产网络的一般理论框架如图 2-1 所示。全球生产网络是建立在价值、权力及嵌入三个基本概念之上。其中，价值这一概念主要用于理解区域发展及分析区域发展的动力来源，其包含了价值创造、价值提升以及价值俘获三个层面。这里的价值既含有马克思主义中的剩余价值的含义，也可以理解为传统经济学中的经济租金。价值创造过程与区域的资源禀赋条件密切相关，其决定了区域发展的基础。而价值提升及俘获过程则与全球生产网络的另一个概念——权力——密切相关，其决定了区域发展前景及转型升级路径。根据权力来源，权力可进一步划分为企业权力、集体权力以及制度权力三种类型。企业权力主要来源于企业对资源及市场的影响及控制力；而制度权力是由于制度组织因素而形成的特有权力，其拥有者一般为国家政府及大型国家组织等；集体权力主要来源于行动者的集体行为带来的影响力，其中最常见最具代表性的集体就是工会组织。上述权力可以通过不同途径影响资源配置及价值分布等，进而影响区

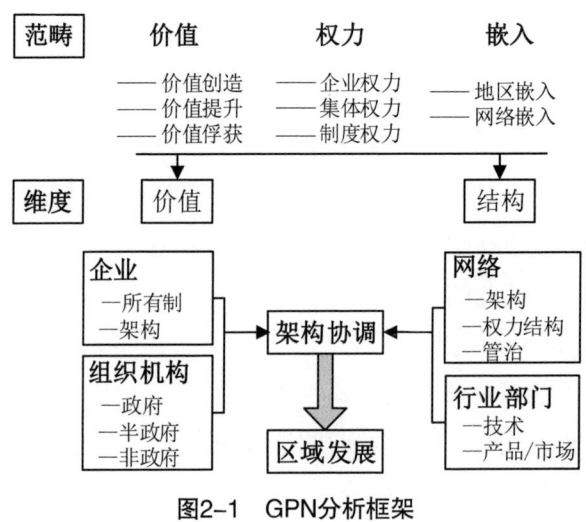

图2-1　GPN分析框架

数据来源：Henderson et al., 2002.

域发展结果。最后一个概念为嵌入，嵌入可以理解为行为主体的外在关系及联系对其决策行为的影响。根据这种关系及联系的来源，嵌入可划分为地区嵌入以及网络嵌入。除了上述三种概念范畴，Henderson等（2002）还归纳出全球生产网络的几个重要的维度，分别为企业、行业、网络以及制度等。

（三）全球生产网络与区域发展：战略耦合

受经济地理学中"关系转向"的影响，全球生产网络分析框架中的区域概念是可渗透的、关系拓扑型的，而不是有明确界限的、封闭的、静止的（Coe et al.，2004）。因此，利用全球生产网络框架对区域发展进行分析时，地方主体与区域外部力量的相互作用过程往往成为研究的核心问题（Coe et al.，2004；Yeung，2009a；Coe et al.，2011）。其中，Coe等（2004）认为，"区域发展可以被概念化为区域管治结构不断变化的背景下，地区关系网络与全球生产网复杂互动的结果"（见图2-2）。针对这一过程，Coe及Yeung等人提出了"战略耦合"概念来进行概括（Yeung，2007a；Coe et al.，2004；Coe et al.，2015）。

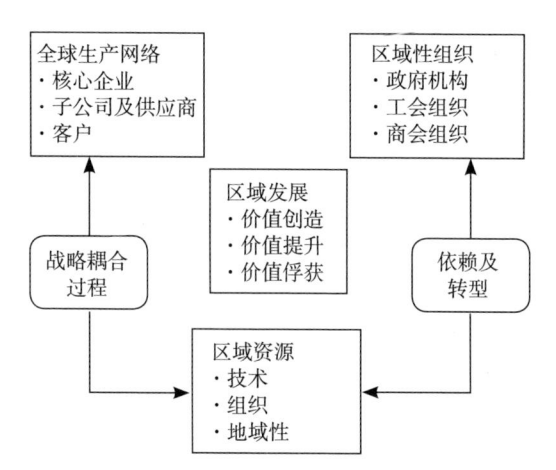

图2-2 区域发展与全球生产网络的分析框架

数据来源：Coe et al.，2004.

一般而言，战略耦合是指地方性资源及主体与跨区域主体之间的动态互动过程，而地区组织往往会对这一过程进行协调适应（Yeung，2009b；Coe et al.，2004；Yeung，2009a；Coe et al.，2015）。战略耦合过程与全球生产网络中节点地区的价值创造、提升及俘获过程密切相关。由于资源禀赋及条件的差异，不同地区参与到全球生产网络的路径及模式不同，战略耦合模式也不相同。其中，Yeung（2007a，2009a）对东亚不同国家及地区电子行业发展历程及参与全球电子生产网络的路径进行了对比分析，并总结出三种类型的战略耦合模式。在这三种模式中，东亚不同国家及地区分别通过国际合作伙伴、内生性创新以及生产平台的形式及途径迅速发展成为全球生产网络中的重要节点。此后，Mackinnon（2012）将全球生产网络理论与演化经济地理学相结合，提出用一种动态演化的视角来分析全球生产网络及地区之间的耦合过程。同时，Mackinnon总结归纳出进行全球生产网络与区域发展之间耦合过程分析的十个维度，包括跨国企业进入模式、子公司地位、区域类型、区域资源等，具体如表2-2所示。基于上述研究维度，Mackinnon（2012）及Yeung（2015）对东亚三种耦合发展模式进行再分析，将它们重新归纳为功能耦合、有机耦合以及结构耦合三种类型（见表2-3）。

表2-2　　　　　　全球生产网络与区域间耦合的主要维度

维度	情景类型
进入模式	全新投资，重复投资，兼并与收购
跨国公司子公司地位	自主—依赖
区域类型	来源地，东道主
区域资源	独特的—一般的
耦合类型	有机的、战略的、结构的
耦合程度	高度—无
再耦合层次及深度	深度—浅度
权力关系	对称—非对称
区域发展结果	发展—依赖
解耦的可能性	低—高

数据来源：Mackinnon，2012.

表 2-3 耦合类型及维度

	战略耦合模式		
	国际合作伙伴（功能耦合）	内生性创新（有机耦合）	生产平台（结构耦合）
GPN 动力机制			
空间调整	成本—效益的效率	国家补贴	更低的生产成本
组织调整	垂直分工	新的竞争以及新品牌企业的崛起	国际外包及转包
技术调整	快速回应市场	新产品及生产技术	适应的运输技术
耦合机制			
跨国团体	跨国联系、商业智慧、市场知识	技术海归人员回流	管理能力及中介机构
产业组织	战略伙伴的崛起及跨国公司在全球范围的本地化	领军企业及品牌企业的崛起	中小企业及新的产业空间
国家及机构	明确的角色及政策引导；劳动力、技术及基础设施的升级	隐晦的及明确的角色：战略性产业政策	明确但有限的影响
地区路径	独特的区域资源及部分地区自主性	独特的区域资源及较强的自主性	一般的区域资源及外部依赖性
解耦的可能性	中	低	高
东亚典型区域	新加坡及中国台湾的台北—新竹地区	韩国首尔都市区	马来西亚的槟榔屿及雪兰莪州
相关行业	电子、石油化工、商业、物流运输	电子、汽车、运输及通信	电子、企业、服装及玩具

数据来源：Yeung，2015.

全球生产网络与地区之间的耦合过程并不是静态的、功能性的，而是一个动态变化过程。一方面，耦合过程对区域发展并不一定起到积极作用，该过程可能为区域发展带来负面效应（Coe et al.，2011；Mackinnon，2012）。此外，当地区发展面临新的挑战或竞争优势发生变化时，全球及地区发展逻辑出现冲突时，地区发展与全球生产网络之间将会出现解耦过程。而随着产业升级及转型发展，有些地区则会再耦合并引发新一轮的区域发展。

二 全球价值链研究进展

(一)全球价值链的内涵

最早,价值链是由战略管理学家、哈佛大学商学院的波特(Porter,1985)作为管理学的概念在其著作《竞争优势》中提出。他在分析企业行为及其竞争优势来源时,认为企业的价值创造过程是由基本活动(包括生产、营销、运输和售后服务等)和支持性活动(包括原材料供应、技术、人力资源管理和财务等)两大部分组成。这一系列活动相互联系,构成了公司的动态价值链。类似地,Kogut(1985)认为价值链基本上是技术、原料和劳动融合在一起形成各种投入环节的过程,并通过组装把各个环节结合起来形成最终产品,之后通过市场交易、消费等环节完成价值循环的过程。Kogut 将价值链同全球化结合起来,认为国际商业战略是国家的比较优势和企业竞争能力之间相互作用的结果。当国家优势决定了整个价值链上各环节在国家或地区间的空间配置时,企业能力就决定了企业应该在价值链的哪个环节和技术层面上建立起竞争优势(张辉,2006)。

20 世纪 90 年代,在全球采购商(主要是零售商和品牌商)在全球经济组织中地位不断提升的时代背景下,基于世界体系理论和价值链理论,Gereffi 和 Korzeniewicz(1994)提出了全球商品链(Global Commodity Chains,GCC)的概念,将价值链与产业的全球组织直接联系起来,并指出商品链的三个维度:投入产出结构;地域性以及管治结构。通过对商品链的分析,可以刻画贯穿商品链的社会关系是如何影响并塑造其生产、分配及消费格局的。GCC 为企业及国家竞争策略下跨国生产组织时空变化的研究提供了理论框架,并可以进行不同尺度间的关联分析。

21 世纪初,一些学者开始使用全球价值链(Global Value Chain,GVC)来取代全球商品链这一术语。[1] 全球价值链是指为实现商品价值

---

[1] 注:2000 年 9 月,在贝拉吉奥(Bellagio)的一次研讨会上,Gereffi 及该领域其他学者同意改用 Global Value Chain 一词。

而连接生产和销售等过程的全球性企业网络组织，涉及从原材料采集和运输、半成品和成品的生产和销售，以及最终使用的全部过程，包括所有生产者和生产活动的组织及其利润分配（Gereffi et al., 1994）。当前，散布于全球的、处于全球价值链上的企业进行着从设计、产品开发、生产制造、营销、出售、消费、售后服务及最后的循环利用等各种增加值活动（UNIDO，2002）。

目前，全球价值链理论已经逐渐成为分析全球尺度上的跨国领先企业与本土供应商之间网络关系的主要理论范式，为理解发达国家和发展中国家之间的国际分工机制，为打开跨国公司与本土供应商企业之间的网络关系等复杂政治、经济和社会关系的"黑箱"提供了一把钥匙（王缉慈，2010）。

（二）全球价值链的管治

价值链的管治是指通过价值链中公司之间的关系安排及制度机制，实现价值链内不同经济活动和不同环节间的非市场化协调（Humphrey et al., 2000）。价值链管治在价值链研究中处于核心地位，处于价值链中不同公司的劳动分工及活动、价值创造及分配等都受制于价值链的管治（张宏等，2013）。

最初，Gereffi 和 Korzeniewicz（1994）根据价值链的不同管治模式，将全球价值链划分为生产者驱动型（producer-driven）及购买者驱动型（buyer-driven）（见图2-3）。其中，生产者驱动型是指由生产者投资来推动市场需求，形成地方生产供应链的垂直分工体系。代表性产业是"那些跨国公司或其他大型一体化工业企业在控制生产系统中起着核心作用的产业（包括前向联系和后向联系）"，主要是一些资本密集型或技术密集型的产业，诸如汽车制造、计算机生产行业。而消费者驱动型是指拥有强大品牌优势和国内销售渠道的发达国家企业通过全球采购和OEM（贴牌生产）生产组织起来的跨国商品流通网络，形成强大的市场需求，拉动那些奉行出口导向战略的发展中地区的工业化。大型零售商（如沃尔玛、麦德龙）、品牌授权公司（如耐克）和贸易公司在不同的出口国建立分散的生产网络过程中发挥着关键作用。

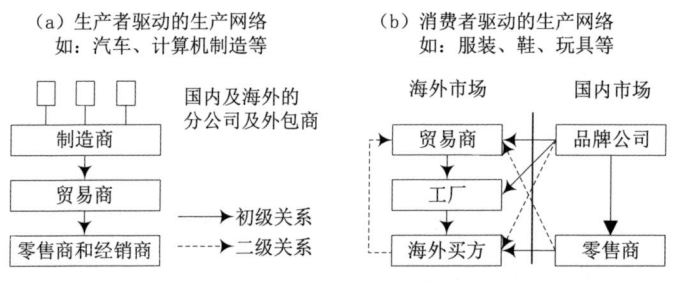

图2-3　"生产者驱动"和"消费者驱动"生产网络

引自：Dicken，2003.

还有一些学者将价值链的管治结构划分为市场、层级和网络三种组织形式（Powell，1990；Messner et al.，2000）。Humphrey 和 Schmitz（2000）根据价值链治理者对价值链的控制程度，将全球价值链管治结构划分为四种类型：市场型（Markets）、网络型（Networks）、准层级型（Quasi Hierarchy）和层级型（Hierarchy），在这四者中，后三种是比较典型的形式。基于上述分类，Gereffi 等（2005）根据交易所需信息的复杂程度、该信息编码的难易程度以及供应商的能力，将全球价值链的管治模式进一步细分为五种，即市场型（Markets）、模块型（Modular）、关系型（Relational）、垄断（Captive）和层级型（Hierachy），其外部作用力及企业之间的权力不对称性依次增强（见图2-4）。

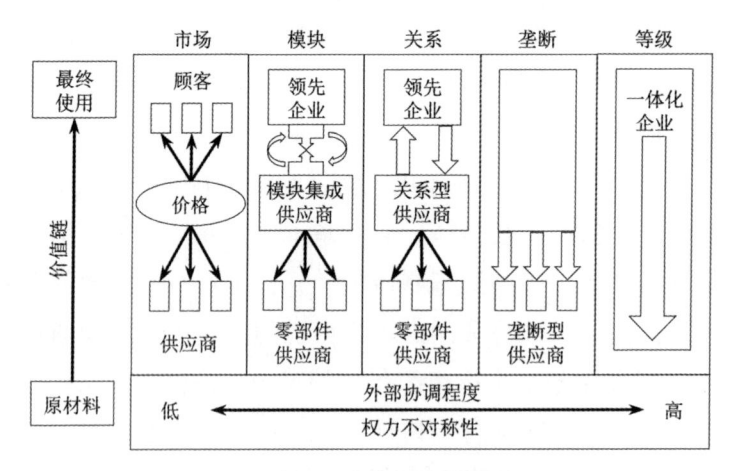

图2-4　五种全球价值链的管治模式

数据来源：Gereffi et al.，2005.

(三) 全球价值链下的区域发展与产业升级

随着经济全球化趋势的日益增强,区域发展越来越暴露在全球经济中,并受到其影响。对此,学者们主要从地方产业升级角度进行研究。

Kaplinsky 和 Morris (2002) 认为,全球价值链升级是指企业通过达到全球价值链上各种标准,使自身的技术能力和市场进入能力得到提高,从而更具竞争力。Humphrey 和 Schmitz (2002) 指出在嵌入全球价值链面对各种竞争压力时,会出现生产者技能的提高、进入障碍结点的突破,从而一定程度上对市场竞争压力回避。同时,他们认为不同的全球价值链管治结构会对升级路径产生影响,并首次清晰地提出了嵌入全球价值链的地方产业网络升级的四种类型,即工艺升级、产品升级、功能升级和链条升级,从而在理论上把关于地方产业网络升级的研究推进了一大步。在研究这几种价值链升级层序时,Gereffi (1999) 认为一般升级从工艺升级开始,渐次经历产品升级、功能升级和链条升级。Hobday (1995) 则提出从贸易方式上大致遵循 OEA (组装)、OEM (贴牌生产)、ODM (自主设计生产)、OBM (自主品牌生产) 的升级顺序,这种规律在东亚众多国家工业化进程中得到反映。

对于如何实现全球价值链升级的问题,国际学者通常结合某国/地区某一具体产业在全球价值链上的地位进行实证研究,并对这些产业的发展、升级和转移的历史及原因进行深入的动态价值链分析 (Bair et al., 2001; Gereffi et al., 2005; Kaplinsky et al., 2003; Kishimoto, 2004)。其中,Humphrey 和 Schmitz (2002) 研究认为,地方产业集群中企业的战略和政策环境是升级的两个决定因素。Pietrobelli 和 Rabellotti (2004) 通过研究拉美产业集群在全球价值链升级,认为升级同时受企业自身行动及企业所在环境的影响。Bazan 和 Navas-Aleman (2003) 对巴西 Sinos Valley 的鞋业生产集群进行实证研究,认为集群升级前景因全球价值链的管治模式不同而有所区别:嵌入等级制全球价值链为实现工艺流程和产品升级提供了有利条件,但阻碍功能升级;市场型价值链管制下,升级不是由全球采购商培育,工艺流程和产品升级缓慢,但功能升级前景广阔;基于网络的全球价值链提供了理想的升级条件,但要求较高的能力,发展中国家生产商在以网络为基础的全球价值链上运作的可能性较小。

国内对全球价值链升级的研究多着眼于实际应用。文嫮和曾刚（2004）以中国陶瓷地方产业集群为例，分析了在全球价值链中处于被动地位的地方产业集群的价值流失问题，并以嵌入生产者驱动型价值链的浦东集成电路地方产业网络为例，分析了全球领先企业的治理行为对浦东集成电路地方产业网络升级的影响（2005）。Liu 等（2004）以北京星网工业区为例，从全球生产联系的角度探讨了新信息与通信技术与地方企业集群的升级问题。此外，梅丽霞和王缉慈（2009）从理论上进行探讨，认为全球价值链上的权力是一种建立在战略资源基础上的不对等话语权，研究发现技术能力和品牌能力是全球领先企业市场权力集中的主要根源，也是决定全球价值链上价值分配的决定性因素；她们进一步指出，发展中国家产业升级的关键在于本土企业的吸收能力和学习能力。

（四）全球价值链的贸易分工研究

在传统国际劳动分工当中，工业化国家主要提供工业制成品，而处于边缘地位的非工业化国家主要为其提供原材料和农产品，并作为制造业产品的市场。然而，这种相对简单的地理专业化分工模式已经不能充分解释当前高度复杂的全球经济了。生产过程片段化，并在全球尺度进行空间再配置，大型跨国公司穿透国家边界进行生产网络的组织。在这种背景下，国际劳动分工及产业空间组织成为相关研究领域的重点，而全球价值链为该方面的研究提供了很好的组织框架。一般而言，由于价值链上不同环节对生产要素的需求不同，对劳动力、技术、投资、生产规模的要求存在差异（曾忠禄，2001）。比如高技术产业的研发阶段普遍对技术与投资要求较高，而零部件生产阶段则需要通过大规模投资及生产来降低生产成本，组装阶段则需要相对灵活的规模（李国平等，2002）。目前已有很多学者对全球价值链的贸易分工进行探索研究，但主要集中在对价值链中分工地位的衡量上（张宏等，2013）。

其中，Hummels 等人（1998）提出了垂直专业化（VS）指标，以此利用投入产出表和进出口统计数据计算出口中进口投入品的比重。随后，他们进一步研究了价值链分工问题，结果显示 1995 年世界垂直化程度为30%，而且小国的垂直化程度高于发达国家。然而，其使用的测量方法假设一国用于出口以及国内消费产品的投入产出结构相同，并没有考虑加工贸易中包含的进口投入品部分，在应用时则存在一定局限性。此后，Wang 等（Wang et al.，2008；Wang et al.，2009；Koopman et al.，2009）在 Hummels 工作的基础上进一步扩展，建立了一国出口中外国及本国附加值成分的测算方法，并基于地区间投入产出表对东亚地区及中国的增加值分配进行实证分析。此外，国内很多学者在这方面也进行了探索。例如，陈锡康等（Chen et al.，2001，2005）在区域非竞争性投入产出模型中采用了一种将加工贸易考虑在内的测量方法，测算了中国出口产品中包含的国内增加值。关志雄（2002）将出口产品的附加值换算成指数，在此基础上测算出口结构高度化指标，提出一国增加值产品出口价值占该国总出口价值链的比重越高，该国的出口结构越高度化。顾国达和周蕾（2010）利用投入产出法对中国生产性服务业贸易的产业基础、发展现状进行了测量，并借助垂直化贸易份额指标评估了中国服务业参与全球价值链的程度，结果表明中国绝大多数服务行业还未融入全球价值链中，服务行业参与垂直专业化国际分工的水平较低。

第三节　小结

传统的区域分工及空间组织理论，包括比较优势理论、资源禀赋理论以及雁行模式等，分别从不同角度对生产活动的地理空间分异、区域联系及时空格局演变进行了解释，为我们理解产业的空间组织提供了基本理论及视角。然而，随着全球化进程的不断推进及深化，产业组织涉及空间范围不断扩大，且生产组织模式日趋复杂。对此，上述传统的产业发展及空间组织理论已无法提供全面恰当的解释，新兴理论不断涌现，其中近年来较为盛行的包括全球生产网络及全球价值链理论。

受来自社会学、管理学等不同领域的理论流派的影响，全球生产网络理论试图抓住并刻画不同尺度及不同维度下的经济全球化过程，强调区域发展与全球化的动态交互作用。其中，战略耦合是该理论的一个核心概念，它为理解全球化下不同地区发展路径的差异提供了一个重要的观察工具。相对而言，全球价值链是一个更加线性化的概念，该理论关注产品从生产到最终消费的所有环节及价值在不同环节的分布，为理解全球化下区域分工提供了重要视角。价值链管治是全球价值链理论研究的核心，不同的管治模式将导致形成不同的产业空间组织格局。此外，全球价值链理论在指导地区产业升级方面得到较为广泛的应用。

与传统产业发展及空间组织理论相比较，上述两个理论为我们理解全球化下的产业空间组织模式提供了更加综合完善的理论框架。特别地，上述两个理论均强调及重视企业层面的生产组织机制及过程，较好地揭示了全球化下产业空间组织对区域发展影响的微观机制，为本书提供了较好的理论支撑。

第三章
电子制造业的产业链构成与空间组织研究

对东亚地区电子制造业产业空间组织格局及区域间联系进行研究，首先要掌握电子制造业本身的特点、技术变革历程及产业链构成，并对电子制造业产业空间组织的已有研究有所了解。因此，本章将对以上内容进行梳理总结。具体而言，第一节将对电子制造业的概念、行业范围进行界定，并对其行业特点进行分析；第二节着重回顾电子制造业的技术变革历程；第三节主要对电子制造业的生产链及价值链构成进行刻画；第四节则从经济地理学视角出发，对电子制造业产业组织方式的变化以及空间组织研究等进行总结。

第一节 电子制造业的概念、范围及特点

一 电子制造业的概念及范围界定

从技术角度而言，电子制造业是指通过物理方法将芯片加工成为产品的电子系统生产的过程（郭福等，2011）。从行业范围而言，电子制造业则是指从事计算机、通信设备及其他电子产品生产的行业，其中电子产品是指通过利用电路等器件才能实现其功能的产品。[1]

美国学者弗洛伊德等人（2014）认为电子制造业包括两大部分，

---

[1] 引自 http://www.wisegeek.com/what-is-the-electronic-manufacturing-industry.htm。

一部分是元器件与印刷电路板制造,另一部分为系统制造(Floyd et al., 2014)。其中元器件及印刷电路板制造是电子制造业的基础;系统制造则包括通信设备、计算机、工业控制设备、医疗设备等应用设备的生产。类似地,Coe & Yeung(2015)将电子产品细分为电脑、电脑周边设备及其他办公设备、消费型电子、服务器及存储设备、网络设备、汽车用电子设备、医用电子设备、工业电子设备、军事及航空航天设备等(见表3-1)。而在我国,电子制造业一般指国民经济行业分类(GB/T 4754-2011)中的计算机、通信和其他电子设备制造业,包括电子计算机制造业、通信设备制造业、广播电视设备制造业、雷达机配套设备制造业、视听设备制造业、电子器件制造业、电子元件制造业及其他电子设备制造业等(见表3-2)。

表3-1　　　　　电子产品的细分市场及品牌领先企业

细分市场	商品	主要企业
电脑	企业运算系统,电脑,嵌入式计算机	IBM(美国),富士通(日本),西门子(德国),惠普(美国),戴尔(美国),苹果(美国),宏碁(中国台湾),联想(中国)
电脑周边设备及其他办公设备	打印机,传真机,复印机,扫描仪	惠普(美国),施乐(美国),爱普生(日本),柯达(美国),佳能(日本),利盟(美国),宏碁(中国台湾),富士通(日本),夏普(日本)
消费性电子	游戏机,电视机,家用音响及录像机,便携音频及录像设备,移动电话耳机,音乐设备,玩具	东芝(日本),日本电气,瑞轩(中国台湾),索尼(日本),夏普(日本),苹果(美国),任天堂(日本),微软(美国),三星(韩国),LG(韩国),松下(日本),日立(日本),HTC(中国台湾),飞利浦(荷兰)
服务器及存储设备	便携,内置,外置,备用系统,存储服务	东芝(日本),西部数据(美国),EMC(美国),网络器械(NetApp,美国),惠普(美国),日立(日本),希捷(美国),迈拓(美国),莱斯(LaCie,法国),昆腾(美国)
网络设备	公用电信,私用电信,网络,互联网,移动电话基础设施	阿尔卡特(法国),北电网络(加拿大),思科(美国),摩托罗拉(美国),瞻博网络(美国),华为(中国),爱立信(瑞典),诺基亚(芬兰),泰乐通信(美国)
汽车用电子设备	娱乐,通信,车辆控制(制动,加速,牵引,悬吊),车载导航	通腾(荷兰),国际航电(中国台湾),歌乐(日本),丰田(日本),通用汽车(美国),雷诺(法国),博世(德国),西门子(德国)

续表

细分市场	商品	主要企业
医用电子设备	消费电子医疗设备、诊断及测定设备，成像设备，远程医疗设备，仪表及监视器，植入器，健身设备	通用电气（美国），飞利浦（荷兰），美敦力（美国），瓦里安（美国）
工业电子设备	安全监控，工厂自动化，建筑自动化，军事系统，航空航天器，银行及自动取款机，交通	迪堡（美国）、西门子（德国）、罗克韦尔（美国）、飞利浦（荷兰）、欧姆龙（日本）、都福（美国）、
军事及航空航天用电子设备	地面作战系统，航空、海基系统，窃听及监控，卫星，导弹制导与拦截	L-3 通信（美国）、洛克希德马丁（美国）、波音（美国）、BAE 系统公司（英国）、诺思罗普·格鲁曼公司（美国）、通用动力（美国）、欧洲宇航防务集团（EADS，多国联合）、芬梅卡尼卡集团（意大利）、联合科技（美国）

数据来源：引自 Sturgeon & Kawakami（2010: table 4），并加以补充整理。

表 3-2　　国民经济行业分类（GB/T4754-2011）中
电子制造业的具体分类

	行业名称	行业代码
计算机制造业	计算机制造	391
	计算机整机制造	3911
	计算机零部件制造	3912
	计算机外围设备制造	3913
	其他计算机制造	3919
通信设备制造	通信设备制造	392
	通信系统设备制造	3921
	通信终端设备制造	3922
雷达及广播设备制	广播电视设备制造	393
	广播电视节目制作及发射设备制造	3931
	广播电视接收设备及器材制造	3932
	应用电视设备及其他广播电视设备制造	3939
	雷达及配套设备制造	394

续表

	行业名称	行业代码
视听设备制造	视听设备制造	395
	电视机制造	3951
	音响设备制造	3952
	影视录放设备制造	3953
电子元器件制造	电子器件制造	396
	电子真空器件制造	3961
	半导体分立器件制造	3962
	集成电路制造	3963
	光电子器件及其他电子器件制造	3969
	电子元件制造	397
	电子元件及组件制造	3971
	印制电路板制造	3972
其他电子设备制造	其他电子设备制造	399

数据来源：该目录根据国家统计局国统字（2002）33号文件整理。

二 电子制造业的特点

从20世纪60及70年代以来，电子制造业就得到各国政府的重点关注，各国政府纷纷出台政策支持其发展。这主要是由电子制造业的特点所决定的。本书分别从一般视角及地理学视角分析了电子制造业的特点。

在一般视角上，电子制造业属于知识密集型、资本密集型的行业，其渗透性强，应用范围广，并且在国防安全领域有重大影响。（1）知识与资本密集型。电子制造业技术更新速度极快，尤其是其中发挥核心作用的半导体行业。最能体现电子制造业这一特性的就是摩尔定律（武奇生等，2014）。1965年，Intel公司创始人之一戈登·摩尔（Gordon Moore）通过观察1959—1965年半导体工业的实际数据，指出以1959年数据为基准，集成电路上可容纳的晶体管数量大约每隔18个月左右就可以翻一番。而此后半导体行业的发展也印证了摩尔定律。因此，电子制造业对科技研发具有较高要求，投资规模普遍较大，总体竞争较为激烈。（2）渗透性强，应用范围广。电子技术作为一种通用技术，具有较强渗透性。通过使用电子技术，可以激发传统产业的活力，这从电子技术在医疗、汽车、工业等各个行业的应用可见一斑。也正因为如此，电子制造业对国民经济发展的驱动作用较强，对经济贡献率较高（武奇生等，2014）。（3）在国防安全领域占有重要地位。实际上，军队的需求是促使电子制造业形成及早期发展的重要驱动力，这一点将在下一节详细介绍（吴旭琴，2013）。作为一种高科技的"智能"技术，电子制造业在国防建设中举足轻重。

从地理学研究的视角来看，电子制造业则具有全球化及高度专业化的特点。这与该行业的一般特性紧密相关。电子制造业的行业竞争较为激烈，且投资规模较大。由于这些因素影响，为获取和保持行业竞争力，国家、地区或企业通常会选择将竞争劣势的生产环节外包出去，以利用更多资源强化核心竞争力。这样，这些国家、地区或者企业的专业化会不断提升，产业空间组织则会趋向分散化及全球化。这些会在后面关于电子制造业产业空间组织研究的综述中进一步阐述，这里不再赘述。

第二节　电子制造业的技术变革历程

从1904年电子管问世至今，电子制造业已有百余年的发展历史。从电子管、晶体管，乃至集成电路、超大规模集成电路等，电子制造业的核心元器件不断更新，技术更是得到突飞猛进的发展。与此对应地，电子计算机的生产也历经数代更迭。结合核心元器件及电子计算机的发展，该节将对电子制造业的技术变革历程进行简要回顾（见表3-3）。

一　电子管（20世纪初至50年代初）

1904年，英国物理学家弗莱明发明了第一只电子真空二极管，这标志着世界由此进入全新的电子时代。1906年，美国发明家李·德弗雷斯特在前者基础上研发出真空三极管，使得电子管得以真正应用到通信及计算机设备等行业，在电子发展史上具有重要意义。电子管的应用催生了世界上第一代的计算机——电子管计算机。

1946年，在美国军方资助下，世界第一台通用计算机ENIAC（电子数字积分计算机，全称为Electronic Numerical Integrator and Calculator，也是世界第二台电子管计算机）在美国宾夕法尼亚大学问世，它共使用了18800个真空管，7200个二极管，70000多个电阻，10000多个电容和6000多个继电器，长50英尺，宽30英尺，重达30吨，每秒可进行5000次加法运算或400次乘法运算机（吴旭琴，2013）。但这台计算机存储容量太小，需要通过开关及插线来安排计算程序，不完全具备内部存储程序功能。1951年，EMCC公司（莫奇莱-埃克特计算机公司）设计生产了UNIVAC（通用自动计算机，全称为the UNIVersal Automatic Computer），并交付美国人口统计局使用（宋斌，2014）。相较于ENIAC，UNIVAC的事务处理功能得到明显改进，而且用途不再局限于军事领域。继UNIVAC之后相继出现了一批著名的计算机，包括IBM701，702等，这些组成了最早一代的计算机。这一代计算机的存储设备相对比较落后，最初多使用水银延迟线或静电存储管，容量较小，进入50年代后则多使用磁鼓或磁芯。

总体而言，这一时期电子产品的核心元件电子管体积庞大，且存在寿命短，能耗大，故障易发等缺点，难以普及应用。意识到电子管的问题后，人们仍在积极探索替代性的固体元件，这导致了晶体管的出现。

二 晶体管（20世纪40年代末至50年代）

1947年，美国贝尔实验室成功制造出第一只晶体管。与电子管相比，晶体管更加稳定，而且体积小，耗电少，寿命长，迅速取代了电子管成为现代电子器件的关键活动元件。起始于晶体管的全固态化电路不但催生了第二代计算机——晶体管计算机，并为未来计算机运算速度的提升开辟了广阔前景。

1954年，贝尔实验室将晶体管应用到计算机中，成功研制出第一台晶体管计算机 TRADIC（全称为 TRAnsistor DIgital Computer）（覃征，2014）。这台计算机共装有 800 只晶体管，功率仅为 100 瓦，占地只有 3 立方英尺。但第二代计算的主流产品并非 TRADIC，而是 IBM7000 系列（宋斌，2014）。1958 年，美国 IBM 公司推出大型科学计算机 IBM7090，实现了晶体管化，采用了存取周期为 2.18 毫秒的磁芯存储器、每台容量为 1 兆的磁鼓、每台容量为 28 兆的固定磁盘，并配置了 FORTRAN 等高级语言。1960 年，晶体管化的 IBM7000 系列全部替代了电子管的 IBM700 系列。1955—1965 年间，这些机型在美国高校及大公司中得到较为广泛的应用。

相较而言，第二代晶体管计算机运算速度明显提升，每秒计算速度增加到几十万次，体积及重量都大幅下降，整体性能得到明显改善，应用范围从军工领域向社会领域不断推进。

三 中小规模集成电路（20 世纪 50 年代末至 60 年代）

1958 年，美国德克萨斯仪器公司（Texas Instruments, TI）的基尔比（Jack Kilby）发明了世界上第一块集成电路，他首次尝试完成将硅电阻器、电容器和晶体管装在一块晶片上，电子制造业进入一个加速发展阶段（覃征，2014）。集成电路通过将众多元件集成到单一的半导体芯片上，电子器件和设备从而变得更加小型化、更为可靠，价格也更为低廉。1962 年，装有 12 个晶体管的小规模集成电路（Small Scale Integration，SSI）出现；1966 年制造出集成度在 100—1000 个晶体管的中规模集成电路（Medium Scale Integration，MSI）。通常，基于中、小规模集成电路制造的电子计算机被称为第三代计算机，其中最具代表性的便是 IBM360 系列。

1964 年，IBM 耗资 50 亿美元，采用双极型集成电路研制生产出通用计算机 IBM360 系列。该系列有大、中、小型计算机，共六个型号，兼顾了科学计算与事务处理两方面的应用，运算速度可达每秒几十万次到几百万次（覃征，2014）。总体上，第三代计算机普遍采用中、小规模集成电路作为主要功能器件，逐步采用性能更好的半导体存储器，存储容量、速度及可靠性都有较大提高，整机的体积明显缩小，功耗显著下降，运算速度提高到每秒几十万次到几百万次，总体性能得到显著提升（覃征，2014）。

四 超大规模集成电路（20世纪70年代至今）

20世纪70年代，集成电路技术进一步发展，大规模集成电路（Large Scale Integration，LSI）、超大规模集成电路（Very Large Scale Integration，VLSI）依次出现，它们可安装几十万到上百万个晶体管（见表3-3）。第四代计算机正是基于这些集成电路形成的。

此外，第四代计算机的又一巨大进步是微处理器技术的出现。1971年，Intel公司推出了第一代微处理器Intel 4004（覃征，2014）。芯片字长4位，集成2250个晶体管，晶体管之间的距离为10微米，运算速度达到每秒6万次，成本不足100美元。1972年，Intel公司推出了Intel 8008，并在此基础上加以改进，于1974年研发推出第二代微处理器Intel 8080。这是商业上第一个较为成功的微处理器芯片，它集成了约4800个晶体管，每秒可执行29万条指令。一家小公司MITS（微型仪器与自动测量系统公司）以Intel 8080为核心芯片组装了一台规模很小的机器，取名为Altair（牛郎星），普遍认为这是世界上第一台微型计算机。

1978年，基于超大规模集成电路技术，Intel公司又推出了第三代微处理器——16位的Intel 8086；1980年，IBM公司利用准16位微处理器Intel 8088开发出16位的微型计算机-IBM PC，标志了微机时代的到来。之后，由于芯片性能不断优化而价格迅速下降，整机的成本也不断降低，计算机逐步向个人及家庭普及应用，个人电脑的概念开始兴起。

表3-3　　　　　　电子元器件及计算机发展历程划分

阶段	时间	电子元器件	存储器	运算速度
第一代	20世纪初至50年代初	电子管	初期采用水银延迟线，后期多采用磁鼓、磁芯	每秒几千至几万次

续表

阶段	时间	电子元器件	存储器	运算速度
第二代	40年代末至50年代	晶体管	磁芯、磁盘等	每秒几万至几十万次
第三代	50年代末至60年代	中、小规模集成电路	磁芯，半导体存储器	每秒几十万至几百万次
第四代	70年代至今	大规模和超大规模集成电路	半导体存储器	每秒几千万至数亿次

数据来源：笔者整理。

第三节 电子制造业的产业链构成

一 产业链的内涵

虽然国外直接对产业链问题的研究相对较少，但产业链的思想最早可追溯到17世纪中后期的西方古典主流经济学家的研究（魏然，2010；王云霞等，2006）。当时，亚当·斯密在对分工进行论述时，"制针"和"毛纺"的例子就生动阐述了产业链的功能。但他们的研究角度多偏宏观，注重劳动分工、专业化等对经济发展的意义（王云霞等，2006）。

而国内对"产业链"这一概念的讨论相对较多。王云霞和李国平（2006）的研究中，产业链被定义为从事某一产业经济活动中，上中下游企业由于分工不同形成经济、技术的关联。产业结点的变动会影响整个产业链条的配套能力及发展。朱凤涛等（2008）则认为产业链是围绕一种特定商品，具有内在技术经济关联活动的企业之间形成的网链式联盟结构（朱凤涛等，2008）。通过这种联盟结构，从事不同环节的企业有序运作，从而实现价值的增值。而且产业链可能存在龙头企业，在一定地理空间中集聚而成。李涛著等（2014）则将产业链定义为经济布局和组织中，由不同地区、不同产业之间或相互关联行业之间构成的，具有链条绞合能力的经济组织关系（李涛著等，2014）。而吴金明等（2006）则认为产业链是一个多维度的概念，其涵盖了价值链、企业链、供需链和空间链四个维度（吴金明等，2006）。上述四个维度可以通过产业上下游各个环节有机组合在一起，从而形成了产业链。

综合分析上述研究可发现，一般认为产业链具有以下几个特点。首先，企业之间存在一定的技术经济关联，或为垂向的供需关系，或为横向协作关系，或两者同时存在，这种关联存在一定的内在逻辑顺序。其次，产业链的过程中存在产品或服务的价值增值过程。最后，根据特定逻辑构建而成的产业链具备一定的时空布局特点。基于此，本书认为，产业链是指以产品或服务的价值增值过程为纽带，将具有特定纵向或横向的技术经济联系的产业部门有序连接形成的具有特定空间组织特点的关系链。

二 电子制造业的生产链

关于电子制造业产业链的构成，很多学者在该行业的相关研究中都有简单介绍（Scott et al., 1988；卢明华等，2004）。这里将对半导体、笔记本电脑及手机的一般生产链进行介绍。

（一）半导体

半导体是电子产品构成的重要元件，是计算机及通信产品发展的关键所在，其本身可以划分为记忆芯片及微处理器两个类别（Dicken, 2007）。因此，本节将重点对半导体的生产链构成进行介绍。总体上，学者们对半导体制造过程的划分存在细微差异。比如 Scott（1988）将其划分为电路设计、掩膜版制作、晶片处理及针测、组装、封装测试及销售六个环节，文嫚和曾刚（2004）则将其划分为 IC 设计、光罩、制造、封装及测试五个环节，而 Dicken（2007）将其划分为设计、硅晶体生产、晶片构造、测试、封装及最终测试六个环节。综合上述划分方法，这里将半导体生产过程划分为电路设计、晶圆生产、掩膜版制作、光刻、针测、封装、最终测试七个环节（见图3-1）。

（1）电路设计：将原理图转换为印制电路板图的过程。需要根据芯片的使用目标及主要功能，对电路和连接线的排列和布局进行设计。简而言之，电路设计类似指导"大楼"建设的"建筑图"。

（2）晶圆生产：将硅晶体打磨成圆柱状，之后按照要求尺寸切割成晶圆，用于后续加工。

（3）掩膜版制作：这是进行光刻加工技术的关键，其精确度直接影响了光刻加工的质量。设计的每一层版图都被制作成一个单独的掩膜，分别对应了芯片上各材料层的图形结构。当前最常用的掩膜版技术是石英玻璃涂覆铬，在石英玻璃掩膜版表面的铬层上形成芯片各层的结构图形。

（4）光刻：又称照相平版印刷，其原理与印刷术中的照相制版类似。它将掩膜版上的图形映射到晶圆上，并在晶圆上形成器件结构。光刻次数及所需掩膜的层数可以反映半导体生产工艺的难易程度。

（5）针测：晶圆经过处理后，晶圆上会形成一粒粒小格，就是所谓的晶方或晶粒。这些晶粒需要一一经过侦测仪器用以测试其电气特性，并将不合格的晶粒做上记号。

（6）封装：以晶粒为单位对晶圆进行切割。之后，利用塑胶或陶瓷对晶粒进行包装，经接合和布线，将芯片最终组合成集成电路或微处理器。

（7）最终测试：为确保芯片的功能，对封装的集成电路进行测试，确保芯片的电学和环境特性参数满足要求。

此外需要说明的一点，半导体制造对环境要求较高，需要严格控制微尘颗粒，尤其是在晶圆生产及光刻环节。

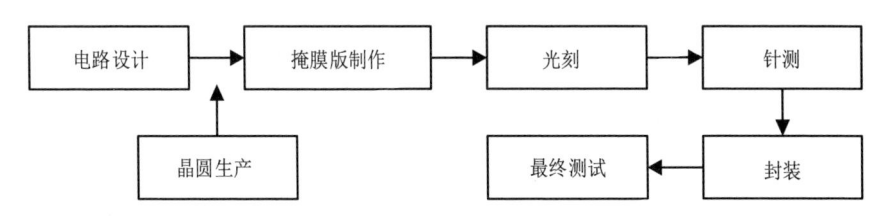

图3-1 半导体的一般生产链

数据来源：笔者绘制。

（二）笔记本电脑

相较于半导体，笔记本电脑的生产链较为复杂，涉及元器件、零部件较多。笔记本电脑由软件及硬件两大部分构成。一般而言，笔记本电脑的硬件主要包括显示屏、存储介质、微处理器、系统内存、输入接口、电池、印刷电路板（Printed circuit board，简称 PCB）、适配器、扬声器、传声器、外壳及风扇等（Dedrick et al., 2008；Yang, 2006）。Yeh 等（Yeh et al., 2011）将这些零部件划分为液晶显示器组件、基本组装元件、设备模组，以及设计和可选组件四大类（见表 3-4）。

表 3-4　　　　　　　　　笔记本电脑的主要零部件类别

类别	零部件
液晶显示器组件（LCD）	前后壳、专用背光电源变压器、液晶显示面板及背光灯
基本组装元件	顶板、底板、印刷电路板安装、键盘、扬声器及音频模组、CPU 模组，以及散热模组
设备模组	硬盘驱动器（Hard Disk Drive, HDD）、光盘驱动器（Optical Disk Drive, ODD）、存储器模组、无线网卡、电池模组
设计及可选组件	外部端口、电源管理模组、音频模组、操作系统及相关部件（如配线等）

数据来源：根据 Yeh 等（2011）整理。

从生产组织的角度来看，笔记本电脑的生产大致划分为五个阶段，分别为产品设计、基本功能检测和参数设定、设计鉴定测试、小批量试产验证及批量生产（见图 3-2）（YANG, 2006）。首先，产品设计主要是根据用户及市场需求，对笔记本的结构及性能进行设计及策划；其次，要对产品进行基本功能检测和参数设定；接着，进行部件测试及工程化，提出测试方案；之后对样品进行批量测试，通过检验后才能进入批量生产阶段。总体上，新型笔记本电脑的推出都需要经过以上五个过程。

| 产品设计
结构设计
产品特性清单 | → | 基本功能检测和参数设定 | → | 设计鉴定测试
温度、抗震测试等 | → | 小批量试产验证 | → | 批量生产 |

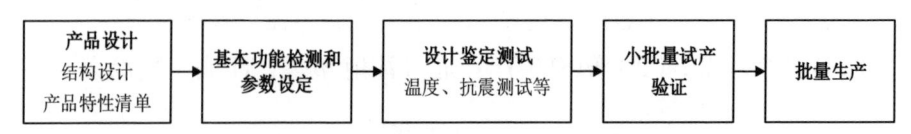

图3-2　笔记本电脑的生产阶段划分

数据来源：基于 YANG（2006: appendix 3）基础上绘制。

对通过检测可进行批量生产的笔记本电脑而言，它们的生产线大致包括零配件采购、来料质量控制、配餐、组装、性能检测及入库等几个环节。以联想电脑的生产为例，其生产制造流程分为原材料准备、来料质量控制、配餐、装配、基本功能检测、常温和高温等测试、入库七个环节（王关义，2014）。具体来看：

（1）原材料准备：根据生产需要采购并分配需要使用的各种配件；

（2）来料质量控制（Incoming Quality Control，IQC），对供应的原材料及部件进行抽样检验，确定是否接收；

（3）配餐：将检测好的配件按照笔记本生产需要装在备件箱内，为流水线生产做准备；

（4）装配：根据笔记本的配置设计，将主板、显卡、内存、电源、硬盘、光驱等零配件安装到要求位置；

（5）基本功能检测：对装配完的机器进行外观以及电气性能的检测，并进行功能性测试；

（6）常温及高温等测试：包括多项测试环节，比如常温、常湿和高温、高湿测试，噪音测试，散热测试，电磁干扰测试等；

（7）入库：对抽样产品进行全面检测，通过后入库或销售。

此外，针对不同市场需求，可以对生产线适当予以调整。比如联想的流水生产线主要是针对大批量、标准化的订单生产，而单元生产线适用于小批量、多批次的柔性生产模式。

笔记本的生产加工可进一步划分为印刷电路板组装（Printed circuit board assembly, PCBA）以及系统组装两大阶段，涵盖了表面贴装、塑模生产以及组装三个环节（Yeh et al., 2011）。（1）表面贴装：采用表面贴装技术（Surface Mounted Technology, SMT）将表面贴装元器件贴焊到印刷电路板的规定位置上，包括印刷、贴装、回流焊接、清洗、检测、返修等多个环节；（2）塑模生产：通过注射塑模、印刷、喷涂以及电镀等手段完成笔记本前后壳及上下底板的生产；（3）组装：将印刷电路板、其他模组及零部件、外壳等进行组装，之后进行测试与包装等。综合上述，笔记本电脑的一般生产流程如图3-3所示。

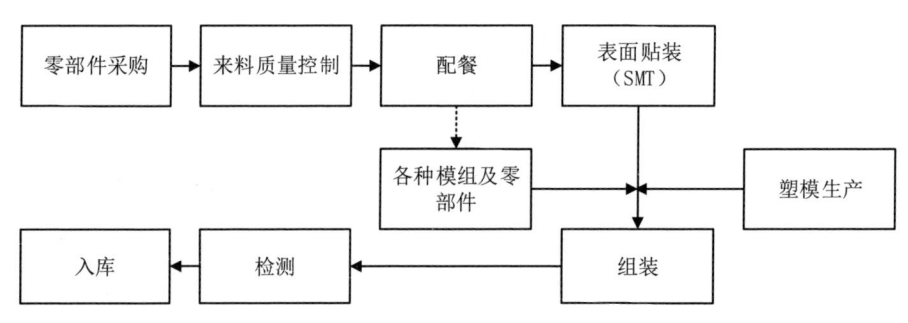

```
零部件采购 → 来料质量控制 → 配餐 → 表面贴装（SMT）
                              ↓         ↓
                          各种模组及零部件 → 塑模生产
                                         ↓
入库 ← 检测 ← 组装
```

图3-3　笔记本电脑的一般生产链

数据来源：笔者绘制。

（三）手机

与笔记本电脑类似，手机由软件及硬件两大部分构成。当前，智能手机的元器件一般可以划分为有源元件、无源元件、结构件以及功能元件四大类（见表3-5）。有源元件是指在能量供给下可以发挥放大、振荡等主动机能的零件。手机中的有源元件主要包括了应用处理器、基频等。无源元件是指电路中无须加电源的情况下便可以在有信号时工作，包括了电容器、电感器、电阻器等。结构件主要包括了手机外壳以及PCB板。而功能元件主要涵盖了电声元件、电池、天线等。

表3-5　　　　　　　　　手机的主要零部件类别

类别	零部件
有源元件	基频、内存、应用处理器、电源管理、射频、相机模组等
无源元件	电容器、电感器、电阻器
结构件	手机外壳及PCB板等
功能元件	电声元件、振动马达、显示屏、电池等

随着电子及信息技术的不断提高，手机更新换代不断加快。高满达（2010）将这一过程划分为十三个阶段，分别为市场分析、商业机会分析与评估、可行性分析、产品策划与产品定义、研发策划、设计开发与设计评审、试产工程样机、适量试产、批量试产、量产、销售与售后服务及售后分析、改进、产品退出。尽管这一划分着重细化了设计阶段，但总体上它较好地概括了手机产品的生命周期。手机的生产环节可进

一步划分为贴装生产以及装配两个阶段，具体生产流程如图3-4所示。

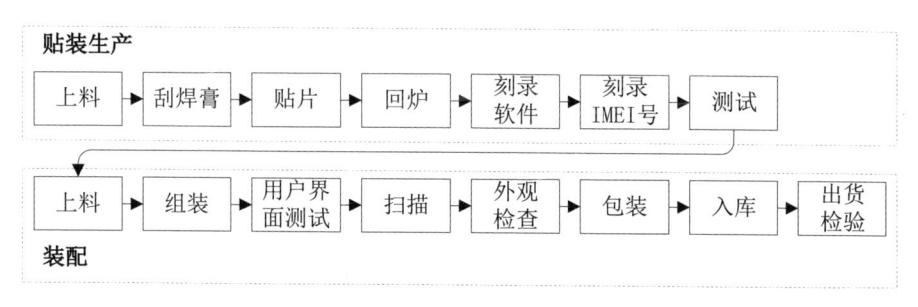

贴装生产
上料 → 刮焊膏 → 贴片 → 回炉 → 刻录软件 → 刻录IMEI号 → 测试

装配
上料 → 组装 → 用户界面测试 → 扫描 → 外观检查 → 包装 → 入库 → 出货检验

图3-4 手机的一般生产链

数据来源：在高满达（2010：图2-3）基础上进一步整理绘制。其中，IMEI全称为International Mobile Equipment Identification Number，国际移动设备识别码。

三 电子制造业的价值链

对于电子制造业价值链的构成，学者们进行了广泛的研究（卢明华等，2004；陈鹏等，2006；Kimura，2006；李建，2008，2010）。一般人们将电子制造产业的全球价值链大致划分为研究与开发、产品设计、核心零部件制造、一般零部件制造、组装加工、服务与贸易销售等几个环节。总体上，电子制造业上游的技术研发、下游的渠道运营和品牌建设拥有较高的附加值，而位于产业中游的整机制造的附加价值则非常少，整个价值链的附加值曲线符合"微笑曲线"模式（陈鹏等，2006）。此外，李建、宁越敏（2010）通过考察计算机行业中从事不同环节活动的企业的销售利润额，再次印证了"微笑曲线"的存在（见图3-5）。

其中，产品研发及设计，品牌经营与销售属于全球价值链的高端环节。产品研发与设计决定了电子制造业的产业技术和工业标准，先发形成的技术优势实现了对相应行业领域的垄断，严重制约了后进企业的发展；同时，设计研发费用较高，所需投资规模往往较大，因此该领域进入门槛本身较高。而品牌商则拥有最好的销售渠道及最大的市场资源优势，对市场控制力较强（Kawakami，2008）。基于这些因素，产品研发与设计，品牌经营与销售这两个环节均以垄断竞争为主，企业相对较少且规模较大，利润获取空间同样较大。比如，微软及英特尔分别负责标准制定、产品研发以及系统集成，技术垄断性较强，从而控制着核心产品和新产品的生产，对电子制造业起着引领作用。

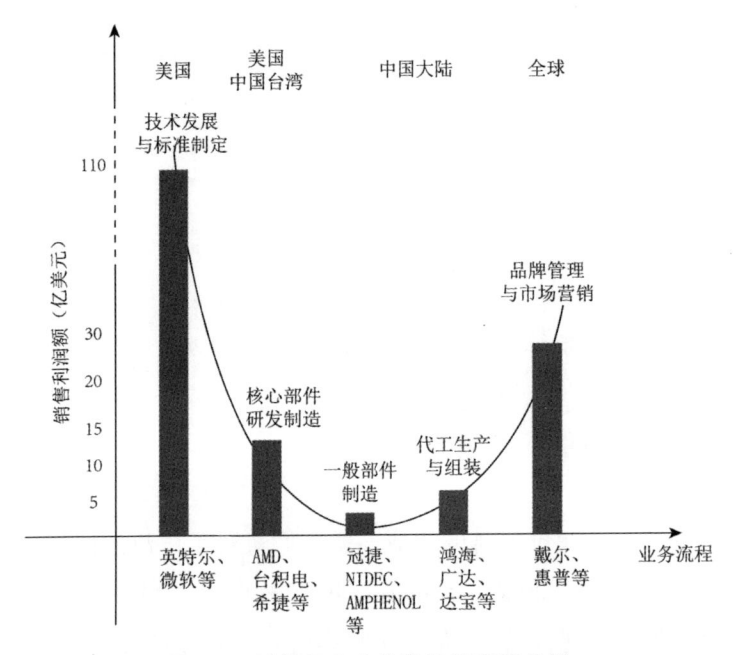

图3-5 计算机产业价值链的微笑曲线

数据来源：引自李建，宁越敏（2010）。

核心部件的生产制造和一般零部件生产处于全球价值链的中端，但两者存在显著差别。根据上面对笔记本电脑及手机生产链的分析，可以发现电子产品是由大量电子元器件组成的，其中包括少量的核心零部件以及大量的一般零部件。核心零部件本身就是较为复杂的系统，技术含量较高且技术革新速度较快，可以直接影响最终产品的价值，比如显示器、硬盘驱动器、核心集成电路等（Dedrick et al., 2010）。由于自身的特质资源以及技术垄断，核心零部件一般具有较高的附加值。相较而言，一般零部件的生产技术较为成熟，基本已实现标准化生产，企业之间可替代性强且竞争激烈，利润主要依靠生产规模的扩大及边际生产成本的压缩，即规模经济效应，总体上附加值相对较低。以苹果iPhone的生产为例，一部iPhone手机的全部材料成本为172.46美元，而核心零部件的成本占比高达72.2%，其中仅闪速存储器及显示模组的占比就已超过 1/4（见表 3-6）。由此，核心零部件与一般零部件的附加值差异可见一斑。

表 3-6　　　　苹果 3G iPhone 的主要零部件及生产成本构成

生产商	核心零部件	成本（美元）
东芝（日本）	闪速存储器	24.00
	显示器模组	19.25
	触摸屏	16.00
三星（韩国）	应用处理器	14.46
	双倍速率同步动态随机存储器	8.50
英飞凌（德国）	基带	13.00
	照相模组	9.55
	射频收发器	2.80
	GPS 接收器	2.25
	电源 IC 射频功能	1.25
博通（美国）	蓝牙/FM/WLAN	5.95
恒忆（美国）	多晶片封装记忆体	3.65
村田（日本）	前端模块（FEM）	1.35
戴高乐半导体（德国）	电源 IC 应用处理器	1.30
凌云逻辑（美国）	音频编解码器	1.15
其他材料清单		48.00
全部材料清单		172.46
生产成本		6.50
总计		178.96

数据来源：译自：Xing & Detert, 2011.

整机组装加工和包装环节则处于全球价值链的最低端。它们主要是将品牌商或者 OEM、ODM 厂商采购来的零散部件进行最终产品组装，技术含量较低，属于典型的劳动密集型生产。相较于设计研发以及核心零部件生产环节，这些生产领域的进入门槛较低，竞争较为激烈，这种情况下企业往往会通过扩大生产规模、提高自动化程度等一系列手段，进一步压低生产成本，从而保证其比较优势及市场份额。以笔记本电脑以及手机的加工组装为例，根据两者的生产链构成，其加工组装环节主要包括了贴装生产以及组装的过程。目前，很多代工生产企业都已配备了计算机控制系统，以及由PCB自动传输线及全自动贴片机等设备组成的SMT生产线，组装精度及自动化程度不断提高，大大提高了生产效率，人工成本不断降低。此外，供应链管理水平的提高进一步压缩了企业的库存成本（YANG and HSIA，2007）。同样以苹果iPhone的生产成本为例，一部iPhone手机包括零部件及加工组装的全部生产成本为178.96美元，但是加工组装环节的成本仅为6.50美元，占比尚不足4%（见表3-6）。

第四节 电子制造业的产业空间组织研究综述

一 电子制造业产业组织方式变化

自20世纪80以来，随着全球化进程的不断推进，电子制造业的产业组织模式发生显著变化，对此众多学者进行了研究（Sturgeon，2002；Gangnes et al.，2011）。相关研究普遍认为，80年代以来电子制造业的产业组织开始实现从早期的垂直一体化生产模式向水平分工的模块化生产模式转变。

80年代之前，电子制造业的发展是由大型垂直一体化的企业主导的。这一时期，电子产品所需的所有元器件都是在企业内部生产的，包括半导体、硬件、操作系统等（Gangnes et al.，2011）。不同企业之间的产品兼容性较差，相同功能的元器件也互不适用。这种情况下，当要扩大生产规模或更靠近市场时，企业往往会采取投资设厂的方式。这种垂直一体化的组织模式是由企业内关系主导的，其基本特点是从设计、生产以及最终销售等所有环节都是在企业内部完成的。

之后，电子产品逐步模块化，这为电子制造业的水平化分工奠定了基础。其实早在60年代中期，IBM公司为了生产360系列电脑，就已经采用了模块化的产品架构。IBM 360系列包含了一系列不同型号及功能的电脑，但是它们采用了统一的指令集以及周边设备，而之后的IBM产品也计划采用这种模块化系统。为了实现元器件的兼容性，IBM还专门设立了一个处理器管理办公室，负责制定开放统一的编码标准，以便不同模块的后续组装（Baldwin et al., 2000；Langlois, 2002）。进入80年代后，随着行业标准的逐步设立，电子产品的模块化进一步得到推进。IBM为了推动其个人电脑的普及，压低生产成本，选择将元器件生产外包出去。它将软盘生产外包给Tandon，电源生产外包给天顶电子（Zenith）、将电路板生产外包给四海电子，并将操作系统及微处理器分别外包给微软以及Intel。电子产品的模块化为外包及水平分工组织的发展奠定了重要基础。

20世纪80年代后期以来，随着生产工艺的不断改进以及核心元器件更新换代速度的提升，人们对电子产品的要求不断提高，电子产品的小型化、轻重量、功能的兼容性以及外观与功能的多样化成为市场发展的新趋势，电子行业的市场竞争日趋激烈。为维持市场份额及竞争力，传统的垂直整合企业除了要保证已有生产规模的正常运行外，还需要持续加大创新研发的投资力度，企业运营成本明显提高。面临竞争压力及不断扩大的市场需求，企业逐步开始调整其发展策略，着重强调核心竞争力的构建。这种情况下，外包成为美、日等发达国家品牌企业的选择。通过将大多数产品的生产加工环节外包给合同制造商（CM）或者原始设计制造商（ODM），品牌商专注于从品牌资源及研发设计上建设核心竞争力，从而扩大其利润空间（Kotabe, 1989；Venkatesan, 1992；Swamidass et al., 1993；Kotabe, 1996；Sturgeon, 2002）。

以苹果公司为例对此进行说明（Sturgeon, 2002）。1996年4月，苹果公司为满足巨大的市场需求，宣布将其在美国最大的个人电脑制造工厂——科罗拉多州喷泉市的一个工厂——卖给四海电子（SCI systems），而四海电子是当时一家专门从事电子生产的合同生产商。这一过程中，苹果与四海电子达成一项协议，后者将在三年时间内继续为苹果产品提供生产服务。与此同时，四海电子也可以利用购买的工厂里的生产设施为其他客户提供生产服务，其当时客户包括惠普、IBM在内的五十多家电子品牌企业。通过采取这种外包生产模式，苹果公司一方面降低了制造间接费用及库存费用等，从而可以将资源更多集中到产品设计及销售方面；另一方面苹果公司的组织灵活性更强，从而可以降低市场需求波动带来的风险。

实际上，自20世纪80年代末以来，除苹果公司外，北美众多电子品牌企业，诸如IBM、北电网络（Nortel）、3Com公司、惠普、迈拓（Maxtor）以及朗讯（Lucent）等，都采取了这种外包策略，将其国内或海外的生产工厂卖给大型合同制造商。北美后来建立的很多企业，诸如太阳微系统公司（Sun Microsystems）、硅谷图形（Silicon Graphics）、EMC、瞻博网络（Juniper Networks）、讯通网络（Sycamore Networks）、思科系统（Cisco Systems）、网域（Network Appliance）等，则从一开始就将生产活动外包出去。至90年代后期，外包模式开始在欧洲流行，以爱立信（Ericsson）、诺基亚以及阿尔卡特（Alcatel）为代表的大型通信设施及移动设备品牌企业也逐渐选择将生产业务外包出去。例如，1997年，爱立信将生产业务外包给旭电（Solectron）、伟创力（Flextronics）以及四海电子，此后又将其位于瑞典国内卡尔斯克鲁纳的最主要的工厂卖给伟创力，将巴西的一家工厂卖给了旭电。而进入21世纪后，日本一些大型电子企业也陆续将生产活动外包出去，其中典型的企业包括日本电气公司（NEC）、索尼等。

总体而言，80年代末电子制造业的产业组织模式开始从垂直一体化向模块化水平分工的生产模式转变，生产组织关系从企业内向企业间转变。一般而言，在当前电子制造业的模块化产业组织模式下，电子产品一般需要经过生产制造、合同制造商或原始制造商、品牌商、销售商、分销商等环节，最后到达顾客（见图3-6）。

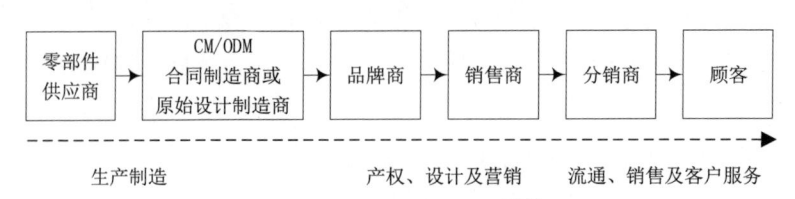

零部件供应商 → 合同制造商或原始设计制造商（CM/ODM） → 品牌商 → 销售商 → 分销商 → 顾客

生产制造　　　　　产权、设计及营销　　　流通、销售及客户服务

图3-6　电子制造业产业组织模式

数据来源：引自：Dedrick et al., 2010.

二 电子制造业产业空间组织研究

自 20 世纪 80 以来，随着电子制造业在全球范围内的空间转移及产业组织方式转变，关于电子制造空间组织的研究迅速增加（Scott et al., 1988；Venkatesan, 1992；Swamidass et al., 1993）。随着通信及交通运输技术的发展，空间对生产布局的限制作用不断下降，产业空间组织模式不断发生变化。

在垂直一体化组织模式时期，来自发达国家的众多电子企业开始通过地理调节来降低生产成本，寻求更大的利润空间。20 世纪 60 年代，以美国电子企业为先驱，离岸生产及跨国垂直一体化就已经开始出现（Dicken, 2007）。1962 年，仙童半导体公司在中国香港设立了第一条半导体离岸生产线，此后又分别在中国台湾、韩国等地区设厂。同期，美国许多电子企业也纷纷开始在墨西哥以及东亚地区投资设立生产工厂。这个时期，电子制造业主要采用了垂直一体化的生产组织模式，其根据不同职能部门、不同生产环节对生产要素的需求进行区位选择，产业组织的空间范围不断扩大。

此后，随着模块化产业组织模式的形成，电子制造业生产空间范围进一步扩大，东亚地区进一步承接了来自发达国家的许多投资及生产转移，逐步发展成为全球电子制造业重要供应基地（Ernst, 1997；Yang et al., 2009；Xing et al., 2010）。以 iPhone 手机为例，其软件及产品设计主要在美国完成，而生产过程则大部分在其他国家进行。它的生产过程主要涉及九家公司，其中六家公司分别来自中国、韩国、日本、中国台湾及德国，仅三家公司在美国。具体而言，东芝（日本）、三星（韩国）、英飞凌（德国）、博通（美国）、恒忆（美国）、村田（日本）、戴高乐半导体（德国）、凌云逻辑（美国）为 iPhone 生产提供核心零部件，这些零部件被运往位于深圳的富士康，在这里加工组装成为最终产品，之后分别出口到美国、欧洲及其他地区（Xing et al., 2010）。林欣欣（2011）认为，苹果公司的产业空间组织模式可以概括为"硅谷设计——日本精密机械制造芯片——中国台湾厂商制造主板——在中国大陆生产外围设备并组合成最终产品"。Yang and Coe（2009）对东亚地区电脑生产组织网络进行了较好的总结，中国台湾地区大量OEM企业承接了全球品牌企业的生产活动，然后将这些活动转移到中国东部沿海地区进行组装加工，之后经由品牌企业进行配送（见图3-7）。这种产业空间组织模式在其他电子产品中也存在。以硬盘驱动器（Hard Disk Drive, HDD）巨头企业希捷的国际化生产网络为例，其中美国主要负责高端驱动器及服务器的装配及测试工作，新加坡是东亚区域生产网络的中心，承担重要的协调支持功能，同时负责批量生产流程及测试软件的开发，马来西亚及泰国主要承担零部件的制造及部件装配，而印度尼西亚主要负责低端的组装环节（Ernst, 1997）。

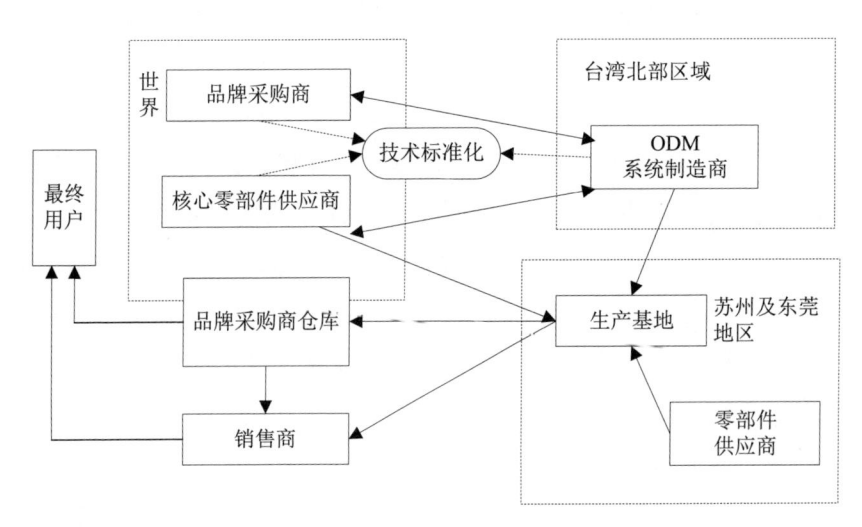

图3-7　中国台湾电脑行业的全球生产网络

数据来源：引自：YANG and COE, 2009.

结合上述分析，可以发现电子制造业价值链的空间分局具有较为明显的特点。其中，研发设计属于典型的知识密集型活动，对高科技人才及创新环境的要求较高，主要布局在美国为首的发达国家；核心部件生产的技术垄断性较强，主要由美、日等发达国家控制，布局较为集中；一般零部件的生产空间布局相对分散；组装加工环节属于典型的劳动密集型活动，主要布局在中国等为代表的具有劳动力成本比较优势的发展中国家和地区。

第五节　小结

作为各国政府进行产业经济发展的重点领域，电子制造业具有鲜明特点。一般角度来看，电子制造业具有技术水平高及渗透能力强的特点，其发展对国民经济各行业均具有深远影响，并对国防安全领域建设具有重大意义。从地理学角度来看，电子制造业是一个全球化及专业化程度较高的行业。自 20 世纪初形成至今，电子制造业的技术变革持续进行，核心元器件经历了从电子管到晶体管、中小规模集成电路、超大规模集成电路的变革，相关电子产品更新换代速度不断加快，全球性竞争日趋激烈。

为更好适应市场需求及发展趋势，电子制造业的产业组织从早期的垂直一体化的生产模式转向模块化的水平分工模式。外包成为品牌企业进行产业组织的重要途径，通过外包生产活动，品牌企业一方面可以利用合同制造商的规模经济，压缩生产活动成本，将更多资源用于研发创新及营销，加强核心竞争力的构建，另一方面也大大提高了组织的灵活性。在这种产业组织模式下，电子制造业生产组织的关系从企业内向企业间转变，电子产品一般需要经过生产制造商、合同制造商或原始制造商、品牌商、销售商、分销商等环节，最后到达顾客。

总体上，电子制造产业的全球价值链大致可以划分为研究与开发、产品设计、核心零部件制造、一般零部件制造、组装加工、服务与贸易销售等几个环节。不同环节附加值情况差别较大，对区位选择也存在较大差别。其中高附加值的设计、研发及销售环节多位于美国、欧洲及日本等发达地区；附加值相对较高的核心零部件生产技术垄断性较强，主要集中于日本、韩国等技术较为先进的国家及地区；而一般零部件的生产布局较为分散，附加值明显低于核心零部件；而处于附加值底端的加工组装环节则往往布局在中国大陆等生产成本较低的地区。

从研究方法方面来看，当前很多学者从全球生产网络及全球价值链角度对电子制造业产业空间组织进行研究，但这些研究多是通过对典型企业的调研或相关数据的搜集来完成，数据获取难度较大。因此，这种方法存在较大的局限性，不能广泛应用于产业空间组织研究中，并且这种方法只能通过典型企业研究反映行业部分特点，难以捕捉行业总体特点，定量研究不足。因此，怎样利用已有数据，定量刻画电子制造业产业空间组织格局及对区域发展的影响，是本书的主要研究目标。

第四章

全球电子制造业的生产及贸易发展与格局演变

第一节 全球电子制造业生产格局的发展演变

作为全球化程度最高的行业之一,电子制造业从20世纪60年代开始就开始出现离岸生产。此后,随着全球化力量的加强以及产业空间组织模式的变化,电子制造业的全球生产格局不断发生变化。总体而言,电子制造业产业格局的演变历程可以划分为四个阶段。由于本书的主要研究对象是东亚地区,所以这一节在对电子制造业发展阶段进行划分时,着重对日本、韩国及中国台湾地区的产业发展历程进行介绍。

一 美国主导的创新发展时期(20世纪初至20世纪70年代)

20世纪上半世纪,出于战争及军事需要,美国在通信设备及电子设备研发方面开展了大量研究工作。美国巨大的军事及航空航天需求成为电子制造业早期形成及技术革新发展的重大动力。电子真空三极管、晶体管、集成电路、微处理器、电子计算机,以及80年代后迅速兴起的个人电脑,均由美国研制成功。在推动电子制造业技术革新及发展的同时,这也奠定了美国在电子制造业领域的技术领先地位。在此后的几十年中,美国基本独自主导了电子制造业的发展轨迹。实际上,直至今天美国仍在电子制造业发展中占有举足轻重的地位。

电子制造业形成发展初期,研发费用中有很大比例来自军方支持,因此研发方向也以军工电子为主。其中,最具代表性的是1946年诞生的世界第一台通用计算机ENIAC，它是由美国陆军部资助进行研发的，其最初研发目的就是用于计算弹道轨道以及原子弹爆炸的分析（吴旭琴，2013）。此后，从晶体管的发明到半导体、集成电路及计算机的发明应用等，同样得到了美国政府及军队的经费资助（黄琪轩，2013）。1949—1958年期间，贝尔实验室半导体研发预算中有1/4都来自于国防的合同拨款。此外，美国海军研究办公室及美国国家标准局资助建立了加州大学洛杉矶分校计算分析研究所，这个研究所对后来美国计算机事业的发展起到了重要作用。总体而言，美国电子制造业的发展最初受益于军工需求市场，直到20世纪50年代之后，电子产品的应用范围才开始从军工领域向社会领域推广。

美国在电子领域进行的大量基础研究及创新工作，奠定了其在电子制造业发展中的主导地位。特别是20世纪50年代后，随着半导体行业的商业化生产，美国电子制造业发展进一步加快（见表4-1）。1950年，美国电子行业总产值仅为36.63亿美元，至1979年其电子行业总产值达到805.07亿美元，约占西方世界电子工业产值的一半。此外，20世纪70年代末，美国公司已经掌握全世界半导体销售额的59%以及集成电路销售额的74%。

表4-1　　　　　1914—1979年美国电子工业产值　　　（单位：百万美元）

年份	日用电子产品	通信设备	工业用电子设备	电子元器件	政府用电子设备	合计
1914						1
1921						11
1925						180
1931	124					220
1935	135				20	240
1939	186				37	1750
1947	810				680	2705
1950	1500	1005	1158		655	3663
1955	1500	4082	2200		3332	7782
1960	1774	8104	3093		6124	12971

续表

年份	日用电子产品	通信设备	工业用电子设备	电子元器件	政府用电子设备	合计
1965	3303	14191		4479	8969	21973
1970	3683	10080	8498	6205	11295	28466
1975	4955	13997	15139	9286	11500	43377
1979	9274	22732	29691	18910	20150	80607

数据来源：叶钟灵（1983）。

注："政府用电子设备"这一列数据主要为军工电子产品，与其他列存在重复，所以不计入合计值。

美国电子工业生产布局较为集中及著名的地区主要有两个，一个是加利福尼亚州的萨尼维尔地区，另一个是位于美国东海岸的马萨诸塞州波士顿地区（波士顿128号公路）。其中，前者以硅芯片的设计与制造而享誉世界，被称为"硅谷"。其发展始于20世纪50年代初，当时斯坦福大学为推进产学研合作建立了斯坦福研究园（韩宇，2009）。1955年，诺贝尔奖获得者、晶体管发明者之一的威廉·肖克利（William Shockley）在这里创立了肖克利半导体实验室（后更名肖克利晶体管公司），将半导体技术引入硅谷，将硅谷带入一个全新发展时期。1957年，肖克利晶体管公司的八名工程师离开该公司，共同成立了仙童半导体公司。该公司于1959年发明了半导体平面制作工艺，并独立研制出集成电路。此后，仙童半导体公司还衍生形成了众多高技术企业，包括Intel、国家半导体公司、AMD（Advanced Micro Devices）等（韩宇，2009）。其中，Intel公司于1971年发明了微处理器。集成电路及微电子技术的出现极大地推动了硅谷半导体行业的发展，至70年代末硅谷已成为世界最大的微电子工业基地。

与硅谷相较而言，波士顿地区发展起步更早且主要以计算机、通信及导航设备等国防电子工业为主。二战期间，该地区的麻省理工学院就利用其在电子技术方面的优势赢得大批军事订单，刺激了一批电子技术企业兴起，其中包括从事真空管、磁控管及舰载雷达生产的雷声公司（韩宇，2009）。20世纪50年代初时，该地区的高科技企业已初具规模。之后，美苏冷战对峙及军备竞赛为这个地区带来大量军事订单，波士顿地区进入高速发展阶段。这个时期，一大批从事雷达、导弹制导以及导航系统等军事尖端技术研究的研究机构先后建立，并且以此为依托衍生出一批高新技术企业，沿着128公路沿线延展布局（即128公路区），该地区迅速发展成为仅次于硅谷的第二大微电子工业中心。此后虽由于国防开支及订单减少经历了几轮短暂衰退，但经过产业结构调整及转型，当前该地区已重新焕发活力，是美国乃至世界重要的电子工业基地及科技研发中心之一（于志达，2013）。

二 日本半导体行业的振兴（70年代末至80年代）

为促进电子制造业发展，尤其是半导体技术，日本政府采取了较为积极的干预政策，包括实施技术追赶策略及国内企业保护等措施。自70年代末期以来日本半导体行业飞速发展（尤其是在内存领域），并于80年代取代美国成为世界主要的半导体生产者。

早在20世纪50年代开始，日本政府就意识到电子工业对国民经济的带动作用，并出台一系列法律法规促进电子制造业发展，并采取了一系列扶持和保护电子工业的措施。1950年，日本制定外资法，开始引进欧美先进技术（于志达，2013）。1957年日本通产省制定了《电子工业振兴临时措施法》，鼓励日本企业学习美国先进技术，并积极发展本国半导体产品（雷家骕等，2013）。1963年，日本通产省还特别设立促进机构、数据中心及研究所，促进微电子技术研发，并对已批准项目给予资助及低息贷款。这一阶段，日本索尼公司通过引进晶体管技术，以及开发大批量生产技术，极大地推动了日本消费电子的发展，至60年代，以收音机为代表的消费类电子在电子产品中占比一度超过1/2（世界经济年鉴编辑委员会，1991）。

但日本真正重视电子行业技术研发及创新发展是从20世纪70年代开始的。当时，日本面临战后经济高速增长带来的一系列负面问题，包括环境污染、通货膨胀、日元升值以及贸易摩擦等问题（江小涓，2014）。这种情况下，日本开始推行"科技立国"的战略。1970年，日本产业结构审议会公布了《70年代的贸易和产业政策》，提出了70年代日本产业政策的三个目标，其中一个目标就是促进产业结构中心从资本密集型的重化工业向知识密集型产业转变（江小涓，2014）。日本在大力引进国外技术的同时加强了技术的自主开发，其中日本通产省更是出台了众多政策及规划，鼓励创新发展并提供资助。1971年，日本制定了《特定电子工业及特定机械工业振兴临时措施法》，提出加大发展以半导体为代表的电子产业的力度，帮助日本企业加强自身研发及生产能力（江小涓，2014）。1975年，为追赶美国超大规模集成电路生产技术，日本通产省主持实施超大规模集成电路计划。来自日本五大计算机公司（包括富士通、日立、三菱、日本电气及东芝）及电子综合研究所的100名研究人员组成共同研究所，研究费用由政府及企业共同承担，且为其提供无息贷款。同时，日本政府鼓励日本主要芯片购买者优先购买日本芯片，以促进本国芯片发展。该计划共实施了四年并取得丰硕成果，约有1000项发明获得专利。1979年，日本先于美国研制成功64K DRAM（动态随机存取存储器），其半导体生产技术开始超过美国。自80年代初开始，日本电子产品出口便超过了美国，成为世界第一电子出口大国；同时，日本企业在世界半导体市场上的占有率不断提升，并逐步取代美国成为半导体行业的主要生产者。1989年，世界十大半导体公司中，美国从1976年的8家减少到3家，而日本增加到6家，并占据了前3名（世界经济年鉴编辑委员会，1991）。而美国半导体工业的衰落直接导致美国电子工业的滑坡。至20世纪80年代中期，美国市场上3/4的收音机、2/3的黑白电视机以及15%左右的彩色电视机都是进口自国外。

日本主要的电子工业基地为九州岛，该地区由于生产半导体，获誉"日本硅岛"（伍皓，2013）。该地区自然条件适宜，土地价格便宜，同时聚集着九州大学等7所综合性大学，人口素质较高，此外空运发达，适于体积小且价值高的集成电路的运输。凭借这些条件，九州岛从60年代末70年代初迅速发展成为日本的半导体集成电路生产基地。区别于硅谷，集成电路的研发设计仍集中于东京及阪神，九州岛主要以生产和组装为主。当前，该地区集中了日本集成电路约40%的产量及 30% 的产值（伍皓，2013）。

三 以韩国及中国台湾等为代表的东亚地区的发展（80 年代后半期至 90 年代）

从 20 世纪 60 年代开始，为降低生产成本、扩大生产规模以及开拓海外市场，美国及日本就开始在韩国、中国台湾、新加坡等地区投资建厂，进行离岸生产。以此为契机，韩国及中国台湾地区通过技术引进及模仿创新等方式推动了电子制造业的快速发展。进入 80 年代后半期，随着电子制造业生产组织方式的转变，韩国及中国台湾通过不同的嵌入方式，成功参与到全球电子制造业的产业分工中，并成为全球电子制造业生产网络的重要组成部分。

（一）韩国电子产业的发展

由于日本经济发展的成功，韩国的很多发展战略都借鉴了日本的经验，并采取了技术赶超的方式推进经济及电子制造业的发展（Mathews et al., 1998）。其首先通过吸引外资等方式进行技术引进，此后鼓励国内企业进行技术模仿、创新及赶超。MATHEWS and CHO（1998）对韩国半导体行业的发展历程进行了很好的总结（见表 4-2）。在该过程中，韩国的大型财团，如三星、LG 等企业，对于电子制造业的发展，尤其是半导体行业的发展，起到了重要作用（Yeung, 2007a；Yeung, 2009a, 2009b）。

韩国电子工业发展起步于 20 世纪 60 年代。该时期，韩国从 50 年代的进口替代战略开始转向出口战略。1965 年，韩国将电子行业在内的 13 个行业作为出口导向型经济增长战略的重点行业，并积极吸引欧美及日本大型电子企业到韩国投资设厂。而最初来韩国投资设厂的企业主要来自美国。1966 年，美国的仙童半导体公司、西格尼蒂克公司（Signetics）及 KMI 公司进入韩国；1967 年，摩托罗拉进入韩国。此后，随着 60 年代中期韩日两国关系正常化，日本电子企业也开始在韩国建立封测厂（Mathews et al., 1998）。1969 年，东芝和三洋公司首先进入韩国，到 1973 年至少有 7 家日本企业进入韩国。该时期，在鼓励外资进入的同时，为推动本国技术创新发展，韩国还在科研教育及国内投资方面也进行了大量工作。1966年，韩国建立科学技术研究院。1969年，韩国颁布了《电子工业振兴法》，正式确立建立及发展电子行业的目标；同年，工商部制订了《电子工业振兴8年基本计划》（1969—1976），计划建立龟尾电子工业园。

表4-2　　　　　　　　韩国半导体行业的演化阶段划分

阶段1： 1974年以前	阶段2： 1974—1981年	阶段3： 1982—1988年	阶段4： 1989—1998年
准备阶段	播种/移植阶段	繁殖阶段	稳定发展阶段
外国企业建立组装及测试厂 韩国科学技术研究院成立 技术教育的扩大	本土企业建立，韩国集成电路生产的开始 韩国电子技术研究所领导的技术杠杆作用	涉足大规模内存芯片的生产 超大规模集成电路起步 4M DRAM联合开发	内存芯片生产趋于成熟，半导体行业的多元化及巩固 附属行业的发展 科技战略的政治优先

数据来源：MATHEWS and CHO（2000: table 3.1）.

进入70年代后，韩国开始强调技术创新，并着重发展半导体行业。1975年韩国政府制订推动半导体业发展的六年计划，旨在促进电子配件及半导体生产的本土化。为实现半导体技术的吸收及转化，韩国同年设立了一个政府性的科研机构——韩国高级科学技术研究院（KAIST）。1976年，韩国又单独设立了韩国电子技术研究所（Korea Institute of Electronics Technoloyg，KIET），专门从事半导体设计、工艺及系统研究。这些科研机构促进了韩国半导体行业的发展。同期，基于政府支持，很多韩国企业开始从事半导体研发活动。至70年代末，已有至少四家大型企业投资大规模集成电路芯片制造，具体包括三星、金星、大宇及大韩。这一时期，通过与美日等国家签订技术转让协议，韩国半导体行业已形成一定基础（Mathews et al.，1998）。

80年代，韩国开始着力促进超大规模集成电路的研发工作，企业投资规模不断扩大。1981年，韩国起草了《半导体工业综合发展计划》，并将其作为第五个五年计划的一部分。同期，一个更为详细的计划——《半导体工业长期保护计划》发布，该计划宣布国家将给予大财团足够的财政支持，要求它们以更低的成本赶超日本的标准化生产。由于政府的导向作用，1982年三星、现代及金星均宣布要投资超大规模集成电路芯片的生产。1983年，三星开始生产64K DRAM，与美日等国家相比落后四年之久；1985年，三星的研发小组研制出256K DRAM，并于次年销往美国；1988年，韩国开始研发4M DRAM，并于1991年大规模投入市场；1990年，韩国研发出16M DRAM芯片，只比日本晚三个月；至1994年，韩国生产的16M DRAM已占据世界市场40%的份额。从90年代中期开始，韩国逐步取代日本成为美国内存芯片的主要供应者。至90年代末，韩国已成为世界上仅次于美国及日本的第三大半导体生产商。

（二）中国台湾地区电子产业的发展

与韩国类似，中国台湾地区在推动电子产业发展过程中同样对日本借鉴较多，早期主要通过技术引进等方式来奠定发展基础。但与韩国不同的是，在这一过程中，中国台湾地区更多是通过精英社会阶层来与美国硅谷等技术领先地区建立联系及合作（Saxenian，2002）。此外，随着电子制造业产业空间组织模式的变化，中国台湾地区在全球电子制造业生产网络的嵌入模式也与韩国有所区别，它并没有选择通过技术赶超成为全球品牌企业，而是选择以晶圆代工及系统制造商的形式参与到全球电子产业分工当中（Yeung，2007b，2009a）。

与韩国类似，中国台湾电子行业的起步同样得益于60年代美国等发达国家的离岸生产。1965年，中国台湾地区借机成立世界上第一个出口加工区，以出口带动地区发展（Mathews et al.，1998）。1966年，美国通用仪器公司在高雄设厂进行晶体管组装；1967—1970年，德州仪器公司、飞利浦等也纷纷到中国台湾设厂，带来IC封装及测试技术，为中国台湾电子行业发展奠定了一定基础。70年代初，中国台湾地区部分政府官员逐步意识到电子行业对工业现代化的重要意义，以及自身技术研发的不足。基于此，为促进技术引进，1973年中国台湾地区发起成立了"工业技术研究院"。该"院"第一个项目就是制订集成电路生产计划，为此1974年该"院"设立了电子研究中心（后更名为"电子研究所"）。该"所"的主要任务包括承担开发半导体集成电路制造工艺及加速实现产业转移、促进产业升级等。

1976年，美国无线电公司（Radio Corporation of Amercia，简称 RCA）与中国台湾地区签订技术转让协议，同意将已过时的 7 微米集成电路生产技术转让给中国台湾"电子技术所"，并为 40 名中国台湾工程师提供芯片设计及生产方面的培训。1977 年，这些工程师利用电子产业发展计划提供的资助创建了 IC 试验组装厂，并很快投入运营，取得较好成效。

80 年代初，为吸引海外相关工程师及专家回国创业，搭建技术转移渠道，中国台湾地区有关政府部门在硅谷设立专门办公司，并在新竹建立科学园区，积极招引海外的中国台湾工程师及科学家回岛创业发展。通过这些精英工程师，中国台湾地区与硅谷建立了紧密的联系，加快了技术转移及交流，极大促进了中国台湾地区芯片制造及集成电路技术水平的提高。1980 年，电子技术所衍生的公私合营公司——联华电子公司（United Microelectronics Corporation，简称 UMC）成立，这是中国台湾地区第一家半导体制造企业。该公司在新竹科学园区建立生产线，主要生产用于计算器、电视机及音乐设备的各种芯片，并取得较好发展。与此同时，电子技术所通过技术授权方式从国外引进更多技术，并加以吸收、扩散，生产技术从 7 微米提高到 3.5 微米。但是，当时的中国台湾地区仍以 IC 测试、封装以及部分设计工作为主，尚不具备生产超大规模集成电路的能力。

80 年代后半期，随着半导体生产技术及工艺的基本成型，以及个人电脑等下游产品的产能扩张，美日等品牌企业开始推进模块化生产组织模式。很多企业将上游制造技术与工艺基本成熟、附加值相对较低的工序分拆出来外包出去，比如晶圆生产、IC 设计、电路测试以及芯片封装等。以这种产业分工为契机，中国台湾地区利用其与美国硅谷人才流动密切的优势，迅速提升自身的技术生产能力及水平，承接了大量跨国公司代工生产晶圆的业务，嵌入到全球电子产业生产链条中。1987 年，为满足巨大的海外晶圆代工需求，在中国台湾当局主导下，部分中国台湾公司与荷兰飞利浦联合组建了全球第一家专门的晶圆代工企业——台湾积体电路制造公司（简称"台积电"，Taiwan Semiconductor Manufacturing Company，TSMC）。这种代工生产方式帮助中国台湾企业获得了专利技术授权及市场进入渠道，效果较好，并发展形成了一批中国台湾半导体企业，比如威盛电子、世界先进积体电路、合泰半导体、联瑞积体电路、联诚积体电路、旺宏、茂硅等。此外，中国台湾地区还成立了很多专门从事 IC 设计、电路测试以及芯片封装的中小半导体企业，形成了完整的半导体产业链。至 90 年代末，中国台湾地区已成为全球第四大半导体生产商。

四　以中国为代表的发展中国家的崛起（20 世纪 90 年代之后）

进入 90 年代后，全球电子工业面临第二次大转移，开始由发达经济体向发展中国家和地区进行转移。中国大陆、墨西哥等国 / 地区凭借着低廉的劳动力成本优势和优惠的对外开放政策，成功地吸引了发达经济体电子制造业的本地化生产（Yusuf et al.，2005）。与此同时，电子工业组装业务发展较为成熟的马来西亚，为应对其他国家的竞争与挑战，于 1996 年 8 月，启动 Cybewjava 市"多媒体超级走廊"的建设，通过设立信息产业特区来进一步地吸引世界发达国家的电子制造业，促进国内的产业结构升级。至 1999 年 7 月，已经有微软、英特尔、富士通、路透集团、西门子等 225 家公司入住该特区（谢康，2001）。本部分对中国大陆电子制造业的崛起进行重点梳理。

1992 年初，邓小平进行第二次南巡，奠定了由计划经济向社会主义市场经济转变的思想基础。同年召开的中共第十四次全国代表大会决定，将电子工业作为国民经济的支柱产业（姜鲁明等，2012）。随着 1993 年电子工业部的成立，优化外商投资环境、深入发展加工贸易、推动企业改制等相关的产业政策不断实施，如《电子支柱产业规划纲要》（1993 年）、《关于九五期间加快中国集成电路产业发展的报告》（1995 年）、《当前优先发展的高技术产业化重点领域指南》（1999 年）、《鼓励软件业和集成电路产业发展的若干对策》（2000 年）、《外商投资电信企业管理规定》（2001 年）等。随着这些政策的完善和实施，外商在华投资项目的数量和规模都在迅速增加，并逐渐呈现出生产本地化、市场本地化的特征与趋势。惠普、西门子、诺基亚、摩托罗拉、爱立信、飞利浦、三星、松下、东芝等著名的国际电子企业也纷纷在中国国内投资建厂。通过采用外资独资、中外合资等方式，至2002年，中国的三资企业产品销售收入达到整个电子信息行业的68%。以中国台湾为例，90年代后期，中国台湾的电子信息产业开始了大规模的转移，将很多生产环节转移到东南亚，欧洲等地区，但更多的是转移到中国。至2008年，中国台湾电子制造业中在大陆完成的比重接近于60%（张厚明，2014）。

2008年国际金融危机爆发以前，中国电子制造业的生产基地主要集中在长三角、珠三角、环渤海等东南沿海地区。虽然在过去二十多年的发展中，中国电子制造业的技术不断提高，但对于大部分企业来说，仍然存在缺乏核心技术与自主知识产权、处于产业链中低端等问题，由此导致了芯片、嵌入式内存、相机模具等基本上都依赖于进口。国际金融危机爆发后，中国东南沿海的电子制造企业，特别是外资企业和中外合资企业受到的冲击十分巨大。最近几年，电子制造业中组装加工等劳动密集型生产环节开始向中国内陆、东南亚国家进行转移。2012年，联合国贸易和发展会议的一份调查报告显示，以最受外商青睐投资的目标国来看，印度尼西亚和泰国的排名出现了大幅上升（上海市经济和信息化委员会等，2013）。开拓潜在市场、利用低廉劳动力、规避贸易壁垒等成为当前电子制造业向东盟国家转移的主要原因。为了稳定增长态势、调整产业结构、深化经济改革等，中国政府制定了《电子信息产业调整与振兴规划》（2009年）、《国务院关于印发进一步鼓励软件业和集成电路产业发展若干政策的通知》（2011年）、《信息产业发展规划》（2013年）、《"十二五"国家战略新兴产业发展规划》（2013年）、《国家集成电路产业发展推进纲要》（2014年）等一系列的政府调控政策。在此影响下，中国的电子制造业逐步依赖于内资企业，并且向中西部地区转移，川渝地区、陕西、安徽等成为新的增长极。

关于中国电子制造业发展历程的具体内容，将在第七章第一节进行详细论述。

第二节　1980 年以来全球电子制造业贸易的时空演变特征

自 1980 年以来，随着电子产品生命周期的不断缩短以及产业空间组织模式的变化，全球电子制造业贸易额迅速增长，同时贸易模式也发生了显著变化。这种变化一方面体现在贸易额上，另一方面则体现在贸易空间格局上。这一节将对 1980 年以来全球电子制造业贸易额的时间变化情况进行介绍，并对电子制造业总体及集成电路的全球贸易空间格局及其演变进行刻画。

一　全球贸易总额的时间变化规律

随着逐渐转向模块化生产组织模式，电子制造业的生产规模迅速扩大（见图 4-1）。1980 年，全球电子制造业的贸易总额为 1708.92 亿美元，其中出口贸易额为 851.02 亿美元，进口额为 857.90 亿美元。至 2014 年，全球电子制造业贸易总额达到 37718.15 亿美元，较 1980 年增长了 21.07 倍；其中出口贸易额达到 17943.03 亿美元，较 1980 年增长了 20.08 倍；进口贸易额为 19775.12 亿美元，较 1980 年增长了 22.05 倍。

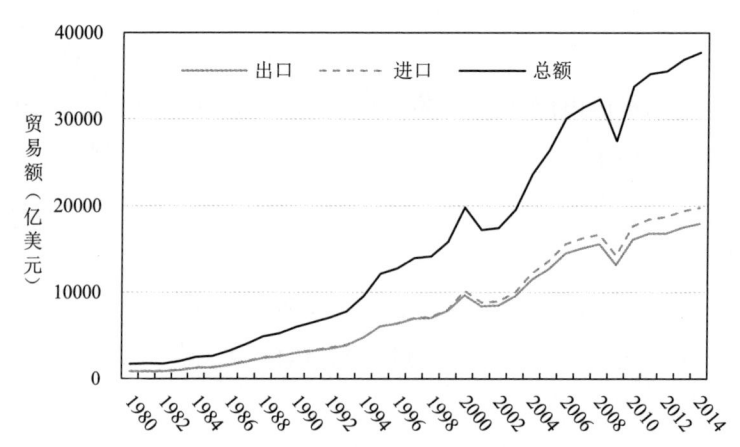

图 4-1　1980—2014 年世界电子制造业的进出口贸易额

数据来源：WTO 统计数据库。

根据图4-1可以看出，除了2000年前后及2008年前后出现较大波动外，电子制造业贸易发展情况总体较为稳定。受1998年亚洲金融危机影响，国际电子制造业总体情况不景气。2001年，电子制造业贸易总额出现明显下降。当年，全球电子制造业进出口总额仅为17217.08亿美元，出口额及进口额分别为8379.428亿美元、8837.654亿美元，较2000年贸易额普遍下降了约13个百分点。2008年国际金融危机爆发，对全球经济尤其是制造业经济造成显著影响，电子制造业进出口贸易再次出现大幅下降。2009年，全球电子制造业贸易总额分别为27493.53亿美元，出口及进口贸易额依次为13215.17亿美元、14278.37美元，较2008年分别下滑14.96、15.39及14.57个百分点。

二 电子制造业贸易额的全球空间格局及其演变

在企业和政府二者的共同作用下，电子制造业的全球分工格局一直在发生变化。为了充分理解电子制造业的全球空间分工情况，对1980—2014年进口贸易、出口贸易的全球空间格局及其演变分别进行了详细的刻画。在把握世界各国电子制造业进出口贸易额空间分布总体格局的同时，对全球前十大进出口贸易国家/地区的时空演变特征予以重点分析。

（一）出口贸易的全球空间格局及其演变

图4-2展示了1980年、1990年、2000年、2010年和2014年电子制造业出口贸易的全球空间格局，表4-3及表4-4整理了前十大贸易国家/地区的份额变化情况。由上述图表发现，1980年，电子制造业出口贸易的国家格局非常集中，日本和美国主导了全球的出口贸易市场（见图4-2a）。日本的电子产品出口贸易额最多，达到122.2亿美元，在全球出口贸易中占据66.1%的份额。美国的电子产品出口贸易额为36.9亿美元，占有19.9%的份额。此外，中国香港、加拿大、瑞士三个国家/地区也都占有相当比例的贸易份额，分别为6.8%、4.1%、2.0%。前十大电子产品出口贸易国家/地区合计占有全球99.9%的贸易份额，其中：位于东亚地区的有2个，分别是日本、中国香港，占有

全球 73.0% 的份额；位于北美洲地区的有 2 个，分别是美国、加拿大，占有全球 24.0% 的份额；位于欧洲地区的只有 1 个，是瑞士，占有全球 2.0% 的份额；位于东南亚地区的有 3 个，分别是马来西亚、菲律宾、泰国，占有全球 0.7% 的份额；位于大洋洲和南美洲的各有 1 个，分别占有全球 0.3% 和 0.04% 的份额。

1980—1990 年，电子制造业出口贸易的国家格局变得分散，除日本外的东亚地区、东南亚地区的崛起成为 80 年代的突出特征（见图 4-2b）。1990 年，日本和美国仍然主导着全球的电子制造业出口贸易市场，出口贸易额分别达到 288.1 亿美元、99.0 亿美元，分别占有 38.4%、13.2% 的全球贸易份额。与 1980 年相比，1990 年日本的出口贸易份额下滑现象非常明显，降幅达到了 41.9%；中国香港电子制造业的出口贸易份额有所增加，增幅为 33.8%，所占份额上升至 9.1%。新加坡、韩国、中国台湾、马来西亚、中国大陆的电子产品出口贸易迅猛增加，其贸易额分别达到 63.5 亿美元、62.7 亿美元、50.0 亿美元、32.1 亿美元和 26.2 亿美元，分别占有 8.5%、8.4%、6.7%、4.3% 和 3.5% 的份额。前十大电子产品出口贸易国家/地区合计占有全球 95.5% 的贸易份额，其中：位于东亚地区的增加至 5 个，分别是日本、中国香港、韩国、中国台湾、中国大陆，占全球 66.0% 的份额；位于北美洲地区的有 2 个，分别是美国、加拿大，占有全球 15.4% 的份额；位于东南亚地区的有 3 个，分别是新加坡、马来西亚、泰国，占有全球 14.2% 的份额。欧洲、大洋洲、南美洲中没有国家/地区进入前十，呈现出衰落现象。

1990—2000 年，更多的国家和地区参与到了电子制造业的全球贸易分工之中。欧洲地区的赶超崛起、日本电子制造业的国际分工转移、美国高端电子制造业的强化、中国大陆的崛起，成为 90 年代的突出特征（见图 4-2c）。2000 年，全球的电子制造业出口贸易格局呈现出三大集团：以中、日、韩为代表的东亚地区，以英、德、法、瑞典为代表的欧洲地区，以美国、墨西哥为代表的北美洲地区。随着高端电子制造业的发展和强化，美国再次跃居全球电子制造业出口贸易的首位，贸易额达到 329.8 亿美元，但所占份额减少至 10.8%。日本的出口贸易额仅出现少量增长，在全球中的贸易份额锐减至 10.0%。中国大陆的电子制造业出口贸易额增加迅速，达到 195.1 亿美元，所占份额为 6.4%，与中国香港的电子制造业出口贸易份额相近。从前十大电子产品出口贸易国家/地区来看，合计占有全球 65.5% 的份额。其中，有 4 个位于东亚地区，分别是日本、中国香港、中国大陆、韩国，合计占有 27.5% 的份额；有 4 个位于欧洲，分别是英国、德国、法国和瑞典，合计占有 21.0% 的份额；其余 2 个位于北美洲，分别是美国、墨西哥，合计占有 17.1% 的份额。全球电子制造业出口贸易的"三极"格局基本形成。

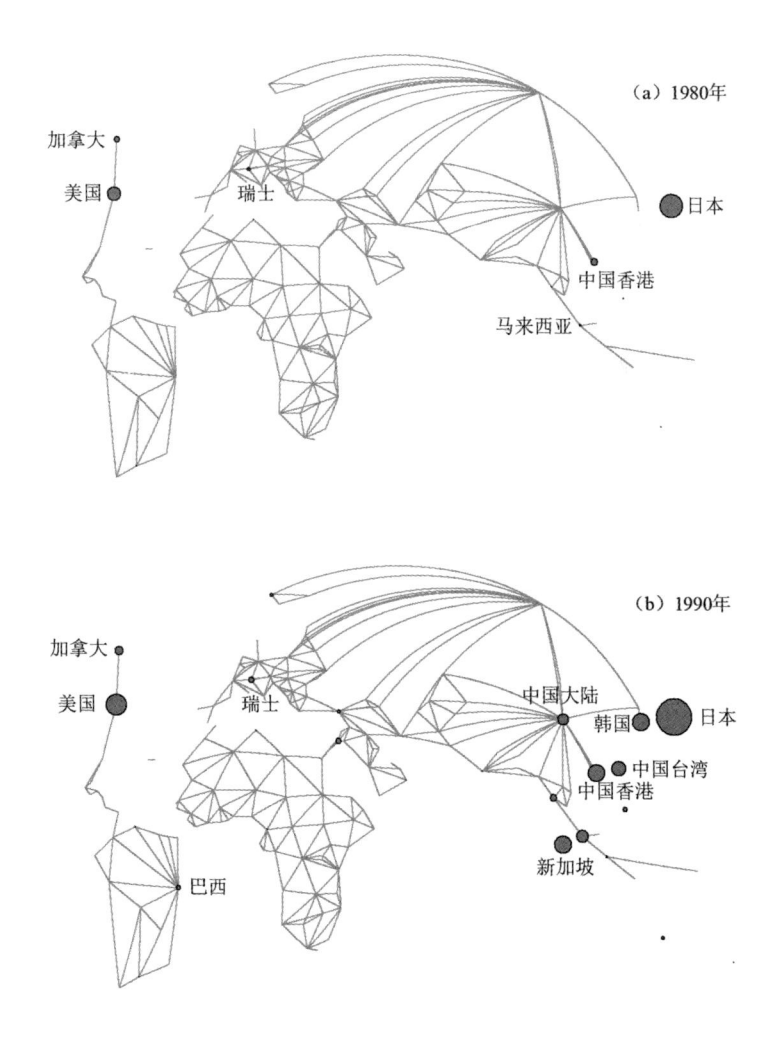

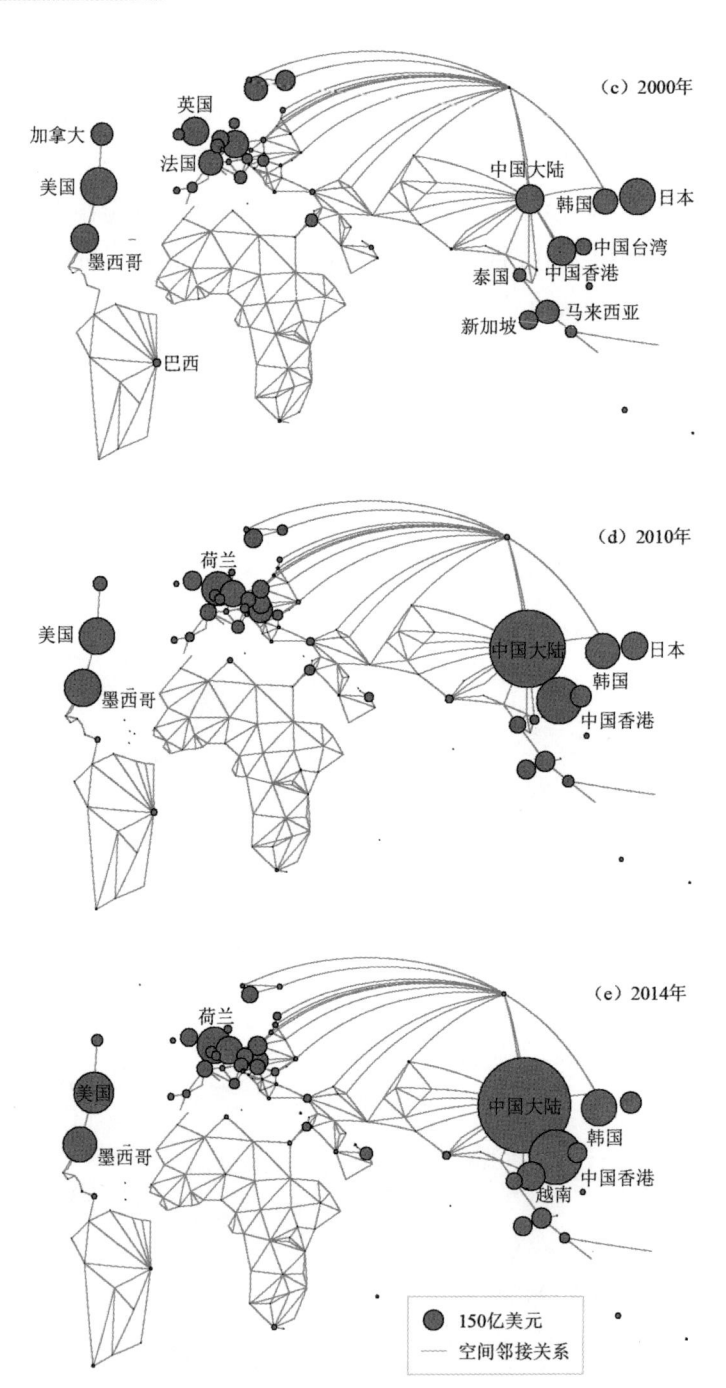

图4-2 1980（a）、1990（b）、2000（c）、
2010（d）及2014（e）年世界电子制造业出口贸易格局

数据来源：WTO统计数据库。

表 4-3　1980—2014 年电子制造业出口贸易额的前十大国家/地区的份额变化

份额排名	1980 年	贸易份额（%）	1990 年	贸易份额（%）	2000 年	贸易份额（%）	2010 年	贸易份额（%）	2014 年	贸易份额（%）
1	日本	66.1	日本	38.4	美国	10.8	中国大陆	28.0	中国大陆	35.1
2	美国	19.9	美国	13.2	日本	10.0	中国香港	10.1	中国香港	11.8
3	中国香港	6.8	中国香港	9.1	中国香港	6.4	墨西哥	6.6	美国	6.7
4	加拿大	4.1	新加坡	8.5	中国大陆	6.4	美国	6.4	荷兰	5.1
5	瑞士	2.0	韩国	8.4	墨西哥	6.3	韩国	6.0	韩国	5.1
6	马来西亚	0.6	中国台湾	6.7	英国	6.1	荷兰	5.3	墨西哥	4.9
7	澳大利亚	0.3	马来西亚	4.3	德国	5.6	日本	3.8	越南	3.4
8	菲律宾	0.1	中国大陆	3.5	韩国	4.7	德国	3.4	德国	3.1
9	泰国	0.05	加拿大	2.2	法国	4.7	匈牙利	3.0	日本	1.9
10	阿根廷	0.04	泰国	1.4	瑞典	4.5	中国台湾	2.3	中国台湾	1.7
合计		99.9		95.5		65.5		75.0		78.8

表 4-4　1980—2014 年电子制造业出口贸易前十大国家/地区的区域分布统计

	贸易份额（%）					国家/地区数量				
	1980	1990	2000	2010	2014	1980	1990	2000	2010	2014
东亚	73.0	66.0	27.5	50.2	55.6	2	5	4	5	5
东南亚	0.7	14.2			3.4	3	3			1
北美洲	24.0	15.4	17.1	13.0	11.6	2	2	2	2	2
欧洲	2.0		21.0	11.8	8.2	1		4	3	2
大洋洲	0.3					1				
南美洲	0.04					1				

数据来源：WTO 统计数据库。

2000—2010 年，电子制造业出口贸易的国家格局再次变得集聚，中国大陆电子制造业的迅猛崛起、日本电子制造业的深化转移，成为 20 世纪初期的突出特征（见图 4-2d）。2010 年，中国大陆的电子制造业出口贸易额达到 1804.3 亿美元，所占市场份额达到 28.0%，跃居全球首位。日本电子制造业的出口贸易额出现大幅下降，由 2000 年的 305.1 亿美元，减少至 2010 年的 244.5 亿美元，减幅达到 19.9%。从前十大电子产品出口贸易国家/地区来看，在全球中所占的份额有所提升，合计占有 75.0% 的份额。其中，有 5 个出现在东亚地区，分别是中国大陆、中国香港、韩国、日本、中国台湾，合计占有全球 50.2% 的份额；有 3 个出现在欧洲地区，分别是荷兰、德国、匈牙利，合计占有全球 11.8% 的份额；其余 2 个仍然位于北美洲，分别是美国、墨西哥，合计占有全球 13.0% 的份额。全球"三强鼎立"的电子制造业出口贸易格局依然持续，并且东亚地区的地位得到了进一步的加强。

2010—2014 年，全球电子制造业出口贸易的国家格局更加集聚，东亚地区的贸易份额进一步增加，东南亚地区的崛起，成为这一时期的突出特征（见图 4-2e）。中国大陆的电子制造业出口贸易额达到 2762.8 亿美元，所占份额增加至 35.1%。从前十大电子产品出口贸易国家/地区来看，在全球中所占的份额进一步增加，达到 78.8%。其中，位于东亚地区的仍然有 5 个国家/地区,所占的份额增幅明显,达到 55.6%;位于北美洲的有 2 个,依然是美国、墨西哥,合计占有 11.6% 的份额;欧洲地区中,荷兰的电子制造业贸易后来居上,贸易最多,达到 400.6 亿美元。全球前十大国家/地区中,荷兰和德国合计占有 8.2% 的份额。位于东南亚地区的越南,也跻身于前十大电子产品出口贸易国家/地区之中,贸易额达到 268.7 亿美元,占有 3.4% 的份额,表露出全球电子制造业向东南亚转移的迹象。

(二)进口贸易的全球空间格局及其演变

图 4-3 为 1980 年、1990 年、2000 年、2010 年和 2014 年电子制造业进口贸易的全球空间格局,表 4-5 及表 4-6 反映了前十贸易国家/地区的份额变化情况。

根据上述图表可知,1980 年全球电子制造业进口贸易格局非常集中,呈现"单极化"特点(见图 4-3a)。美国主导了全球进口贸易市场,贸易额为 69.5 亿美元,所占份额达到 57.0%。加拿大和中国香港在电子制造业进口贸易中占比也较高,分别为 10.0%、7.3%。电子制造业进口贸易中,前十大国家/地区共占全球 96.8% 的份额。这十个国家中,分别包括北美洲的美国、加拿大,两者占全球进口贸易的 67.0%;以及东亚地区的中国香港、日本,两者占全球 10.8% 的份额;东南亚地区的马来西亚、菲律宾,两者合计占比为 3.5%;欧洲、南美洲、大洋洲、非洲各有 1 个国家,分别是瑞士、阿根廷、澳大利亚、阿尔及利亚,比重分别为 5.3%、4.8%、4.3%、1.1%。

1980—1990 年,全球电子制造业进口贸易依然呈现出以美国为中心的"单极化"格局,但东亚、东南亚地区开始崛起,进口贸易所占份额明显增加,这成为 80 年代的突出特征(见图 4-3b)。1990 年,美国的电子制造业进口贸易额增加至 227.3 亿美元,但在全球中所占的贸易份额减少至 40.0%。中国香港、新加坡、日本、中国大陆、中国台湾的电子产品进口贸易迅猛发展,其贸易额分别达到 63.4 亿美元、45.5 亿美元、26.2 亿美元、25.4 亿美元和 17.4 亿美元,在全球中所占的贸易份额分别增加至 11.2%、8.0%、4.6%、4.5%、3.1%。从前十大电子产品进口贸易国家/地区来看,合计占有全球 84.3% 的份额,较 1980

年有所减少。其中，位于北美洲的有 2 个国家，分别是美国、加拿大，合计占有全球 45.3% 的份额；位于东亚地区的国家数量增加至 5 个，分别是中国香港、日本、中国大陆、中国台湾、韩国，在全球中所占的贸易份额也增加至 25.7%；位于东南亚地区的国家数量减少至 1 个，为新加坡，但所占的贸易份额增加至 8.0%；位于欧洲和大洋洲的国家没有发生变化，但所占的贸易份额分别减少至 2.8%、2.4%。南美洲和非洲中没有国家/地区进入到全球前十大电子产品进口贸易国家/地区之中，出现衰落现象。

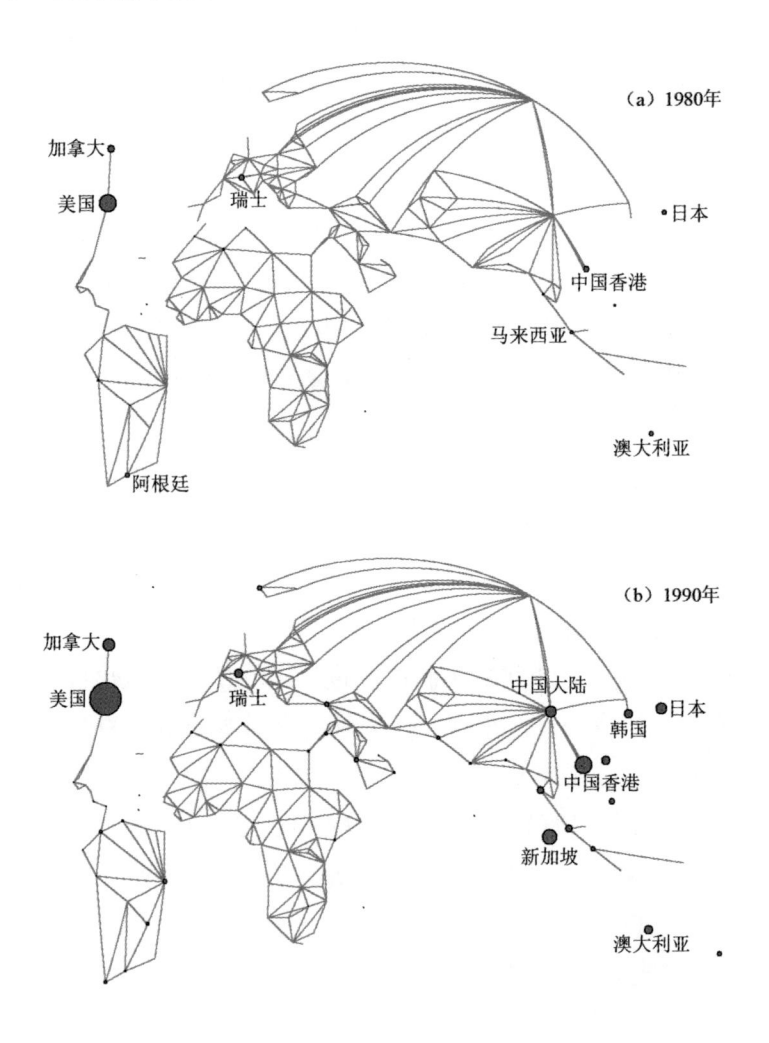

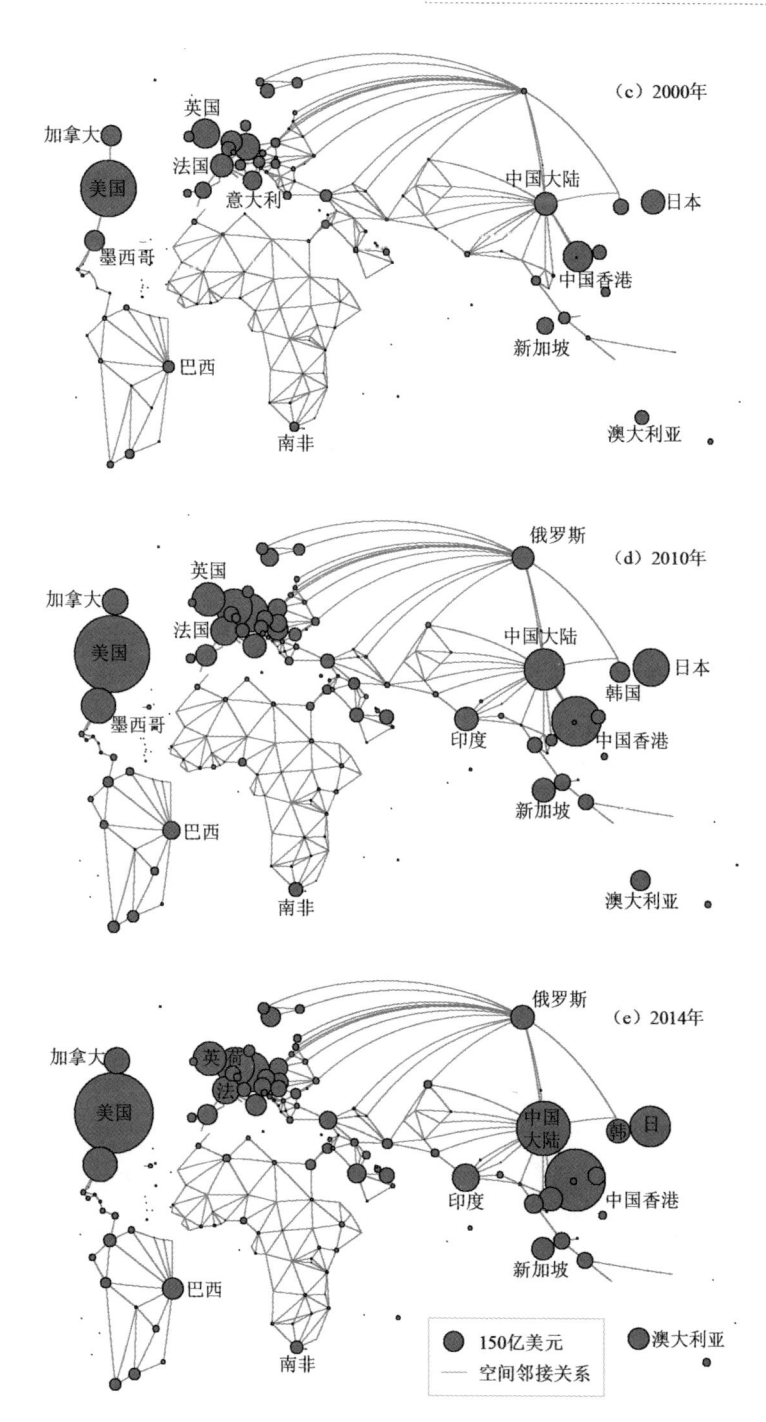

图4-3 1980（a）、1990（b）、2000（c）、2010（d）及2014（e）年世界电子制造业进口贸易格局

数据来源：WTO统计数据库。

表4-5　1980—2014年电子制造业进口贸易额的前十大国家/地区的份额变化

份额排名	1980年	贸易份额(%)	1990年	贸易份额(%)	2000年	贸易份额(%)	2010年	贸易份额(%)	2014年	贸易份额(%)
1	美国	57.0	美国	40.0	美国	23.7	美国	19.4	美国	18.4
2	加拿大	10.0	中国香港	11.2	中国香港	6.8	中国香港	8.4	中国香港	11.0
3	中国香港	7.3	新加坡	8.0	英国	6.5	中国大陆	5.8	中国大陆	8.4
4	瑞士	5.3	加拿大	5.2	德国	5.5	德国	5.0	日本	4.7
5	阿根廷	4.8	日本	4.6	日本	4.4	荷兰	4.8	德国	4.5
6	澳大利亚	4.3	中国大陆	4.5	中国大陆	4.1	日本	4.8	荷兰	4.3
7	日本	3.4	中国台湾	3.1	法国	3.8	墨西哥	4.2	墨西哥	3.6
8	马来西亚	2.5	瑞士	2.8	荷兰	3.4	英国	4.0	英国	3.2
9	阿尔及利亚	1.1	澳大利亚	2.4	加拿大	3.3	法国	2.9	法国	2.2
10	菲律宾	1.0	韩国	2.4	墨西哥	3.1	加拿大	2.3	印度	2.1
合计		96.8		84.3		64.7		61.6		62.4

1990—2000年，更多国家和地区参与到全球电子制造业进口贸易中，欧洲地区电子制造业进口贸易迅猛增加（见图4-3c）。2000年，全球电子制造业进口贸易格局呈现出"三极"：以美国、加拿大、墨西哥为核心的北美洲地区，以中国香港、日本、中国大陆为核心的东亚地区，欧盟国家主导的欧洲地区。美国和中国香港继续保持全球电子制造业进口贸易的前两位，贸易额分别增加至717.7亿美元、207.4亿美元，但所占市场份额分别减少至23.7%、6.8%。从前十大电子产品进口贸易国家/地区来看，合计占有的全球贸易份额大幅减少，仅为64.7%。其中，位于北美洲的国家增加至3个，分别是美国、加拿大、墨西哥，但合计贸易份额减少至30.1%。位于欧洲地区的国家增加至4个，分别是英国、德国、法国、荷兰，合计贸易份额迅速增加至19.3%；位于东亚地区的国家减少至3个，分别是中国香港、日本、中国大陆，合计占有的贸易份额减少至15.4%。这一时期，电子制造业的进口贸易国家格局表现出了较大的变动，但"三极"格局基本形成。

表4-6　　　　1980—2010年电子制造业进口贸易前十大
国家/地区的区域分布统计

	贸易份额(%)					国家/地区数量				
	1980	1990	2000	2010	2014	1980	1990	2000	2010	2014
东亚	10.8	25.7	15.4	19.0	24.1	2	5	3	3	3
东南亚	3.5	8.0				2	1			
北美洲	67.0	45.3	30.1	26.0	22.0	2	2	3	3	2
欧洲	5.3	2.8	19.3	16.6	14.2	1	1	4	4	4
大洋洲	4.3	2.4				1	1			
南美洲	4.8					1				
非洲	1.1					1				
南亚				2.1						1

数据来源：WTO统计数据库。

2000—2010年，全球电子制造业进口贸易格局基本上保持稳定，同期东南亚、南亚和西亚地区的发展迅速，尤其是中国大陆、荷兰、墨西哥电子制造业进口贸易快速增长，成为这一时期的典型特征（见

图4-3d）。2010年，美国和中国香港继续保持全球电子制造业进口贸易的前两位，贸易额继续增加，分别达到1341.3亿美元和578.8亿美元。但美国所占的进口贸易份额略有减少，至19.4%，中国香港所占的进口贸易份额略有增加，至8.4%。中国大陆、荷兰、墨西哥的电子制造业进口贸易额分别由2000年的124.1亿美元、103.6亿美元、94.0亿美元增加至2010年的402.3亿美元、330.6亿美元、290.3亿美元，在全球中占有的份额分别增加至5.8%、4.8%、4.2%。从前十大电子产品进口贸易国家/地区来看，位于北美洲、欧洲、东亚的国家和国家数量均没有发生变化，但在全球中所占的份额出现明显变化。在前十大电子产品进口贸易国家/地区中，位于北美洲的国家合计占有的份额继续保持领先地位，但减少至26.0%；位于东亚的国家/地区合计占有的份额增加至19.0%，而位于欧洲的国家合计占有的份额减少至16.6%。在电子制造业进口贸易的全球格局中，东亚地区的地位得到强化。

2010—2014年，全球电子制造业进口贸易基本保持"三极"的格局，东亚地区的极化、南亚、东南亚和西亚地区的强化，成为这一时期的典型特征（见图4-3e）。从2014年前十大电子产品进口贸易国家/地区来看，合计占有全球62.4%的份额，较2010年略微增加。美国、中国香港、中国大陆继续保持全球电子产品进口贸易的前三位，贸易额分别达到1510.9亿美元、901.1亿美元、687.5亿美元，在全球中分别占有18.4%、11.0%、8.4%的份额。位于南亚地区的印度已经跻身于前十之中，电子产品进口贸易额达到173.7亿美元，占有2.1%的份额。在前十的国家/地区中，除中国香港、中国大陆、印度外，其他国家在全球中所占有的电子产品进口贸易份额均有所减少。位于东亚的前十国家/地区保持不变，合计占有的份额增加至24.1%；位于北美洲的前十国家/地区数量减少至2个，分别为美国、墨西哥，合计占有的份额减少至22.0%；位于欧洲的前十国家/地区也保持不变，但合计占有的份额减少至14.2%。

三 集成电路贸易额的全球空间格局及其演变

集成电路是电子产品至关重要的组件，在电子制造业中具有重要意义。为了充分理解集成电路的全球空间分工情况，对1980—2014年全球集成电路进出口贸易的空间分布总体格局进行刻画，同时对全球前十大进出口贸易国家/地区的时空演变特征予以重点分析。

（一）出口贸易的全球空间格局及其演变

图4-4为1980年、1990年、2000年、2010年和2014年集成电路出口贸易全球空间格局，表4-7及表4-8为前十出口贸易国家/地区的份额变化情况。

由上述图表可知，1980年，集成电路出口贸易的国家格局非常集中，美国和日本主导了全球的出口贸易市场（见图4-4a）。其中，美国的集成电路出口贸易非常强大，贸易额达到40.6亿美元，占有全球48.9%的份额；日本的集成电路出口贸易也较为强大，贸易额达到23.1亿美元，占有全球27.8%的份额。此外，马来西亚和中国香港的集成电路出口贸易也相对较强，贸易额分别达到10.5亿美元、5.8亿美元，分别占有全球12.7%、7.0%的份额。从前十大集成电路出口贸易国家/地区来看，合计占有全球99.99%的贸易份额，在国家/地区尺度上呈现出非常集聚的空间分布态势。其中，位于北美洲的有3个，分别是美国、加拿大、巴巴多斯，合计占有全球50.9%的贸易份额；位于东亚的有2个，分别是日本、中国香港，合计占有全球34.8%的份额；位于东南亚的有2个，分别是马来西亚、菲律宾，合计占有全球13.2的份额；位于欧洲、大洋洲、南美洲的均只有1个，分别是瑞士、澳大利亚、阿根廷，分别占有全球1.0%、0.1%、0.02%的份额。

1980—1990年，全球集成电路出口贸易的国家格局依然非常集中，东亚、东南亚地区的崛起，成为80年代的突出特征（见图4-4b）。1990年，美国和日本仍然主导着全球的集成电路出口贸易市场，出口贸易额分别增加到139.9亿美元、133.9亿美元，但美国占有的市场份额出现大幅下降，减少至28.1%，日本占有的市场份额略微下降，减少至26.9%。韩国、新加坡、中国台湾的集成电路出口贸易发展迅猛，贸易额分别达到53.6亿美元、36.7亿美元、24.4亿美元，各占有10.8%、7.4%、4.9%的份额。从前十大集成电路出口贸易国家/地区来看，共占有全球98.4%的份额。其中，位于东亚的国家/地区合计占有的贸易份额最多，达到47.7%，分别是日本、韩国、中国香港、中国台湾；位于北美洲的国家合计占有的贸易份额其次，达到30.7%，分别是美国、加拿大；其余的4个国家均位于东南亚，合计占有全球20.0%的份额，分别是马来西亚、新加坡、菲律宾、泰国。

1990—2000年，更多的国家/地区参与到全球的集成电路出口贸易之中，国家贸易格局变得分散。东南亚地区的强化发展、欧洲地区的追赶崛起，成为90年代的突出特征（见图4-4c）。2000年，美国和日本继续保持全球集成电路出口贸易的前两位，贸易额分别增加至628.2亿美元、424.5亿美元，但在全球中所占的份额均出现大幅下降，分别减少至19.8%、13.4%。新加坡、中国台湾、菲律宾的集成电路出口贸易都发展迅速，贸易量分别达到344.4亿美元、217.7亿美元、166.6亿美元，在全球中所占的份额分别增加至10.9%、6.9%、5.3%。从前十大集成电路出口贸易的国家/地区来看，合计占有全球82.1%的份额。与1990年相比，2000年的国家格局相对分散。在前十大集成电路出口贸易国家/地区中，位于东亚的国家/地区没有发生变化，合计占有的全球份额出现大幅下降，仅为32.5%；位于东南亚的国家减少至3个，分别是新加坡、马来西亚、菲律宾，但合计占有的全球份额增加至22.0%；位于北美洲的国家仅有美国；欧洲地区再次有国家跻身于前十之中，分别是德国与荷兰，合计占有的贸易份额为7.7%。全球集成电路出口贸易的"东亚—东南亚—北美洲—欧洲"的国家空间格局基本成型。

2000—2010年，全球集成电路出口贸易的国家格局再次变得集聚，中国大陆、中国香港、新加坡的强势发展，成为20世纪初期的典型特征（见图4-4d）。自加入世界贸易组织之后，中国的集成电路产业迅速发展。至2010年，中国大陆的集成电路出口贸易额达到629.2亿美元，占有的贸易份额增加至11.5%，跃居全球第3位。中国香港的集成电路出口贸易额也大幅增加至641.6亿美元，占有的贸易份额增加至11.7%，跃居全球第2位。新加坡的集成电路出口贸易进一步增强，贸易额增加至863.9亿美元，占有15.8%的份额，居于全球首位。从集成电路出口贸易的前十大国家/地区来看，位于东亚的增加至5个，合计占有的贸易份额增加至50.8%；位于东南亚的国家没有发生变化，但合计占有的贸易份额小幅增加至 24.3%；位于北美洲的国家仍然仅有美国，在全球中占有的贸易份额仅为 8.7%；欧洲地区只有德国跻身于前十之中，占有的贸易份额为 3.9%。东亚地区对全球集成电路出口贸易的贡献程度得到进一步的强化。

2010—2014 年，全球集成电路出口贸易的国家格局变得更加集聚，东亚地区的领先地位继续强化（见图 4-4e）。2014 年，中国大陆集成电路出口贸易额达到 934.1 亿美元，占有的贸易份额达到 15.2%，居于全球首位。新加坡、中国香港、中国台湾紧随其后，所占有的贸易份额均超过 10.0%。从集成电路出口贸易的前十大国家/地区来看，与 2010 年相比，除国家排名发生变化外，2014 年的国家格局没有发生变化，合计占有的贸易份额略微增加，达到 90.7%。其中，位于东亚地区的有 5 个，合计占有 56.9% 的份额，领先优势进一步扩大；位于东南亚地区的有 3 个，合计占有 23.7% 的份额；位于北美洲和欧洲的仍然是美国和德国，分别占有 6.9%、3.3% 的份额。

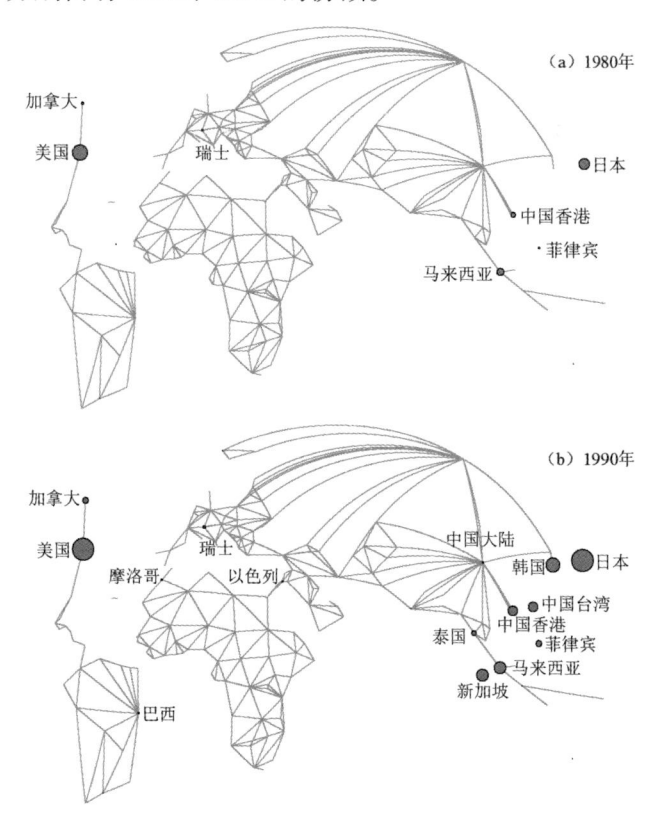

(a) 1980年

(b) 1990年

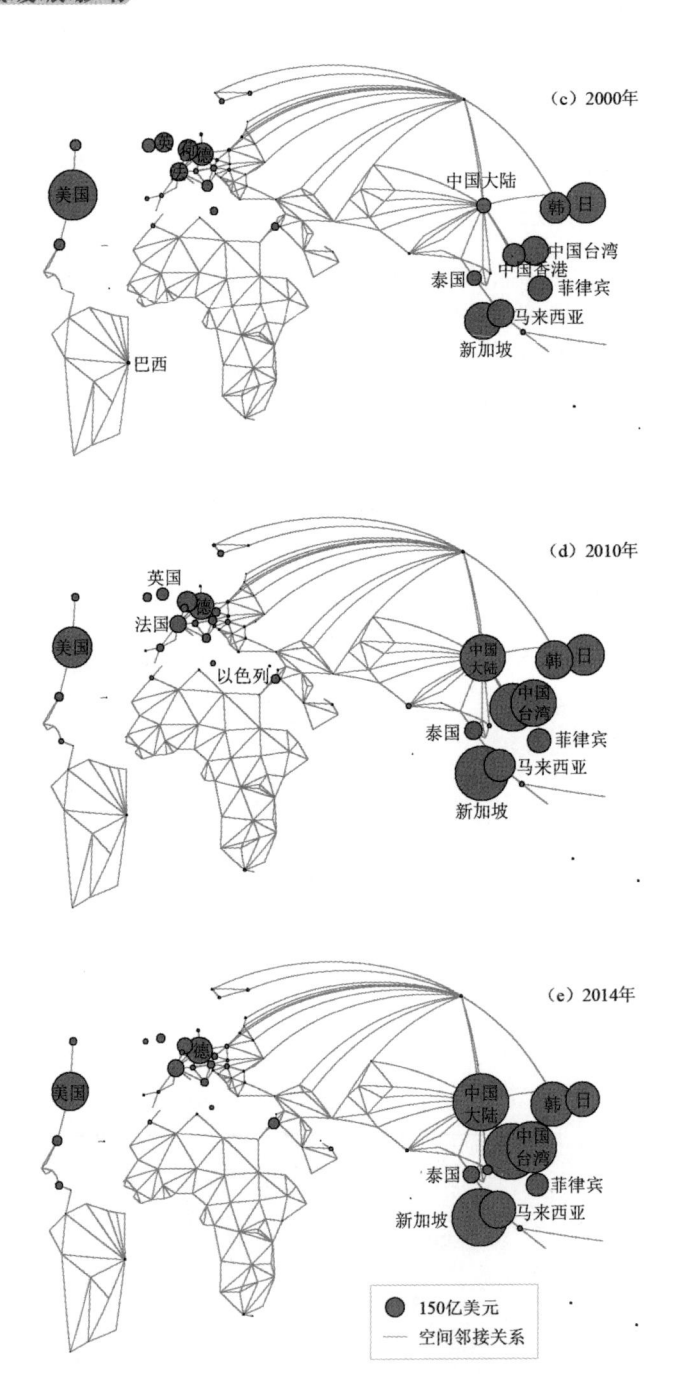

图4-4 1980（a）、1990（b）、2000（c）、2010（d）及2014（e）年世界集成电路出口贸易格局

数据来源：WTO统计数据库。

表 4-7　1980—2014 年集成电路出口贸易额的前十大国家/地区的份额变化

份额排名	1980 年	贸易份额(%)	1990 年	贸易份额(%)	2000 年	贸易份额(%)	2010 年	贸易份额(%)	2014 年	贸易份额(%)
1	美国	48.9	美国	28.1	美国	19.8	新加坡	15.8	中国大陆	15.2
2	日本	27.8	日本	26.9	日本	13.4	中国香港	11.7	新加坡	14.9
3	马来西亚	12.7	韩国	10.8	新加坡	10.9	中国大陆	11.5	中国香港	14.7
4	中国香港	7.0	马来西亚	8.7	韩国	7.8	中国台湾	11.1	中国台湾	12.1
5	加拿大	1.9	新加坡	7.4	中国台湾	6.9	美国	8.7	韩国	9.2
6	瑞士	1.0	中国香港	5.1	马来西亚	5.9	日本	8.6	美国	6.9
7	菲律宾	0.5	中国台湾	4.9	菲律宾	5.3	韩国	7.9	马来西亚	6.3
8	巴巴多斯	0.1	加拿大	2.6	中国香港	4.4	马来西亚	5.6	日本	5.7
9	澳大利亚	0.1	菲律宾	2.1	德国	4.2	德国	3.9	德国	3.3
10	阿根廷	0.02	泰国	1.8	荷兰	3.5	菲律宾	3.0	菲律宾	2.5
合计		99.99		98.4		82.1		87.7		90.7

表 4-8　　　1980—2014 年集成电路出口贸易前十大
　　　　　　　国家/地区的区域分布统计

	贸易份额（%）					国家/地区数量				
	1980	1990	2000	2010	2014	1980	1990	2000	2010	2014
东亚	34.8	47.7	32.5	50.8	56.9	2	4	4	5	5
东南亚	13.2	20.0	22.0	24.3	23.7	2	4	3	3	3
北美洲	50.9	30.7	19.8	8.7	6.9	3	2	1	1	1
欧洲	1.0		7.7	3.9	3.3	1		2	1	1
大洋洲	0.1					1				
南美洲	0.02					1				

数据来源：WTO 统计数据库。

（二）进口贸易的全球空间格局及其演变

图 4-5 为 1980 年、1990 年、2000 年、2010 年和 2014 年全球集成电路进口贸易格局，表 4-9 及表 4-10 整理了前十大贸易国家/地区的份额变化情况。

1980 年，集成电路进口贸易的国家格局非常集中，呈现以美国为主导的"单极化"格局（见图 4-5a）。美国的集成电路进口贸易额为 36.5 亿美元，在全球中占有 52.3% 的份额。马来西亚、日本、中国香港的集成电路进口贸易也相对发达，贸易额分别达到 9.7 亿美元、7.1 亿美元、7.0 亿美元，分别占有 13.9%、10.2%、10.0% 的份额。从集成电路进口贸易的前十大国家/地区来看，合计占有全球 99.4% 的贸易份额。其中，位于北美洲的有 2 个，分别是美国、加拿大，合计占有 59.3% 的份额；位于东亚的有 2 个，分别是日本、中国香港，合计占有 20.2% 的份额；位于东南亚的有 3 个，分别是马来西亚、菲律宾、泰国，合计占有 14.7% 的份额；欧洲、大洋洲、南美洲各有 1 个国家，分别是瑞士、澳大利亚、阿根廷，分别占有 2.6%、1.3%、1.3% 的份额。

1980—1990 年，全球集成电路进口贸易的国家格局变得分散，呈现出东亚与北美洲并立的"两强"格局。东亚地区集成电路进口贸易的蓬勃发展，成为 80 年代的典型特征（见图 4-5b）。1990 年，美国的集成电路进口贸易依然具有全球首位，贸易额增加至 131.4 亿美元，但占有的贸易份额减少至29.1%。韩国、新加坡、中国台湾的集成电路进口贸易迅猛发展，贸易额分别达到45.6亿美元、44.9亿美元和41.2亿美元，分别占有全球10.1%、9.9%、9.1%的贸易份额。从集成电路进口贸易的前十大国家/地区来看，合计占有全球92.7%的份额，较1980年有所减少。其中，位于东亚地区的有4个，分别是韩国、中国台湾、中国香港、日本，合计占有全球34.8%的份额，成为全球集成电路进口贸易的第一大区域；位于北美洲的仍然是美国和加拿大，在全球中合计占有的贸易份额减少至34.3%；位于东南亚地区的增加至4个，合计占有的贸易份额增加至23.6%。欧洲、大洋洲、南美洲中均没有国家进入到前十，呈现出相对衰落的现象。

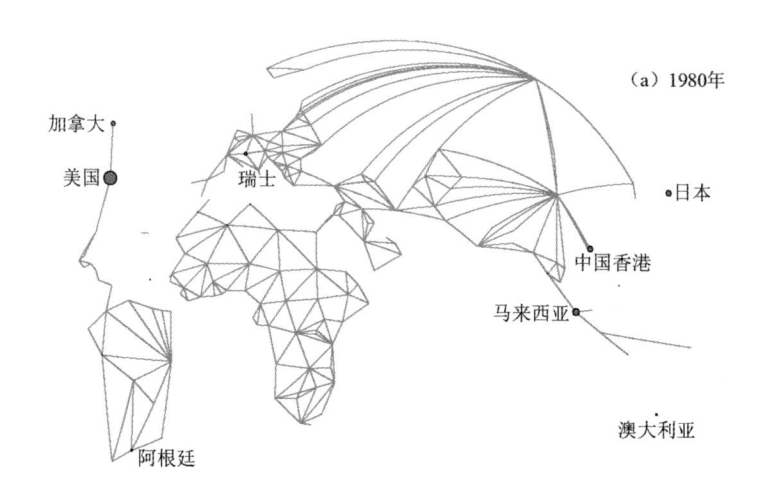

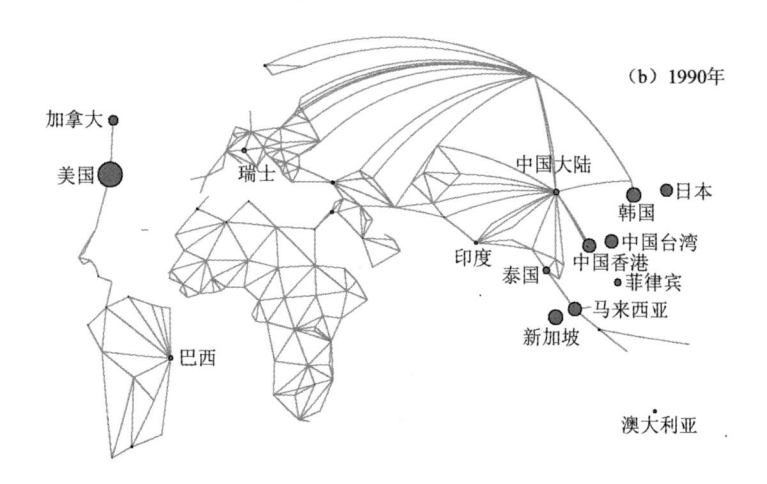

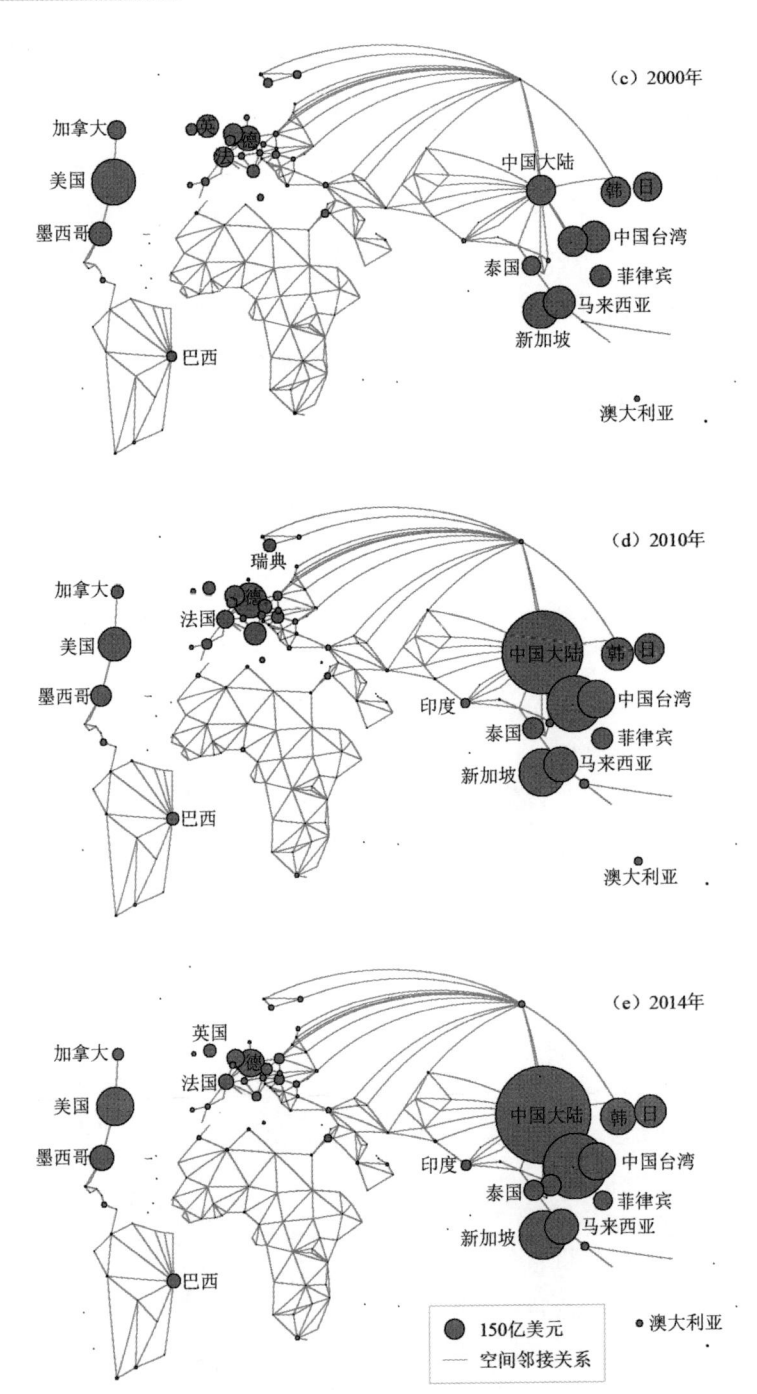

图4-5　1980（a）、1990（b）、2000（c）、2010（d）及2014（e）年世界集成电路进口贸易格局

数据来源：WTO统计数据库。

表 4-9 1980—2014 年集成电路进口贸易额的前十大国家/地区的份额变化

份额排名	1980 年	贸易份额（%）	1990 年	贸易份额（%）	2000 年	贸易份额（%）	2010 年	贸易份额（%）	2014 年	贸易份额（%）
1	美国	52.3	美国	29.1	美国	15.0	中国大陆	28.3	中国大陆	33.8
2	马来西亚	13.9	韩国	10.1	新加坡	9.2	中国香港	12.7	中国香港	15.4
3	日本	10.2	新加坡	9.9	马来西亚	7.4	新加坡	9.0	新加坡	8.6
4	中国香港	10.0	中国台湾	9.1	中国台湾	7.2	中国台湾	5.7	美国	5.4
5	加拿大	7.1	马来西亚	8.4	中国大陆	6.4	德国	5.0	中国台湾	5.0
6	瑞士	2.6	中国香港	8.2	韩国	6.2	马来西亚	5.0	韩国	4.7
7	阿根廷	1.3	日本	7.4	中国香港	6.1	美国	4.7	马来西亚	4.5
8	澳大利亚	1.3	加拿大	5.2	日本	6.0	韩国	4.5	日本	3.7
9	菲律宾	0.4	泰国	2.9	德国	4.4	日本	3.8	德国	2.7
10	泰国	0.4	菲律宾	2.3	墨西哥	4.2	意大利	2.3	墨西哥	2.3
合计		99.4		92.7		72.1		80.9		86.1

表 4-10　1980—2014 年集成电路进口贸易前十大国家/地区的区域分布统计

	贸易份额（%）					国家/地区数量				
	1980	1990	2000	2010	2014	1980	1990	2000	2010	2014
东亚	20.2	34.8	31.9	55.0	62.6	2	4	5	5	5
东南亚	14.7	23.6	16.6	14.0	13.1	3	4	2	2	2
北美洲	59.3	34.3	19.2	4.7	7.8	2	2	2	1	2
欧洲	2.6		4.4	7.2	2.7	1		1	2	1
大洋洲	1.3					1				
南美洲	1.3					1				

数据来源：WTO统计数据库。

1990—2000 年，全球集成电路进口贸易的国家格局进一步扩散，欧洲发达国家的追赶崛起，马来西亚、中国大陆、墨西哥等发展中国家的迅猛发展，成为 90 年代的突出特征（见图 4-5c）。2000 年，美国继续引领全球的集成电路进口贸易，贸易额增加至 495.8 亿美元，但所占的份额进一步减少至 15.0%。马来西亚、中国大陆、德国、墨西哥的集成电路进口贸易均出现大幅增加，分别达到 245.1 亿元、211.6 亿美元、146.2 亿美元、139.6 亿美元，在全球中占有的贸易份额分别达到 7.4%、6.4%、4.4%、4.2%。从全球集成电路进口贸易的前十大国家/地区来看，合计占有 72.1% 的份额，较 1990 年出现了大幅下降。其中，位于东亚地区的国家/地区数量增加至 5 个，但合计占有的贸易份额却略微减少至 31.9%；位于北美洲的有 2 个，分别是美国、墨西哥，合计占有 19.2% 的份额；位于东南亚的国家数量减少至 2 个，合计占有的贸易份额也减少至 16.6%；欧洲地区的德国已经跻身于前十之中，预示着欧洲集成电路进口贸易的加强。

2000—2010 年，全球集成电路进口贸易的国家格局再次变得集聚，以中国大陆、中国台湾为代表的东亚地区，以德国、意大利为代表的欧洲地区的迅猛发展，成为 20 世纪初期的典型特征（见图 4-5d）。2010 年，中国大陆和中国香港的集成电路进口贸易额分别达到 1809.9 亿美元、813.3 亿美元，在全球中分别占有 28.3%、12.7% 的份额，居于全球的前两位。美国的集成电路进口贸易额出现大幅下降，缩减至

301.7亿美元，所占的贸易份额进一步减少至4.7%，位居全球第7名。从全球集成电路进口贸易的前十大国家/地区来看，位于东亚地区的国家/地区没有发生变化，但合计占有的贸易份额迅速增加值55.0%，稳稳占据全球第一大区的位置；位于东南亚的国家仍然为新加坡和马来西亚，合计占有的市场份额进一步缩减至14.0%；位于欧洲的国家是德国和意大利，合计占有的贸易份额增加至7.2%；位于北美洲的则只有美国。

2010—2014年，全球集成电路进口贸易的国家格局变得更为集聚，东亚地区领先地位的继续强化，美国的复苏增长，成为这一时期的典型特征（见图4-5e）。2014年，中国大陆、中国香港、新加坡继续保持集成电路进口贸易的全球前三地位，贸易额分别达到2507.1亿美元、1140.1亿美元、633.9亿美元，并且前两者的贸易份额继续增大，分别达到33.8%、15.4%，后者的贸易份额略微减少，降至8.6%。美国的集成电路进口贸易出现恢复性增长，贸易额达到403.0亿美元，在全球中占有的份额增加至5.4%。从全球集成电路进口贸易的前十大国家/地区来看，合计占有的全球贸易份额增加至86.1%。其中，位于东亚的国家/地区没有发生变化，合计占有的贸易份额进一步增加至62.6%，继续稳居全球第一大区；位于东南亚的国家仍然是新加坡和马来西亚，合计占有的贸易份额进一步减少至13.1%；位于北美洲的国家数量增加至2个，分别是美国和墨西哥，合计占有的贸易份额增加至7.8%；欧洲地区中只有德国仍然跻身于前十之中，占有2.7%的份额。

第三节 1980年以来全球电子制造业贸易网络的演变特征

为了把握世界各国之间电子产品贸易的紧密程度，采用基于网络"流动"的地图方程（Map Equation）算法，对世界各国贸易联系的组团结构进行识别。首先，根据WITS获取的全球各国间贸易流数据，构建OD矩阵；其次，利用网络分析方法对1990年、2000年、2010年及2013年全球电子制造业贸易网络，以及核心零部件集成电路贸易网络的演变特点进行了分析。

一　网络社团识别方法

地图方程（Map Equation）算法，是利用信息编码和启发式算法来识别网络中社团结构的新算法，与基于"模块度最大化"的拓扑性方法相比，更适用于涉及资源流动的网络分析（Rosvall et al.，2009）。它的主要原理是：利用网络中随机游走的概率流来近似反映现实世界网络中信息或资源的流动，通过一种两层次（two-level）的信息编码，将随机游走路径问题转化为信息编码问题；再利用启发式算法，对网络中的模块/社团（module/community）进行识别，使所得结果中社团内部的联系比较紧密、社团之间的联系相对稀疏（Rosvall et al.，2008）。

在特定的网络模块划分方式下，有限随机游走的每步平均路径长度 $L(M)$ 可以用下式衡量：

$$L(M)=q_\curvearrowright H(Q)+\sum_{i=1}^{m} p_\curvearrowright^i H(P^i) \tag{4.1}$$

式（4.1）中，$q\sim$ 表示在每步中随机游走着转换模块的概率；$H(Q)$ 表示在模块间移动的熵值。$q\sim H(Q)$ 表示在随机游走的过程中，每步在模块间的平均移动长度。$p_\curvearrowright^i$ 表示对于模块 i 来说，随机游走者的遍历节点访问频率（Ergodic node visit frequency），$H(P^i)$ 表示对于在模块 i 内移动的熵值。$\sum_{i=1}^{m} p_\curvearrowright^i H(P^i)$ 表示在随机游走的过程中，每步在模块内的平均移动长度。

一般情况下，采用计算机迭代的方式，来寻找最短的信息编码长度，即最小的 $L(M)$，主要计算过程如下：

（1）利用幂律方法，计算每个节点被访问的时间比例，然后以此为基础，采用改进后的 Newman 贪婪搜索算法（Wakita et al.，2007），来探索可能的社团划分方式，使得随机游走的每步平均路径程度 $L(M)$ 最小。

（2）采用模拟退火算法中的热浴算法（heat-bath algorithm）（Newman et al.，1999），对上述结果进行修正。通过设定不同的温度，来进一步地寻找最小的 L(M) 值。

在本研究中，将世界各国/地区作为贸易网络的节点，根据各国之间的产业贸易来定义连接两个节点的路径。在 R 软件中，调用 igraph 程序包来完成网络中社团结构的识别。为了便于分析，本研究中将节点数量大于 1 的社团进行了地图可视化，而将只有 1 个节点的社区统一归并为"其他社区"。

二 电子制造业的全球贸易网络演化

基于改进的 CNM 算法，对 1990 年、2000 年、2010 年和 2013 年世界各国的电子制造业的贸易网络进行分析。

1990 年，在电子制造业的全球贸易网络中只能够识别出 1 个包含多个节点的社团结构，主要包括中国、日本、韩国、美国、加拿大、巴西、阿根廷、英国、德国、埃及、阿尔及利亚、澳大利亚等世界上的大部分国家。而苏联所统治的大部分地区则分属为其他社团之中，反映出了冷战背景下对立的贸易网络结构。

2000 年，世界电子制造业贸易网络呈现出多个社团结构，反映出多中心结构的初步形成，主要呈现出三大组团。欧洲、中亚的大部分国家和大部分非洲北部国家等被划分为一类；大部分的大洋洲、西亚、中非、东非国家等被归并为一类；中国大陆、中国香港、日本、韩国、马来西亚、菲律宾、美国、墨西哥、巴西等大部分的东亚、东南亚、北美洲、南美洲国家/地区被划分为一类，共有 30 个国家/地区。

2000—2010 年，世界电子制造业贸易网络的社团结构发生重大调整。2010 年，呈现出新的四大组团结构。英国、德国、意大利、俄罗斯、土耳其、哈萨克斯坦、阿尔及利亚等大部分的欧洲国家和少部分的中亚、北非国家处于同一社区之中；巴西、阿根廷、智利、秘鲁等几乎所有的南美洲国家处于同一社团之中；南非、津巴布韦、纳米比亚、博茨瓦纳等大部分的南部非洲国家处于同一社团之内；东亚、东南亚、南亚、大洋洲、北美洲的大部分国家/地区处于同一社团之中。针对中国大陆来说，这种新社团结构说明中国电子制造业的贸易对象发生了重大转变，南亚和大洋洲成为了新的贸易对象，而南美洲的贸易联系有所减弱。

2010—2013 年，世界电子制造业贸易网络的社团结构又发生了重大调整，区域性特征更为明显。2013 年，主要呈现出六大组团结构。大部分的大洋洲国家自属于同一社团；南部非洲国家等处于同一社团之中；俄罗斯及其周边国家哈萨克斯坦、白俄罗斯、乌克兰和南亚的印度等处于同一社团之中；欧洲的大部分国家和北非的阿尔及利亚、摩洛哥等处于同一社团之中；西亚、中非和北非的大部分国家则同处于另一社团之中；东亚、东南亚、北美、南美洲的大部分国家/地区均处于同一社团之中。

综合来看，1990—2013 年期间，东亚、东南亚、北美洲的大部分国家都基本上处于同一社团之中，彼此之间的联系更为密切，而南美洲、大洋洲、南亚地区则成为潜在的紧密贸易联系对象。

三　集成电路的全球贸易网络演化

基于改进的 CNM 算法，对 1990 年、2000 年、2010 年和 2013 年世界各国的集成电路的贸易网络进行分析。

1990 年，在集成电路的全球贸易网络中只能识别出 1 个包含多个节点的社团，主要包括中国大陆、日本、印度尼西亚、马来西亚、美国、加拿大、巴西、阿根廷、阿格拉、南非等大部分的东亚、东南亚、美洲、非洲、西亚和欧洲国家，而以现俄罗斯及其周边国家和非洲、东南亚的部分国家等分属于其他社团之中。

2000 年，全球集成电路的国家贸易网络呈现出以两个大社团结构、多个小社团结构的多社团结构特征。东亚、东南亚、大洋洲、美洲、欧洲国家和部分北非国家处于同一社团之中；大部分的非洲、中亚、西亚和南亚国家处于同一社团之中。这两大社团中共有 164 个国家/地区。多个小社团包括：以俄罗斯、乌克兰、白俄罗斯为中心的东欧社团，以挪威、瑞典、芬兰、波兰为核心的北欧社团，以南非、纳米比亚、毛里求斯为核心的南非社团。

2010年，全球集成电路的国家贸易网络中的社区数量大幅增加，社团组成更加趋于区域化。东亚、东南亚、南亚和北美洲的大部分国家/地区处于同一社团之中；南美洲的大部分国家自属于同一社团；大部分欧洲国家和哈萨克斯坦、伊朗、土耳其等均处于同一社团之中；大部分的北非国家和蒙古、巴基斯坦等处于同一社团之中；南部非洲的大部分国家均处于同一社团之中；东欧和北欧的大部分国家均处于同一社团之中。总体来看，2010年全球集成电路的国家贸易网络中的社团结构具有很强的地域集聚性。

2013年，全球集成电路国家贸易网络中社团结构的地域集聚和区域一体化特征更加明显。东亚、东南亚区域的大部分国家/地区都处于同一社团之中，北美洲、南美洲、大洋洲的国家都分属于三个不同的社团；欧洲、北非和南亚的大部分国家处于同一社团之中；俄罗斯及其周边国家处于同一社团之中；南部非洲的大部分国家都处于同一社团之中。与2010年相比，社团内部的节点国家之间的地域邻近程度更高，表现出区域一体化的趋势。

综合来看，1990—2013年期间，东亚、东南亚地区国家在集成电路贸易上一直存在着良好的组团结构，这种持续性的组团结构，日益表现出共同合作的区域一体化特征。

第四节　小结

本章在系统梳理全球电子制造业生产发展演变历程的基础上，分别对1980—2014年期间电子制造业及其主要组成部分——集成电路制造业的进出口贸易空间格局进行刻画，揭示了世界各国电子制造业和集成电路业进出口贸易的时空演变规律。最后，采用网络分析法，对世界各国电子制造业和集成电路贸易网络的社团结构及其演变情况进行了把握与分析。主要结论如下：

（1）世界各国的电子制造业呈现出梯次发展的阶段性特点，已经经历了"美国—日本—韩国、中国台湾—中国大陆"等由高级发达国家向中等发展中国家梯次转移的四个阶段。20世纪早期，在军方的强力支持下，美国电子制造业开始发展形成，并于50年代后向社会领域推广。领先的技术优势保障美国主导了20世纪70年代及之前的全球电子制造业发展轨迹。其后，在政府的积极干预下，日本的半导体行业开始兴起，并迅速成为电子产品出口的世界第一大国。80年代后半期，随着生产组织方式向模块化的转变，韩国和中国台湾分别以不同的嵌入方式，参与到全球电子制造业的产业分工之中，并成为重要的生产力量。90年代后，中国、墨西哥、马来西亚等发展中国家分别以廉价的劳动力成本、优惠的对外开放政策、设立产业特区等积极地承接了发达经济体电子制造业的转移。

（2）1980—2014年期间，全球电子制造业的生产规模迅速扩大，进出口贸易的国家格局经历了"集聚—分散—集聚"的过程。具体来看，1980—2000年期间，是电子制造业和集成电路业由集中走向分散的过程。电子制造业的进出口贸易分别由美国单极主导、日美双极主导逐渐过渡到"东亚—欧洲—北美洲""三极"并立格局。集成电路业的进出口贸易分别由美国单极主导、美日双极主导逐渐过渡到"东亚—东南亚—北美洲—欧洲"四强并立的局面。2000—2014年期间，是电子制造业和集成电路业由分散走向集聚的过程。在电子制造业的进口贸易方面，东亚地区地位强化或极化、东南亚地区开始崛起，同时南亚、西亚的电子制造业进口贸易也大幅增强。在集成电路的进出口贸易方面，东亚、东南亚地区的领先优势继续扩大，同时美国的集成电路进口贸易在经历短暂衰退后逐步复苏。

（3）1990年以后，世界各国电子制造业和集成电路业贸易网络的社团数量逐渐增多，且区域化特征逐渐明显，东亚—东南亚组团日益突出。具体来看，1990—2003年，在全球电子制造业和集成电路业的贸易网络中，包含多个国家/地区节点的较大社团数量逐渐增多，由1990年的1个增加到2013年的6个，大社团内部节点之间的地域邻近特征日益突出。在全球电子制造业贸易网络中，东亚—东南亚—北美洲的组团结构持续性存在；在全球集成电路贸易网络中，东亚—东南亚的组团结构持续性地存在。

第五章

东亚地区间投入产出表的数据处理与编制

作为投入产出方法的基础与核心,投入产出表的质量将直接影响投入产出模型的有效性及可信度;而数据来源的可靠性及编制方法的科学性将直接决定投入产出表的质量。本章首先介绍了国家间投入产出表的形式及编制方法;然后介绍了中国大陆、日本、韩国及中国台湾地区投入产出表的编制情况,之后详细阐述了 2010 年东亚地区间投入产出表(中日韩及中国台湾地区)的数据收集及预处理过程;最后,本章对 2010 年东亚地区间投入产出表的具体编制过程进行了详细说明。

第一节 国家间投入产出表的形式及编制方法

一 国家间投入产出表及其形式

自 1951 年地区间投入产出模型提出以来,由于它可以系统全面地反映各区域之间和各产业之间的经济联系,并可以进行不同地区间的产业结构及技术对比分析,该模型得到了很多国家的重视。1961 年,Wonnacott(1961)首次将区域间投入产出模型应用到国家间经济联系分析中,对美国及加拿大相互间经济依赖性进行了分析。此后,国家间投入产出模型迅速得到推广及应用,很多研究机构开始组织编制国家间投入产出表。国家间投入产出表的一般形式如表 5-1 所示。

1965 年,日本亚洲经济研究所(Institute of Developing Economies,简称 IDE)研制了一张包括美国、欧洲、大洋洲、拉丁美洲、亚洲及日本在内的六个区域的国家间投入产出模型,并于 1973 年开始研制包括东盟各国、韩国、美国及日本在内的亚洲国家间投入产出模型（Asian International I-O Table）。此后，该模型每五年编制一次，目前已编制完成 1985 年、1990 年、1995 年、2000 年及 2005 年亚洲国家间投入产出表，且该表涉及国家范围不断扩大。2005 年亚洲国家间投入产出表共涵盖中国大陆、印度尼西亚、韩国、马来西亚、中国台湾、菲律宾、新加坡、泰国、日本及美国十个国家及地区。此外影响较大的研究项目还包括欧盟世界投入产出项目（World Input-Output Database，WIOD）以及 GTAP（Global Trade Analysis Project）项目。随着国家间投入产出表编制工作的广泛开展，很多学者利用其对国家间产业关联、贸易格局调整以及增加值贸易等进行分析。

同样地，我国相关研究机构及学者也不断参与到国家间投入产出表的编制及分析中。1988 年以来，我国国家信息中心持续参加日本亚洲经济研究所组织的国家间投入产出模型项目，并参与编制多个年份的亚洲国家间投入产出表。此外，我国一些学者也利用该系列投入产出表，对中国与东盟各国的产业联系、技术追赶以及溢出反馈效应等进行了分析。

表 5-1　　　　　　　　　国家间投入产出表一般形式

			中间使用			最终使用			出口	总产出
		A 国	B 国	……	N 国	A 国	B 国	……	N 国		
		行业1 行业2…… 行业m	行业1 行业2…… 行业m		行业1 行业2…… 行业m						
中间投入	A 国	行业1 行业2 …… 行业m									
	B 国	行业1 行业2 …… 行业m									
中间投入	……										
	N 国	行业1 行业2 …… 行业m									

续表

	中间使用				最终使用				出口	总产出
	A国	B国	……	N国	A国	B国	……	N国		
	行业1 行业2…… 行业m	行业1 行业2…… 行业m		行业1 行业2…… 行业m						
国际运费及保险费										
从其他国家进口										
关税及进口税										
增加值										
总投入										

数据来源：笔者绘制。

二 国家间投入产出表的一般编制方法

地区间投入产出表编制方法一般包括三种：调查法（survey-based approach）、非调查法（non-survey approach）及混合编表法（hybrid approach）（陈锡康等，2011）。

其中，精确度最高的方法是调查法，该方法需要对各类企业的生产投入结构及产品流向结构分别进行调查，获取地区内及地区间不同行业部门产品的流通数据，进而编制地区间投入产出表。但该方法涉及的数据处理工作庞杂，对人力、物力及财力的消耗较大。

非调查法主要基于已有经济统计数据，通过构建数学模型来对地区间投入产出表进行估算。目前，应用较为广泛的非调查估算模型主要有引力模型及区位熵法等。尽管非调查法相对省时省力，自20世纪六七十年代以来逐渐受到学者关注，但该方法的准确程度远远低于调查方法。

为调和上述两种方法的问题，学者们将调查法及非调查法加以结合提出了混合编表法，该方法又被称为局部调查法（partial survey approach）、半调查法（semi-survey approach）等。该方法首先通过非调查法得到估算表，之后利用现有统计数据及部门调查数据对该表加以修正及调整，进而得到最终表。由于该方法对调查法及非调查法的优缺点进行了中和，目前该法已成为编制地区间投入产出表的主要方法。

国家间投入产出表作为地区间投入产出表的一种类型，其编制主要采用非调查法或半调查法。本研究编制东亚地区间投入产出表时主要采用了半调查法，因此这里主要对半调查法的一般研制流程进行介绍（见图5-1）。

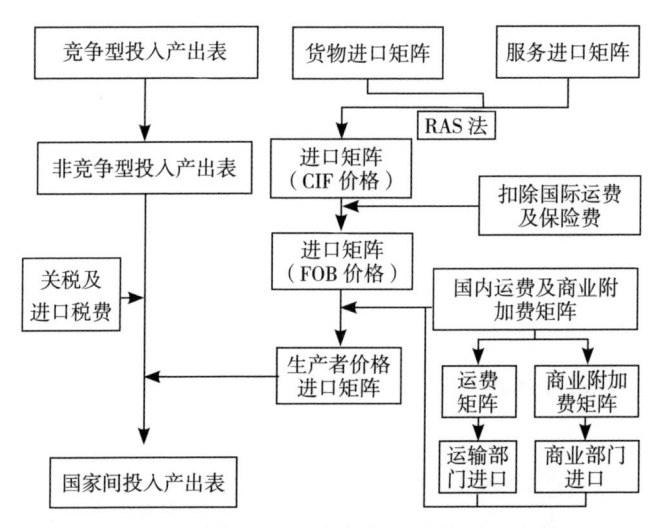

图5-1 国家间投入产出表编制的一般流程

数据来源：笔者绘制。

首先，搜集、编制涉及国家及地区的投入产出表，并建立统一行业部门分类。对于竞争型投入产出表，需要对进口品来源地及使用结构进行调查，并根据调查数据编制单国或单地区的非竞争型投入产出表。

其次，根据海关贸易数据及相关税费数据，编制关税及进口税矩阵，以及分进口来源地国家的进口矩阵。收集分行业关税及进口税数据，并将其从总进口矩阵中剥离出来；之后根据进口比例计算分进口来源地的商品结构，编制分进口来源地的进口矩阵，并利用 RAS 法对该进口矩阵加以平衡调整。需要说明的是，当前完成的进口矩阵是基于到岸价格（包含成本、保险费及运费，即 cost, insurance and freight, 简称 CIF）核算的。

再次，将到岸价格计算的进口矩阵转换为离岸价格（free on board,

简称 FOB）计算的进口矩阵。搜集分来源地进口商品的国际运费及保险费数据，将其从 CIF 价格的进口矩阵中扣除，得到按照离岸价格计算的进口矩阵。同时，将扣除的国际运费及保险费数据整理为行向量。

又次，将 FOB 价格的进口矩阵调整为生产者价格矩阵。根据进口来源国家的国内运费率矩阵和商业附加费率矩阵，编制国内流通费用矩阵；之后，从 FOB 价格的进口矩阵扣除流通费用矩阵，并将相应行业投入的流通费用加计入服务业中，从而将流通费用转化为对进口来源国的服务业进口，得到生产者价格的进口矩阵。

最后，将国内产品流通矩阵、分进口来源地的进口矩阵、关税及进口税矩阵、国际运费及保险费向量进行链接，得到最终的国家间投入产出表。

第二节　中日韩及中国台湾地区投入产出表编制情况及数据预处理

一　中日韩及中国台湾地区投入产出表的编制情况

（一）中国

20 世纪 50 年代末，中国开始投入产出技术的研究及应用。1959 年，中国科学院数学研究所筹备成立经济组，并开始投入产出模型的研究。此后，由于"文革"的影响，研究工作被迫进入滞缓阶段。直至 1976 年，经两年的努力，在中科院数学研究所经济组等多个单位的合作下，中国第一个国民经济投入产出表（中国 1973 年 61 类主要产品投入产出表，为实物型表）才编制完成。此后，在关肇直、吴文俊及陈锡康等多位专家建议下，国家计委预测中心、国家统计局等多个部门共同编制了 1981 年中国投入产出表。期间，中科院系统科学研究所在 1973 年投入产出表的基础上编制完成 1979 年投入产出延长表。同时，中国社会科学院工业经济研究所则采用生产者价格编制出 1979 年全国价值型投入产出表。此后，在 1981 年中国投入产出表的基础上，国家统计局又编制了

1983年投入产出延长表。1987年，经多位专家建议，国务院办公厅正式下发《关于进行全国投入产出调查的通知》（国办发〔1987〕18号），明确规定每5年（逢2、逢7年度）进行全国投入产出调查，编制投入产出的基本表。这标志着中国投入产出编制工作进入制度化及常态化阶段。截至目前，国家统计局已在投入产出调查基础上编制完成六张投入产出表（1987、1992、1997、2002、2007、2012），并分别在其基础上编制了五张投入产出的延长表（1990、1995、2000、2005、2010）。（见表5-2）

表5-2　全国投入产出表的编制情况（1973—2015）

年份	类型	部门数目	备注
1973	实物型	61	第一个全国投入产出表
1979	实物型 价值型	61 21	在1973年表基础上编制的延长表
1981	实物型 价值型	146 26	
1983	实物型 价值型	146 22	在1981年表基础上编制的延长表 在1981年表基础上编制的延长表；相较于1981年部门分类，将5个农业部门合并为一个
1987	价值型	117	第一个基于投入产出调查的全国投入产出表
1990	价值型	33	在1987年表基础上编制的延长表
1992	实物型 价值型	151 118	基于投入产出调查的全国投入产出表
1995	价值型	33	在1992年表基础上编制的延长表
1997	价值型	124	基于投入产出调查的全国投入产出表
2000	价值型	40	在1997年表基础上编制的延长表
2002	价值型	42	基于投入产出调查的全国投入产出表
2005	价值型	42	在2002年表基础上编制的延长表
2007	价值型	42	基于投入产出调查的全国投入产出表
2010	价值型	42	在2002年表基础上编制的延长表
2012	价值型	139	基于投入产出调查的全国投入产出表

数据来源：笔者在陈锡康、杨翠红等（2011）的基础上进一步整理得到。

（二）日本

日本是较早开始编制投入产出表的国家，编表技术较为成熟（刘鸿熙等，1988）。日本最早编制的是 1951 年投入产出表，并从 1955 年开始每隔五年编制一张投入产出基本表。但 1955 年与 1960 年投入产出表的部门分类存在较大差异，而 1960 年、1965 年及 1970 年投入产出表的行业部门较为统一。此后，又由于 1973 年石油危机引发的产业结构变动，编制 1975 年投入产出表时对部门分类重新进行了调整。从 1970 年开始，日本投入产出表的部门分类基本稳定，编表工作逐步进入正轨。

投入产出延长表的编制是从 1973 年开始的，2000—2003 年期间延长表的编制曾出现中止，2004 年开始恢复投入产出延长表的编制工作。具体而言，1973—1976 年期间的延长表是以 1970 年投入产出基本表为基准编制的；1977—1981 年期间延长表则以 1975 年基本表为准编制；1982—1985 年期间延长表则以 1980 年基本表为基准；1986—1991 年延长表以 1985 年基本表为基准；1992—1995 年延长表则以 1990 年基本表为基准；1996—1999 年延长表则以 1995 年基本表为基准编制；2004—2007 年投入产出延长表则以 2000 年基本表为基准；2008—2010 年延长表则以 2005 年基本表为基准。

根据惯例，2010 年日本应编制一份投入产出基本表，但由于 2011 年要进行经济活动普查，而这是编制投入产出表的重要基础数据，因此日本代替编制了 2011 年投入产出基本表。（见表 5-3）

表 5-3　　　　中日韩及中国台湾地区投入产出基本表的编制概况

	中国大陆	日本	韩国	中国台湾地区
开始年份	1973	1951	1960	1954
编制周期	五年	五年	五年	五年
基本表编制年份	逢 2、7 编制	逢 0、5 编制	逢 0、5 编制	逢 1、6 编制
已有年份	1973、1979、1981、1983、1987、1992、1997、2002、2007、2012	1951、1955、1960、1965、1970、1975、1980、1985、1990、1995、2000、2005、2011	1960、1963、1966、1970、1975、1980、1985、1990、1995、2000、2003、2005、2010	1954、1961、1966、1968、1969、1971、1974、1981、1986、1991、1996、2001、2006、2011

续表

	中国大陆	日本	韩国	中国台湾地区
延长表	逢0、5编制延长表	自1973年开始编制延长表，除2000—2003年期间中止外，其余年份均编制延长表	1968、1973、1978、1983、1986、1987、1988、1993、1998；2005年之后每年编制延长表	编制有1984、1989、1994、1999、2004年的延长表，2006年开始仅编制购买者交易表
主要编表单位	国家统计局国民经济核算司[①]	经济产业省	韩国银行	中国台湾"行政院"

数据来源：笔者根据各国及地区投入产出表编制单位的相关报告整理。

（三）韩国

韩国投入产出表的编制最早开始于20世纪60年代，相关编制工作主要由韩国银行负责。1964年，韩国银行公布了官方第一张投入产出表——1960年投入产出表，该表为韩国第一个五年经济发展计划提供了基础数据。

1964—2007年期间，韩国银行一共编制公布了20张投入产出表，其中包括10张基准表和10张修订表。其中，10张基准表是以产业调查为基础编制的，分别于1963年、1966年、1970年、1975年、1980年、1985年、1990年、1995年和2000年公布。而10张修订表是根据基准表推断得出的，编制和发布时间在两张基准表之间。区别于中国，韩国的国家投入产出表均为非竞争型投入产出表，即进口的商品及服务区别于国内产品。

（四）中国台湾

中国台湾地区的投入产出研究工作也起步较早，大致发轫于20世纪60年代初。1960年邢慕寰先生根据中国台湾1954年的产业数据编制了中国台湾地区的第一个投入产出表（施祖辉，1996）。次年，李登辉、谢森中、王友钊等人按照1995年的产业数据合编了中国台湾地区

[①] 除国家统计局国民经济核算司之外，中科院地理科学与资源研究所、中科院虚拟经济与数据科学研究中心等多个单位也有参与编制中国投入产出表，主要是地区间投入产出表。

的第二个投入产出表。此后，中国台湾"行政院"经济建设委员会正式开始了投入产出表的编制工作。根据"行政院"主计处每五年进行的工商服务业普查及其抽样调查的资料，先后编制了8个年份的投入产出表，分别为1961、1964、1966、1969、1971、1974、1976及1979年。

80年代初，为了配合中国台湾地区推行的"新国民经济会计制度"，加强"国民"所得统计与投入产出统计之间的链接及应用，自1982年开始，转由中国台湾"行政院"主计处来开展投入产出表的编制工作。截至目前，中国台湾"行政院"先后编制了1981、1986、1991、1996、2001、2006及2011年七个年份的投入产出基本表。此外，该机构还编制了1984、1989、1994、1999、2004年共五个年份的商品对商品的生产者价格投入产出延长表，但2009年之后该类型的投入产出延长表停止编制。取而代之的，该单位自2006年起每年编制购买者价格的商品对部门的交易表。

二 各国及地区投入产出表的收集及预处理

（一）各国及地区投入产出表的收集

考虑到人力及时间限制，本研究主要采用半调查法来编制2010年东亚地区间投入产出表。为编制该表，本研究首先搜集了中日韩及中国台湾地区各自的2010年的投入产出表。上述投入产出表的基本信息如表5-4所示。

表5-4　　　　2010年中日韩及中国台湾地区投入产出表的基本情况

	中国大陆	日本	韩国	中国台湾
编表	延长表	延长表	基本表	延长表
基本表来源	2007年基本表	2005年	—	2006年
形式	行业×行业	行业×行业	行业×行业	商品×行业
部门划分	6/30	53/80	30/82/161	52×63
核算价格	生产者价格	生产者价格	生产者价格	购买者价格
涉及区域	多区域（30省区市）	单一区域	单一区域	单一区域
货币单位	万元	百万日元	百万韩元	百万元新台币

数据来源：笔者整理。

考虑到该研究侧重分析中国大陆各区域与日韩及中国台湾地区的联系，中国大陆地区采用了中国科学院地理科学与资源研究所与国家统计局核算司共同编制的 2010 年 30 省区市区域间投入产出表。日韩及中国台湾地区则分别采用了 2010 年的单区域投入产出表。这四张基础投入产出表中，除韩国为投入产出基本表外，中国大陆、日本及中国台湾地区的投入产出表均为延长表，其中中国 30 省区市区域间投入产出表是基于 2007 年基本表延长编制的，而日本及中国台湾地区是分别基于 2005、2006 年各自的基本表延长编制而成。

（二）数据预处理

由表 5-4 可知，2010 年中国大陆地区、日本、韩国及中国台湾地区的投入产出表在核算价格、行业部门分类、货币单位等方面均不一致。因此，在编制上述几个国家及地区的进口矩阵之前，需要对上述投入产出表进行预处理。数据预处理主要包括对中国台湾地区投入产出表的价格调整、中国大陆 30 省区市的区域归并划分以及行业部门分类统一等。

1. 中国台湾地区投入产出表的价格调整

2010 年中国台湾地区仅编制了购买者价格的 52 商品 × 63 部门的投入产出表，而中国大陆、日本及韩国的投入产出表全部是基于生产者价格的。因此，为保持数据统一性及可对比性，本研究首先要将中国台湾地区投入产出表从购买者价格转换为生产者价格，并将合并为 52 × 52 部门。投入产出表价格调整过程需要的结构数据主要参考 2011 年中国台湾地区投入产出基本表及相关调查数据。

中国台湾地区投入产出表价格调整过程主要包括以下几个步骤。首先，根据 2011 年中国台湾地区投入产出基本表的行业部门分类，对 2010 年投入产出表的部门分类进行了统一。其次，构建 2010 年的国内运费及商业附加费用矩阵。2010 年中国台湾地区购买者价格表提供了各行业的国内运费及商业附加费用数据，利用该数据以及 2011 年投入产出表的部门产品使用结构数据，构建出国内运费及商业附加费用矩阵。再次，从 2010 年购买者投入产出表中扣除国内运费及商业附加费用矩阵,并将运费及商业附加费分别加计到相应行业部门的运输部门及商业部门投入中。最后,利用RAS法对投入产出表的中间流量矩阵进行平衡和调整,得到最终的以生产者价格核算的中国台湾地区投入产出表。

2. 中国大陆区域划分

根据已有研究,中国中西部多数省份与东部沿海地区乃至东亚其他国家/地区电子制造业的联系并不紧密。基于此,为减少不必要的工作量,同时考虑到尽量不影响研究精度,本研究对中国2010年多区域间投入产出表中的省份进行合并,调整为十个区域(见表5-5)。

表5-5　　　　　　　中国大陆十大区域列表

十大区域	涉及省份	2010年人口比例(%)
东北地区	黑龙江、吉林、辽宁	8.17
京津地区	北京及天津	2.43
北部沿海地区	河北及山东	12.51
东部沿海地区	江苏、上海及浙江	11.65
南部沿海地区	广东、福建、海南	11.19
川渝地区	四川、重庆	8.15
中部地区	安徽、河南、湖北、湖南、江西	23.96
中北部地区	内蒙古、陕西、山西、宁夏	7.77
西北地区	甘肃、青海、新疆	3.96
西南地区	广西、云南、贵州	9.46

数据来源:笔者整理。

3. 统一的行业部门分类

以最大限度保证数据准确度以及信息量为原则,对中国大陆、日本、韩国以及中国台湾地区的投入产出表行业部门分类进行统一,将细分部门向大类行业进行合并,最终调整合并为17个行业部门,具体如表5-6所示。

表 5-6　　中日韩及中国台湾地区投入产出行业对应表

编码	行业名称	中国大陆	日本	韩国	中国台湾
1	农林牧渔业	农林牧渔业	农林水产业	农业	农业
				畜牧业	畜牧业
				林业	林业
				渔业	渔业
			农林牧渔相关服务业		
2	采掘业	煤炭开采和洗选业	金属矿物	煤炭石油天然气	采矿业
		石油和天然气开采业	非金属矿物	金属及非金属矿物	
		金属矿采选业	煤炭石油天然气		
		非金属矿及其他矿采选业			
3	食品、饮料及烟草	食品制造及烟草加工业	食品及烟草	食品	食品加工
			饮料	饮料	饮料
			烟草	烟草	
4	纺织服装及皮革	纺织业	纤维工业制品	纺织及服装	纺织品
		纺织服装鞋帽皮革羽绒及其制品业	服装及其他纤维制品业	皮革制品	服装及装饰品
					皮革、毛皮及其制品
5	木材加工及造纸印刷、家具	木材加工及家具制造业	木材及木制品	木材及木制品	木材加工及其制品
		造纸印刷及文教体育用品制造业	家具	纸浆及纸制品	纸浆、纸及制品业
			造纸	印刷及记录媒介复制业	印刷和记录媒介复制业
			纸制品业		家具
			印刷及出版		
6	石油加工及炼焦	石油加工、炼焦及核燃料加工业	石油制品	石油及煤炭制品	石油及煤制品
			煤制品		

续表

编码	行业名称	中国大陆	日本	韩国	中国台湾
7	化学工业	化学工业	化学肥料	基本化学制品	化学原料
			无机化学基础制品	合成树脂及合成橡胶	化学制品
			石油化学基础制品	化学纤维	医药制品
			其他有机化学基础制品	医药制品	橡胶制品
			合成树脂	化肥及农药	塑料制品
			化学纤维	其他化学制品	
			化学制品（除医药）	塑料制品	
			医药制品	橡胶制品	
			塑料制品		
			橡胶制品		
8	非金属矿物制品	非金属矿物制品业	玻璃制品	玻璃制品	非金属矿物制品
			水泥制品	其他非金属矿物制品	
			陶瓷制品		
			其他非金属制品		
9	金属冶炼压延及制品	金属冶炼及压延加工业	生铁及钢	基本钢铁制品	钢铁
		金属制品业	钢材	钢铁压延制品	其他金属
			钢铸品	有色金属及其制品	金属制品
			其他钢铁制品	金属铸造	
			有色金属冶炼	金属制品	
			有色金属加工制品		
			建设建筑用金属制品		
			其他金属制品		

续表

编码	行业名称	中国大陆	日本	韩国	中国台湾
10	通用及专用设备	通用、专用设备制造业	一般产业机械	通用设备	机械设备
			特殊产业机械	专用设备	
			其他一般产业机械及零部件		
			事务用机械		
11	电气机械	电气机械及器材制造业	产业用电气机械	电气机械设备	电力设备
			电子及电气应用装置	家用电器	
			其他电气机械		
			民用电气机械		
12	电子设备制造业	通信设备、计算机及其他电子设备制造业	通信设备	半导体及相关设备	电子零部件
		仪器仪表及文化办公用机械制造业	电子计算机	电子信号设备	电脑、电子及光学产品
			半导体及集成电路	其他电子元器件	
			其他电子元器件	电脑及周边设备	
				通信设备、录音录像设备	
			精密机械	精密仪器	
13	交通运输设备	交通运输设备制造业	乘用车	机动车辆	汽车及其零部件
			其他自动车	船舶	其他运输设备
			自动车零部件	其他运输设备	
			其他交通运输设备		
14	其他制造业	其他制造业	其他制造业产品	其他制造业产品	其他工业制品及机械修理
			资源回收及利用	废弃物管理	污染整治

续表

编码	行业名称	中国大陆	日本	韩国	中国台湾
15	电力、热力及水的生产与供应	电力、热力的生产和供应业	电力	电力供应	电力供应
		燃气及水的生产与供应业	煤气及热力供应	天然气及热力供应	燃气供应
			水供应及废弃物处理	水供应	水供应
				废水处理	
16	建筑业	建筑业	建筑及维修	建造及维修	建筑业
			公用事业	土木工程	
			其他土木建筑		
17	服务业	交通运输及仓储业	商业	批发及零售	批发及零售
		批发零售业	金融及保险	陆地运输	运输仓储
		住宿餐饮业	房地产	水运	住宿及餐饮
		租赁和商业服务业	住宅租赁	空运	传播服务
		研究与试验发展业	运输服务业	仓储及其他运输服务	电信服务
		其他服务业	通信服务业	餐饮及住宿	资讯服务
			广播服务业	通信	金融及保险
			信息服务	广播	不动产服务
			网络服务	信息服务	专业、科学及技术服务
			图像及文字信息制作	软件及计算机服务	支援服务
			公共服务	新闻出版业	公共行政服务
			教育及研究	电视、电影及音像业	教育服务
			医疗保健及社会保障	金融服务	医疗保健及社会服务
			广告业	保险业	艺术、娱乐及休闲服务

续表

编码	行业名称	中国大陆	日本	韩国	中国台湾
17			物品租赁	金属及保险辅助服务	其他服务
			其他企业服务	住房出租服务	
			个人服务业	房地产	
			其他行业	租赁业	
				研究与实验	
				科学技术服务	
				商业服务	
				公共管理及国防	
				教育	
				医疗卫生服务	
				社会工作	
				文化服务	
				体育及娱乐	
				社会组织	
				维修及其他个人服务	

数据来源：笔者绘制。

除了进行中国台湾地区投入产出表价格调整、中国大陆区域合并及行业部门统一外，本研究还按照 2010 年中国人民银行的平均汇率，对四个国家及地区的投入产出表进行货币单位换算，最后得到的东亚地区间投入产出表以百万美元为单位。

第三节 2010 年东亚地区间投入产出表的编制方法及过程

2010 年东亚地区间投入产出表的编制过程与图 5-1 所示基本一致。这里主要针对其中几个重要环节进行说明，具体包括了国际运费及保险费的估算、国内运费及商业附加费的估算以及分进口来源地的进口矩阵的研制过程。

一 国际运费及保险费的估算

理论上而言，一国海关统计的 CIF 计价的进口数据减去贸易伙伴国统计的 FOB 计价的出口额即为国际运费和保险费，但现实中这种方法可行性较低（张亚雄等，2010）。实际统计中，由于各种原因上述两个数据差距较大，CIF 计价的进口额甚至可能低于贸易伙伴国统计的 FOB 计价的出口额。因此，编制国家间投入产出表时，往往会需要先研制计算各行业部门的国际运费率及保险费率矩阵。其中国际运费是按照不同运输方式、不同商品类型以及运输距离等进行收取的，而国际保险有不同种类，不同商品类型、运输目的地及运输方式的情况下保险费率有所差异。

由于人力、物力及时间的限制，2010 年中日韩及中国台湾地区间投入产出表对中日韩及中国台湾地区间国际运费及保险费进行估算时主要参考了 GTAP（Global Trade Analysis Project）7 数据库。GTAP 7 数据库提供了 2004 年 113 个国家 57 种商品的双边贸易信息及运费数据，其中包含了中国大陆、日本、韩国及中国台湾地区。尽管该数据库的数据相对老旧，但国际运费及保险费率浮动相对有限，本研究仍参考该数据库对 2010 年东亚地区间国际运费及保险费进行估算。

基于该数据库提供的上述四个地区两两之间 57 种商品的 FOB 价格贸易额以及国际运费及保险费数据，本研究首先分别估算了两两地区之间分行业的国际运费及保险费率。然后，基于国际运费及保险费计算方法，将上述比率调整转换为国际运费及保险费与 CIF 价格贸易额比率。之后，利用转化后的比率数据以及上述四个地区 CIF 价格进口商品数据，分别估算中国大陆、日本、韩国以及中国台湾地区两两之间分行业的国际运费及保险费用。表 5-7 为中国大陆从日本、韩国及中国台湾地区进口贸易的分行业的国际运费及保险费率数据。

表 5-7　中国大陆从日、韩及中国台湾地区进口贸易的分行业国际运费及保险费率

行业部门	日本	韩国	中国台湾地区
农林牧渔业	0.058	0.128	0.073
采掘业	0.560	0.458	0.514
食品、饮料及烟草	0.098	0.132	0.104
纺织服装及皮革	0.031	0.029	0.028
木材加工及造纸印刷、家具	0.057	0.073	0.073
石油加工及炼焦	0.083	0.117	0.119
化学工业	0.083	0.117	0.119
非金属矿物制品	0.083	0.117	0.119
金属冶炼压延及制品	0.083	0.117	0.119
通用及专用设备	0.031	0.029	0.028
电气机械	0.031	0.029	0.028
电子设备制造业	0.031	0.029	0.028
交通运输设备	0.031	0.029	0.028
其他制造业	0.031	0.029	0.028
电力、热力及水的生产与供应	0.000	0.000	0.000
建筑业	0.000	0.000	0.000
服务业	0.000	0.000	0.000

二　国内运费及商业附加费的估算

对各国进口商品的来源国国内运费及商业附加费进行估算前，需要先计算得到各国及地区的分行业国内运费率及商业附加费率。在这里，中国大陆、中国台湾地区以及日本、韩国的国内运费率及商业附加费率数据计算方法有所区别。

其中，中国部分采用了 2007 年分行业的国内运费率及商业附加费率数据，该数据由国家统计局提供（部分可参见表 5-8）。日本、韩国及中国台湾地区的国内（地区内）运费率及商业附加费率数据是根据分行业的国内（地区内）运费及商业运费额与总产出额进行计算得到

的。其中，韩国地区用于计算国内运费率及商业附加费率的数据均为2010年的，而日本及中国台湾地区的基础数据均为编制2011年投入产出基本表提供的参考数据。

表 5-8　　　　　中国部分行业部门的国内运输及商业附加费率

行业部门	国内运输及商业附加费率
通信设备制造业	0.349
雷达及广播设备制造业	0.349
电子计算机制造业	0.153
电子元器件制造业	0.156
家用视听设备制造业	0.201
其他电子设备制造业	0.197
仪器仪表制造业	0.161

三　研制分进口来源地的进口矩阵

投入产出模型的可靠性与准确性很大程度上取决于各行业的生产投入结构及产品的使用结构。基于此，编制国家间投入产出表时，编制人员往往会采取编制并链接进口矩阵的方法。

按照商品内容，国际贸易可划分为货物贸易以及服务贸易。其中，由于各国及地区海关对货物贸易的统计制度较为完善，因此货物贸易数据相对容易获得。但由于当前国际上对服务贸易统计范围及统计方法的不统一、不完善，国际服务贸易数据较为匮乏。编制2010年东亚地区间投入产出表时，各国及地区服务业贸易进口总额数据来自于联合国贸易和发展会议（United Nations Conference on Trade and Development，简称 UNCTAD），然后根据分国别的外国入境旅游人数比重，估算得到各国及地区分进口来源地的服务业进口数据。

利用上述服务业进口数据以及海关统计的商品贸易数据等，可计算得到各国家及地区分进口来源地的生产者价格进口矩阵。第一，根据河北省统计局提供的资料，建立海关进口商品编码HS2007与投入产出部门分类的转换对照表（见表5-9）。第二，根据该对照表，利用各国及地区海关统计数据，整理得到不同进口来源地的分行业部门进口向量。第三，根据各国及地区编制基本表时提供的进口品分配矩阵，计算得到不同进口来源地的进口商品矩阵，并利用RAS法对该进口矩阵进行平衡及调整。当前整理得到的进口矩阵是以CIF价格核算的。第四，根据不同进口来源地、不同商品的国际运费及保险费率数据，计算得到不同行业部门的国际运费及保险费矩阵，并从进口商品矩阵中扣除，得到FOB价格的进口矩阵。第五，根据各国及地区的国内运费率及商业附加费率数据，编制进口商品的国内运费及商业附加费矩阵，并从FOB价格进口矩阵中扣除，得到调整后的生产者价格进口矩阵。将进口矩阵及各国及地区的国内矩阵进行链接，最终得到东亚地区间投入产出表（见表5-10）。

表5-9　　　　HS2007六位数商品代码与投入产出部门对照表

行业部门	HS2007代码（举例）
农林牧渔业	010110
采掘业	250200
食品、饮料及烟草	020110
纺织服装及皮革	050510
木材加工及造纸印刷、家具	440121
石油加工及炼焦	270400
化学工业	382490
非金属矿物制品	252020
金属冶炼压延及制品	280511
通用及专用设备	731511
电气机械	630110
电子设备制造业	852340
交通运输设备	840710
其他制造业	970600
电力、热力及水的生产与供应	270500
服务业	370400

表 5-10　　　　　东亚地区间投入产出表的形式

			中间需要						最终需求					总产出
			中国大陆				日本	韩国	中国台湾	中国大陆			日本	韩国	中国台湾	
			东北	京津	……	西南				东北	京津	……	西南				
			农林牧渔业 …… 服务业							最终消费 出口							
中间投入	中国大陆	东北	农林牧渔业 …… 服务业													
		京津														
		……														
		西南														
	日本															
	韩国															
	中国台湾															
国际运费及保险费																
进口（含关税及进口税）																
增加值																
总投入																

数据来源：笔者自制。

第六章
东亚电子制造业的地区间贸易组织与格局

东亚地区是全球电子制造业生产网络组织中的重要一极，而日本、韩国、中国大陆及中国台湾地区更在其中扮演着重要角色。基于此，结合相关贸易指标及作者编制的2010年中日韩台地区间投入产出表（详见第五章），本章将对东亚地区电子制造业的贸易发展趋势、贸易联系特点进行分析，并试图刻画不同地区在电子制造业生产组织中的相对地位，以及这种空间组织模式对不同地区电子制造业发展的影响。

第一节 研究方法及主要指标

本章主要通过构建贸易指标及区域间投入产出模型来对东亚地区电子制造业贸易发展趋势、生产空间组织及区域影响等进行分析。首先，本章利用显性比较优势指数对东亚地区电子制造业相对地位变化进行了分析；之后，通过计算贸易强度指数、贸易互补性指数对东亚地区内部的中国大陆、日本、韩国及中国台湾地区电子制造业贸易联系特点进行刻画。另一方面，基于东亚地区间投入产出模型，本章计算了上述东亚地区间电子制造业的前后向联系指数，以评价不同地区在电子制造业生产组织中的相对地位，并通过增加值贸易核算来衡量当前空间组织模式对不同地区发展的影响。

一 经典的贸易度量指标

（一）显性比较优势指数

显性比较优势指数（Revealed Comparative Advantage，RCA）是衡量国际贸易中专业化水平及甄别一国具有相对比较优势行业的常用指标。该指数由 Balassa（1965）提出，并被广泛应用于国家出口商品结构及竞争力分析中（樊纲等，2006；喻志军，2009；Marconi，2012）。具体公式为：

$$RCA_{ik}=(X_{ik}/X_i)/(W_k/W) \quad (6.1)$$

式（6.1）中，RCA_{ik} 为 i 国 k 商品的显性比较优势指数，X_{ik} 是 i 国 k 商品的出口额，X_i 是 i 国的对外出口总额；W_k 是全世界的 k 商品出口额，W 则是全世界的对外出口总额。当 $RCA_{ik}>1$ 时，i 国在 k 商品的国际出口中具有比较优势，反之则不具有明显优势。

（二）贸易强度指数

贸易强度指数（Trade Intensity Index，TII）是衡量贸易伙伴间贸易联系紧密程度的重要指标，是指一国对某一贸易伙伴国的出口在该国出口总额占比与该贸易伙伴国进口总额在世界进口总额占比的比值。最早由 Brown（1948）及 Kojima（1962）等人提出，并由 Yamazawa（1970）简化，之后被大量应用到国家间贸易相互依赖性分析及贸易协定评价分析中（樊纲等，2006；喻志军，2009；Marconi，2012）。具体公式是：

$$TII_{ij}=(X_{ij}/X_i)/(M_j/W) \quad (6.2)$$

式（6.2）中，X_{ij} 是 i 国对 j 国的出口额，X_i 是 i 国的对外出口总额；M_j 是 j 国的进口总额，W 则是世界进口总额。如果贸易强度指数（TTI）大于1，表示双方的贸易流量大于预期水平，如果贸易强度指数（TII）小于1，表示双方的贸易流量小于预期水平。

（三）贸易互补性指数

贸易互补性指数（Trade Complementarity Index，TCI）可衡量国家间贸易产品结构的互补程度，反映两国贸易发展潜力，主要解决"紧密的贸易联系是由贸易互补性还是有贸易偏向所引起"的问题。已有大量学者从不同角度对贸易互补性指数进行定义，并提出了几种较为成熟的度量方法（于津平，2003）。本研究采用了国际上较通用的一种计算方法（Michaely，1996），具体公式如下：

$$TCI_{ij} = 1 - \sum \{|(M_i^k/M_i) - (X_j^k/X_j)|\}/2 \quad (6.3)$$

式（6.3）中，M_i^k 是 i 国家的 k 产品进口额，M_i 是 i 国家的进口总额；而 X_j^k 是 j 国家的 k 产品出口额，X_j 是 j 国家的出口总额。TCI_{ij} 取值在 0 到 1 之间波动，当 $TCI_{ij}=0$ 时，表示 i 国不存在出口贸易或 j 国不存在进口贸易；当 $TCI_{ij}=1$ 时，表示 i 国出口贸易结构与 j 国进口贸易结构恰好吻合。

二 地区间前后向联系指标

本研究主要采用了后向联系指数及前向联系指数来衡量东亚各地区间电子制造业的联系强度。这两个指数是投入产出技术中常用的反映产业间或地区间联动效应的指数（Miller et al.，2009；陈锡康等，2011）。

（一）完全后向联系指数

后向联系指数，又称为影响力指数，它是指生产部门与为其提供各种投入要素的生产部门之间的关联关系。在投入产出分析中，后向联系一般是通过直接消耗系数矩阵及完全需要系数矩阵来计算及反映，其中，通过直接消耗系数矩阵可得到后向联系指数，而通过完全需要系数矩阵可得到完全后向联系指数（Miller et al.，2009）。在这里，为综合考虑区域间的直接及间接联系，本研究将采取完全后向联系指数。区域间投入产出模型中，j 地区的完全后向联系指数 B_j 是完全需要系数矩阵的相应列的列和，具体计算公式如下：

$$B_j = i'(I-A)^{-1} \quad (6.4)$$

式（6.4）中，i 是列单位矩阵，而 i' 为其转置矩阵，即行单位矩阵；I 为单位矩阵，A 为直接消耗系数矩阵，而 $(I-A)^{-1}$ 为完全需要系数矩阵，即里昂惕夫逆矩阵。

（二）完全前向联系指数

与后向联系指数相反，前向联系指数则是指生产部门与使用其产品的生产部门之间的关联关系，又称为感应度系数。在投入产出模型中，它是在分配系数矩阵及完全感应系数矩阵的基础上计算得出的。与后向联系计算类似，通过分配系数矩阵及完全感应系数矩阵可分别得到直接前向联系指数及完全前向联系指数（Miller et al，2009）。同样地，本研究将选用完全前向联系指数。区域间投入产出模型中，i 地区的完全前向联系指数 F_i 是完全感应系数矩阵中相应行的行和，计算公式如下：

$$F_i = (I-H)^{-1} i \quad (6.5)$$

式（6.5）中，H 为直接分配系数矩阵，而 $(I-H)^{-1}$ 则为完全感应系数矩阵。上述公式中，矩阵 A 及 H 的计算方法不再赘述，可参见陈锡康等（2011）。

为便于各省份的对比分析，本研究将各地区的完全后向联系指数与完全前向联系指数标准化，分别得到各地区的相对联系指数（Miller et al，2009）。具体地，j 地区的相对完全后向联系指数 RB_j 及 i 地区相对完全前向联系指数 RF_i 的计算公式分别如下：

$$RB_j = \frac{B_j}{(1/n)\sum_j^n B_j} \quad (6.6)$$

$$RF_i = \frac{F_i}{(1/n)\sum_i^n F_i} \quad (6.7)$$

上述两个公式中，n 为地区的总数。本研究中，由于东亚地区间投入产出模型共包含 13 个大区域，所以式（6.6）及（6.7）中 n 应取值 13。

三 增加值贸易核算

（一）增加值拉动核算

利用投入产出表中的里昂惕夫逆矩阵可以揭示国民经济各部门产出及最终需求之间的关联（陈锡康等，2011）。通过引入增加值系数，可以分析各行业增加值与最终需求的关系。基于此，为衡量当前中国电子制造业空间组织格局对各省区市电子制造业发展的影响，本研究引进了增加值拉动核算的方法。具体公式如下：

$$VA^{ex} = \hat{V}(I-A)^{-1}EX \tag{6.8}$$

式（6.8）中，VA^{ex} 为 30×30 的矩阵，其元素 va_{ji}^{ex} 是 j 省份电子制造业出口引发的 i 省份电子制造业的增加值；EX 各省份电子制造业出口构成的矩阵，其中非电子行业对应元素均为 0，电子制造业对应元素则为相应各省电子制造业的出口额；$(I-A)^{-1}$ 为里昂惕夫逆矩阵；V 是由增加值系数 V_r 组成的行矩阵，$\hat{V}$ 为 V 构成的对角矩阵。

（二）增加值系数

增加值系数是行业增加值与相应行业总产出的比值，可反映某行业经济活动的价值创造及获取能力。计算公式如下：

$$V_r = v_r / x_r \tag{6.9}$$

式（6.9）中，V_r 为 r 行业的增加值系数，v_r 为 r 行业的增加值，x_r 为 r 行业总产出。增加值由劳动者报酬、固定资本折旧、营业盈余及生产税净额四部分构成，各部分增加值系数可同样由公式（6.9）得出。

第二节 2001—2014 年东亚地区电子制造业的贸易发展演变

一 四大地区的贸易总量及相对地位变化

进入 21 世纪以来，除 2009 年受国际金融危机影响出现小幅下滑外，东亚地区电子制造业贸易发展迅速，尤其是出口贸易，这反映出东亚地区日益占据全球电子制造业生产组织中的重要地位（见图 6-1）。2001 年，东亚地区电子制造业进出口贸易总额为 3401.76 亿美元，至 2014 年增长为 14087.49 亿美元，年均增速达到 11.55%，高出世界平均增速 4.2 个百分点。其中，出口贸易额从 1948.02 亿美元增长为 8379.38 亿美元，年均增速为 11.88%，进口贸易额从 1453.75 亿美元增长到 5708.11 亿美元，年均增速为 11.09%，分别高出世界年均增速 4.66、3.62 个百分点。由于较高的贸易增速，东亚地区在全球电子制造业贸易中的份额不断攀升，2001—2014 年期间，东亚地区出口贸易额占比从 26.24% 增长到 45.62%，进口贸易额占比从 18.37% 增长到 28.28%。

(a) 东亚出口

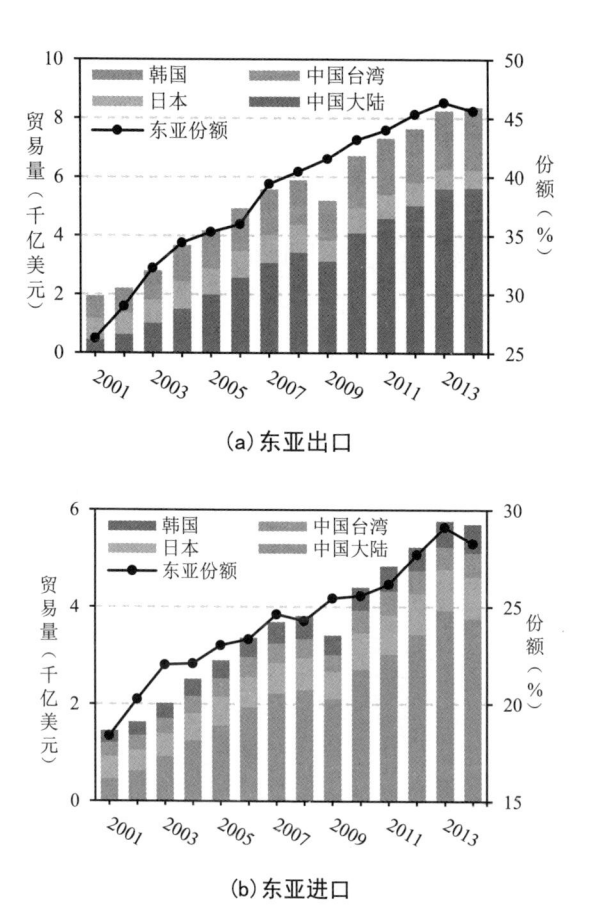

(b) 东亚进口

图 6-1　2001—2014 年东亚地区电子制造业进出口贸易额及其在全球贸易额中的占比

数据来源：ITC（International Trade Centre）数据库。

分国家和地区来看，中国大陆地区电子制造业贸易发展速度远远高出日本、韩国及中国台湾地区，其中出口贸易发展尤为迅速；且除日本外，其他三个国家及地区的出口贸易地位均高于进口贸易地位（见表 6-1）。2014 年，中国大陆地区电子制造业出口贸易额为 5617.33 亿美元，占全球电子制造业出口贸易总额的 30.59%，较 2001 年增长了 24.60 个百分点；进口贸易额为 3758.48 亿美元，占全球相应贸易额的 18.62%，较 2001 年增长 12.77 个百分点。同期，日本电子制造业进出口贸易占比均持续下滑，其中出口贸易份额下滑 6.57 个百分点，降幅较大。2014 年，日本电子制造业出口及进口贸易额分别占全球相应贸易额的 3.34%、4.26%，进口贸易地位更加突出。2001—2014 年，韩国电子制造业出口贸易份额先增后降,而进口贸易比重变化态势恰恰相反,2014年其出口及进口贸易比重分别为5.87%、2.89%,这反映了韩国在电子制造业生产组织中仍主要作为生产国,但近年来它作为电子产品消费国的角色开始强化。同期,中国台湾地区电子制造业出口贸易比重经过短暂下滑后快速恢复增长,同时它的进口贸易份额持续下降,这表明近年来中国台湾地区在全球电子制造业生产中的地位不断提高。

表6-1　　2001—2014年东亚各地区电子制造业进出口贸易额及占比

（单位：亿美元；%）

		2001		2005		2010		2014	
		贸易额	占比	贸易额	占比	贸易额	占比	贸易额	占比
出口	中国大陆	444.03	5.98	1991.04	16.85	4085.30	26.26	5617.33	30.59
	日本	735.69	9.91	895.57	7.58	861.98	5.54	612.55	3.34
	韩国	392.40	5.29	763.74	6.46	909.68	5.85	1077.70	5.87
	中国台湾	375.89	5.06	520.59	4.40	860.06	5.53	1071.81	5.84
	东亚	1948.02	26.24	4170.93	35.29	6717.02	43.17	8379.38	45.62
进口	中国大陆	463.29	5.86	1555.48	12.35	2716.25	15.78	3758.48	18.62
	日本	453.75	5.74	594.64	4.72	749.12	4.35	859.22	4.26
	韩国	250.25	3.16	369.64	2.94	469.11	2.73	583.92	2.89
	中国台湾	286.46	3.62	379.58	3.01	467.26	2.71	506.48	2.51
	东亚	1453.75	18.37	2899.34	23.03	4401.75	25.58	5708.11	28.28

数据来源：ITC（International Trade Centre）数据库。

总体上,在东亚四个国家及地区对外贸易中,电子制造业具有较强的比较优势（见图6-2）。2001—2014年期间,中国大陆及中国台湾地区、韩国的电子制造业出口贸易的显性比较优势指数RCA始终大于1,而日本的RCA指数在2013年之前也始终高于1。其中,中国大陆及中国台湾地区电子制造业出口竞争优势不断强化,两者的RCA指数从2001年的1.37、2.52增长为2014年的2.44、3.48。但与此趋势相反,日本及韩国地区电子制造业出口竞争优势有所减弱,其RCA指数分别从2001年的1.50、2.15下降为2014年的0.90、1.91。

进口贸易方面,中国台湾地区、韩国电子制造业的比较优势明显有所弱化。2001年，中国台湾地区、韩国电子制造业进口的显性比较优势指数RCA分别为2.14、1.42，至2014年，其RCA指数分别下滑为1.72、1.03。日本电子制造业进口比较优势较不明显，其RCA指数始终在1.0上下浮动。而中国电子制造业进口比较优势在金融危机爆发之前呈持续加强态势，危机爆发后比较优势减弱。2008年，中国电子制造业进口显性比较优势指数RCA达到这一时期的峰值2.11，较2001年出现大幅增长；然而，随着金融危机爆发对全球经济的冲击，中国外向性较强的电子制造业受冲击明显，其进口贸易RCA指数出现下滑，至2014年降低为1.78。

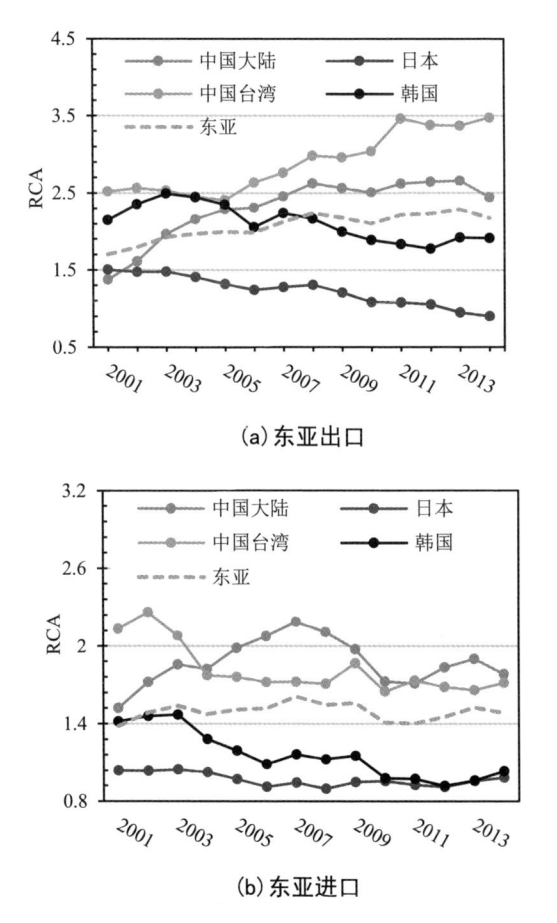

(a) 东亚出口

(b) 东亚进口

图6-2　2001—2014年东亚地区电子制造业进出口贸易显性比较优势指数（RCA）变化

数据来源：ITC（International Trade Centre）数据库。

二 四大地区的商品结构演变

（一）出口贸易商品结构

2001—2014年期间，东亚地区电子制造业出口商品结构日趋集中化。其中，中国大陆地区电子制造业出口商品结构中自动数据处理设备（8471）及有线电话及电报设备（8517）等消费性电子产品占比不断增加，而日本、韩国及中国台湾地区出口商品结构逐步由集成电路及微电子组件（8542）主导。

2001年，中国大陆地区电子制造业出口商品结构中自动数据处理设备的比重为29.49%，此外无线电设备（8525）也占有较高比重（11.57%）。至2010年，自动数据处理设备占比增长至34.04%，同时有线电话及电报设备占比大幅提升，占比由2001年的7.94%增长为25.94%，而无线电设备占比下降为2.80%。2014年，有线电话及电报设备占比进一步提高为34.77%，而自动数据处理设备占比下降为29.09%。同期，中国电子制造业出口商品结构中，集成电路及微电子组件占比缓慢上升，所占份额从2001年的5.91%增长为2014年的10.90%。

日本电子制造业出口商品结构变化的显著特点是集成电路及半导体的快速增长。2001年，日本电子制造业出口以集成电路及微电子组件、自动数据处理设备以及无线电设备为主，三者占比依次为29.95%、17.19%、11.97%。至2010年，集成电路及微电子组件占比进一步增长为40.06%，同时半导体器件（8541）占比从2001年的7.87%增长为14.44%，而自动数据处理设备占比明显下滑，至2010年占比仅为3.07%。2014年，集成电路及微电子组件仍占据日本电子制造业出口首位，而自动数据处理设备及半导体器件占比小幅增长，而无线电设备占比下滑至7.47%。（见图6-3）

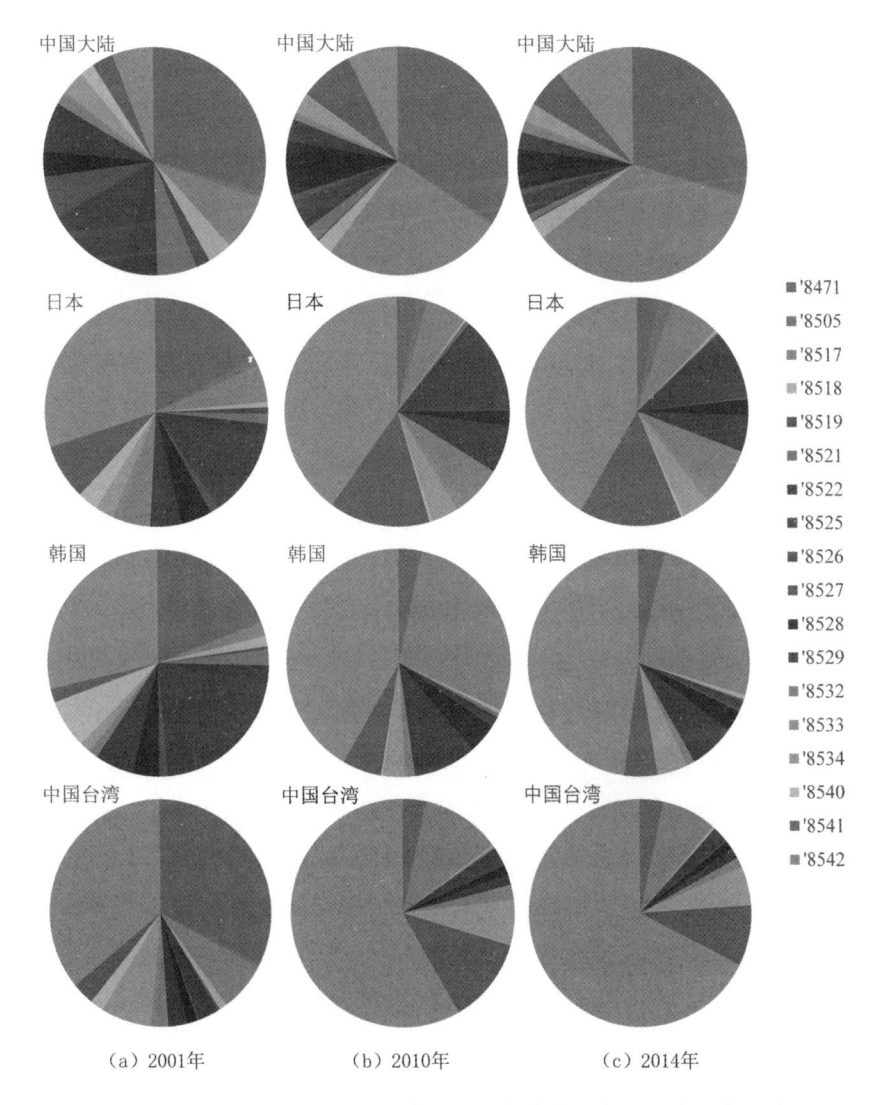

图6-3 2001、2010及2014年中日韩及中国台湾地区电子制造业出口商品结构

数据来源：ITC（International Trade Centre）数据库。

同期，集成电路及微电子组件、有线电话及电报设备在韩国电子制造业出口商品结构中占比不断提高。2001年，韩国电子制造业出口同样以集成电路及微电子组件、无线电设备及自动数据处理设备为主，三者占比分别为28.64%、20.74%、19.07%。至2010年，无线电设备及自动数据处理设备占比大幅度下滑，两者合计比重仅为4.01%，而集成电路及微电子组件、有线电话及电报设备的占比明显提高，两者占比分别为41.67%、28.45%。2014年韩国电子制造业出口商品结构与2010年类似，仍以集成电路及微电子组件、有线电话及电报设备为主，其中前者的份额进一步提高至47.83%。

与上述三个地区相比，中国台湾地区电子制造业出口商品结构集中化态势更为明显，目前已形成以集成电路主导的出口商品结构。2001年，中国台湾地区电子制造业出口主要依赖集成电路及微电子组件以及自动数据处理设备，两者占比分别达到35.85%、32.34%。2010年，集成电路及微电子组件占中国台湾地区电子制造业出口的58.19%，同时半导体器件、有线电话及电报设备也占有相当份额，两者比重依次为12.26%、11.44%。相反地，自动数据处理设备占比大幅下滑，至2010年其份额仅为3.35%。此后，中国台湾地区电子制造业出口结构进一步集中化，2014年集成电路及微电子组件占比达到67.43%。

（二）进口贸易商品结构

2001—2014年期间，中国大陆及中国台湾地区、韩国的电子制造业进口商品结构日趋集中化，集成电路及微电子组件占据绝对主导地位，而日本电子制造业进口商品结构趋向多元化，终端产品占比不断增高。

2001—2014年，集成电路及微电子组件在中国大陆电子制造业进口商品结构中的占比显著增加。2001年，集成电路及微电子组件占大陆电子制造业进口总额的36.69%，同时有线电话及电报设备、自动数据处理设备也占据重要地位，两者份额分别为11.39%、10.75%。2010年，后两者的进口比重出现小幅下滑，而集成电路及微电子组件占比增长为58.17%，较2001年增长了21.48个百分点。2010—2014年，集成电路及微电子组件进口占比水平基本保持不变，而有线电话及电报设备占比恢复至2001年水平，2014年占比达到11.67%，而自动数据处理设备进口比重进一步下降为7.64%。

同期，日本电子制造业的进口商品结构趋向多元化，与其他三个国家及地区存在显著差异。2001年，日本电子制造业进口主要以自动数据处理设备以及集成电路及微电子组件为主，两者分别约占电子制造业进口总额的1/3。2010年，上述两类电子产品进口份额均出现下滑，其中自动数据处理设备占比下降为19.31%，降幅较大，而有线电话及电报设备占比从2001年的8.83%提高为17.96%。至2014年，有线电话及电报设备进口占比进一步提升，其份额达到29.69%，同时半导体进口占比提高到11.69%，此外集成电路及微电子组件进口占比进一步下降为19.53%。（见图6-4、表6-2）

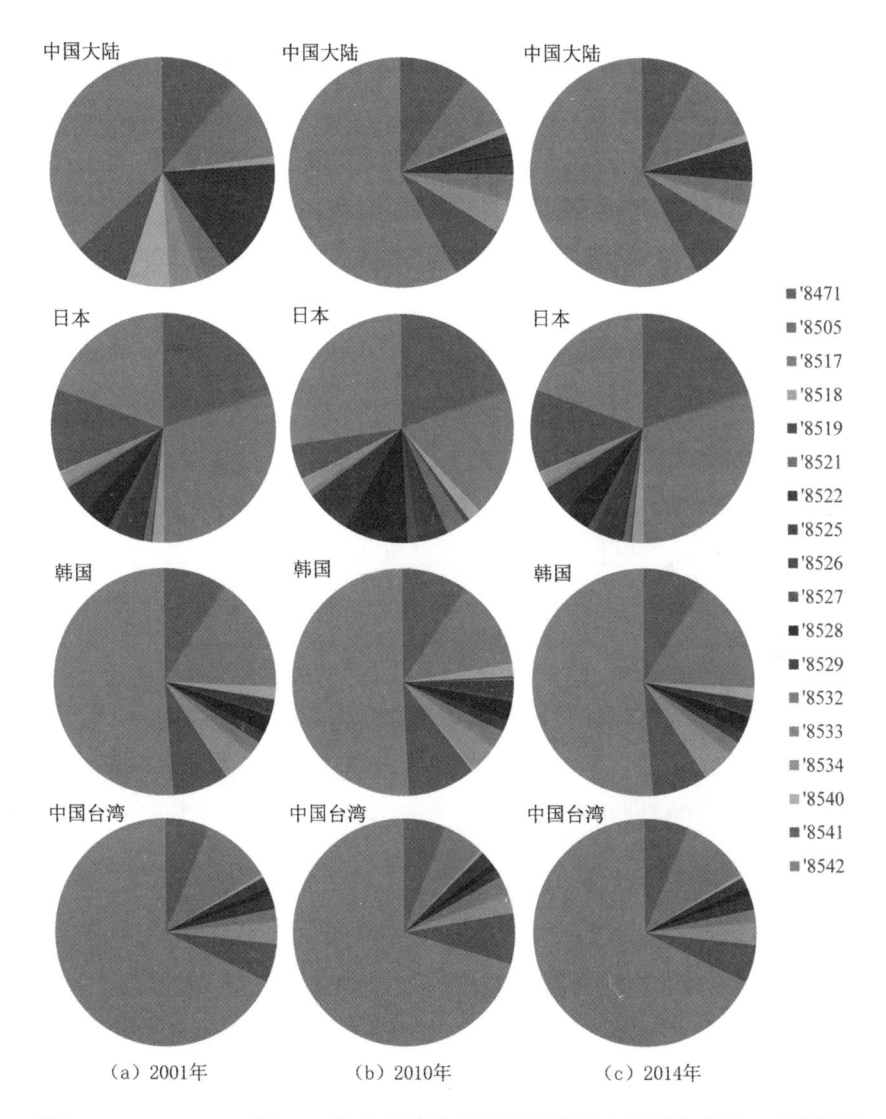

（a）2001年　　（b）2010年　　（c）2014年

图6-4　2001、2010及2014年中日韩及中国台湾地区电子制造业进口商品结构

数据来源：ITC（International Trade Centre）数据库。

表 6-2　　　　　　　　　电子制造业对应海关商品编码列表

HS 编码	品目
8471	自动数据处理设备及其部件；其他编号未列名的磁性或光学阅读机、将数据以代码形式转录到数据记录媒体的机器及处理这些数据的机器
8505	电磁铁；永磁铁及磁化后准备制永磁铁的物品；电磁铁或永磁铁卡盘、夹具及类似的工件夹具；电磁联轴节、离合器及制动器；电磁起重吸盘
8517	有线电话、电报设备，包括有线载波通信设备
8518	传声器（麦克风）及其座架；扬声器，不论是否装成音箱；耳机、耳塞及头戴送受话器；音频扩大器；电气扩音机组
8519	转盘（唱机唱盘）、唱机、盒式磁带放声机及其他声音重放设备，未装有声音录制装置
8521	视频信号录制或重放设备，不论是否装有高频调谐器
8522	编号 8519 至 8521 所列设备的零件、附件
8525	无线电话、电报、无线电广播、电视发送设备，不论是否装有接收装置或声音的录制、重放装置；电视摄像机
8526	雷达设备、无线电导航设备及无线电遥控设备
8527	无线电话、电报、无线电广播接收设备，不论是否与声音的录制、重放装置或时钟组合在同一机壳内
8528	电视接收机（包括视频监视器及视频投影机），不论是否装有无线电收音装置或声音、图像的录制或重放装置
8529	专用于或主要用于编号 8525 至 8528 所列装置或设备的零件
8532	固定、可变或可调（微调）电容器
8533	电阻器（包括变阻器及电位器），但加热电阻器除外
8534	印刷电路
8540	热电子管、冷阴极管或光阴极管（例如，真空管或充气管、汞弧整流管、阴极射线管、电视摄像管）
8541	二极管、晶体管及类似的半导体器件；光敏半导体器件，包括不论是否装在组件内或组装成块的光电池；发光二极管；已装配的压电晶体
8542	集成电路及微电子组件

数据来源：笔者参考我国海关目录与投入产出行业部门对应表整理。

相对而言，韩国电子制造业进口商品结构较为稳定，集成电路及微电子组件始终占据主导地位。2001 年，集成电路及微电子组件占韩国电子制造业进口总额的 53.99%，此外自动数据处理设备占比也相对较高（12.15%）。至 2010 年，上述两类电子产品的进口比重均出现小幅下滑，而有线电话及电报设备占比有所攀升，其比重从 2001 年的 6.13% 提高到 12.57%。2010—2014 年期间，有线电话及电报设备的进口占比进一步增加到 16.39%，仅次于集成电路及微电子组件占比（51.25%），同期自动数据处理设备占比持续下滑，2014 年占比为 8.88%。

中国台湾地区电子制造业进口商品结构变化态势与中国大陆较为类似，但中国台湾地区进口商品结构更为集中。2001 年，集成电路及微电子组件、自动数据处理设备分别占中国台湾地区电子制造业进口总额的 56.62%、19.06%。2010 年，集成电路及微电子组件占比攀升至 70.53%，而自动数据处理设备占比下降了 13.02 个百分点。至 2014 年，中国台湾地区电子制造业进口仍以集成电路及微电子为主，其占比为 67.83%，而有线电话及电报设备进口份额增长为 9.94%，成为中国台湾地区电子产品进口的重要组成部分。

通过上述对东亚地区电子制造业进出口商品结构变化的分析，可以发现中国出口商品以自动数据处理设备、有线电话等终端产品为主，而日本及中国台湾地区出口商品主要为集成电路及半导体器件，韩国处于两者之间，集成电路、有线电话及电报设备等占比均较高。进口商品结构方面，中国大陆、中国台湾地区以及韩国的进口贸易以集成电路及微电子为主，同时有线电话及电报设备在韩国进口贸易中也占有一定份额，但日本进口商品结构与上述三者存在显著区别，其主要以有线电话及电报设备等终端产品为主，其次为集成电路。由此可见，在全球电子制造业生产组织中，日本主要参与价值链两端的活动，如核心零部件的生产及最终产品消费等，而中国大陆承担了大量加工组装环节，韩国及中国台湾地区处于相对中间的位置，主要负责核心零部件的生产等。

三 四大地区间的联系程度演变

上面对东亚地区电子制造业贸易的总体地位变化及商品结构变化进行了分析，这一部分将着重对东亚内部各国家及地区间电子制造业的贸易变化趋势进行分析。

（一）贸易强度变化

根据公式（6.2）计算得到中国大陆、日本、韩国、中国台湾地区电子制造业之间的贸易强度指数，结果如图 6-5 所示。

如图 6-5 所示，中国大陆、日本、韩国及中国台湾地区之间电子制造业贸易强度 TII 值普遍高于 1。其中，韩国与中国大陆及中国台湾地区的贸易强度不断增强。2001 年时，中国大陆及中国台湾地区对韩国出口贸易强度指数分别为 1.45、1.31，至 2014 年贸易强度指数增长到 2.09、2.57。反过来看，韩国对中国台湾地区出口贸易强度指数普遍处于 1.6—2.4 之间，贸易联系密切。韩国对中国大陆出口贸易强度指数从 2001 年的 1.26 增加到 1.88，贸易联系不断强化。

除对中国台湾地区出口贸易强度显著增加外，日本与其他三个国家及地区电子制造业贸易联系强度均有所减弱。2001 年中国大陆、中国台湾地区、韩国对日本出口的贸易强度指数分别为 2.36、2.32、1.77；至 2014 年，上述三个指数分别下降为 1.38、1.61 及 0.93。与此相反地，日本对中国台湾地区出口贸易强度显著增强，其 TII 指数从 2001 年的 1.56 迅速增长至 3.71。

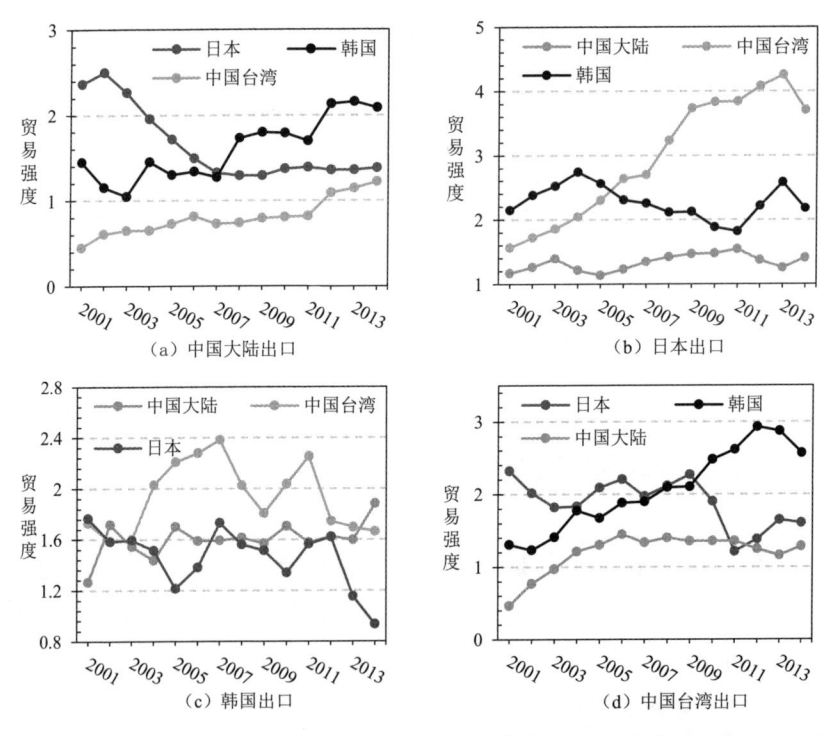

图6-5　2001—2014年中日韩及中国台湾地区之间电子制造业出口贸易强度指数（TII）变化

数据来源：ITC（International Trade Centre）数据库。

同期，中国大陆与中国台湾地区之间贸易强度不断加强。2001年，中国大陆对中国台湾地区出口及进口贸易强度仅分别为0.45、0.46，远远低于预期水平。但之后十几年中，中国大陆及中国台湾地区贸易联系不断加强，至2014年中国大陆对中国台湾地区出口及进口贸易强度指数均超过1，分别增长为1.22、1.28。但相较而言，两者贸易强度仍远远低于东亚其他地区间贸易联系水平。

总体来看，上述几个国家及地区电子制造业之间贸易联系密切，特别是韩国与中国台湾地区之间。相较而言，中国大陆与日本、中国大陆与中国台湾地区电子制造业之间贸易联系略显薄弱（见图6-6）。

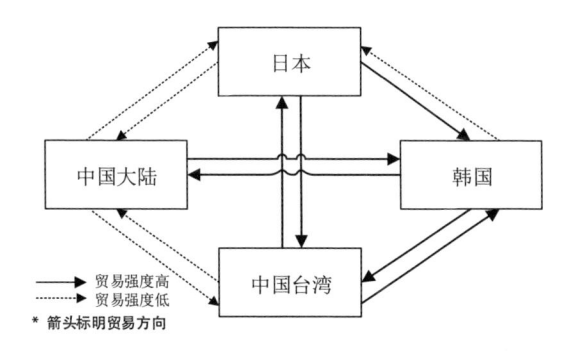

图6-6 中日韩及中国台湾地区电子制造业贸易强度示意图

数据来源：笔者绘制。

（二）贸易互补性变化

根据公式（6.3）计算得到中国大陆、日本、韩国、中国台湾地区相互之间以及它们对世界电子制造业进出口贸易的互补性指数，结果如图6-7所示。

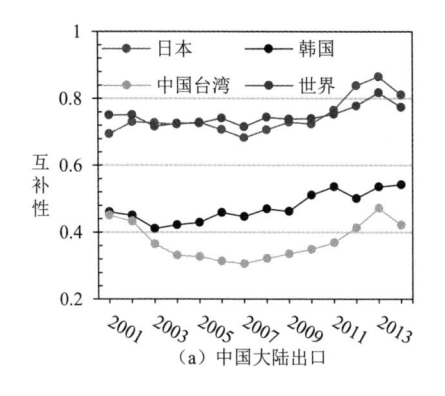

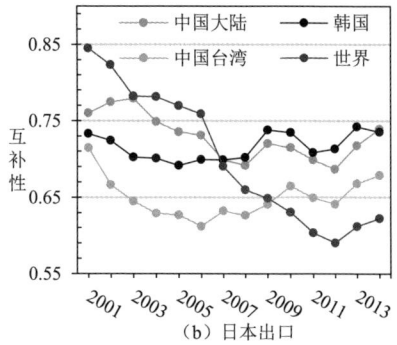

（a）中国大陆出口　　（b）日本出口

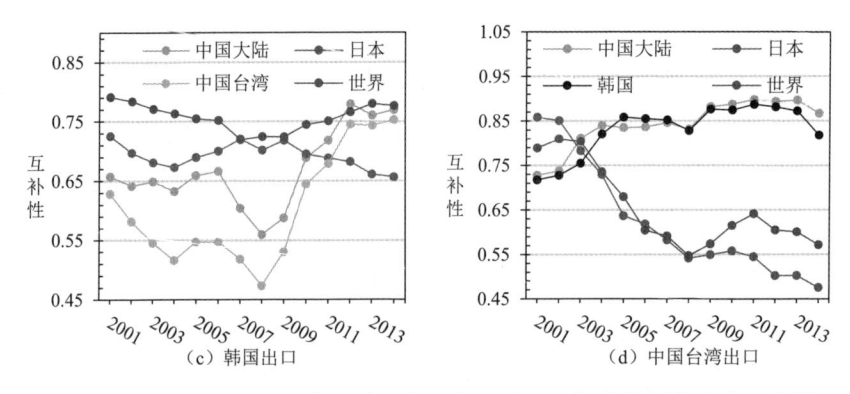

图6-7　2001—2014年中日韩及中国台湾地区之间电子制造业出口贸易
互补性指数（TCI）变化

数据来源：ITC（International Trade Centre）数据库。

2001—2014年期间，中国大陆及韩国电子制造业对世界的出口贸易互补性指数始终高于0.7，两国自动数据处理设备出口水平较高，与电子制造业的世界市场需求结构较为契合。与此同时，两者与日本的贸易互补性较强。2001—2014年，韩国与日本电子制造业双向贸易TCI指数始终保持在0.56—0.75之间，中国大陆与日本双向贸易的TCI指数始终高于0.68，互补性程度较高。2014年，中国大陆对日本出口贸易的TCI指数达到0.81，而反向贸易TCI指数也达到0.74。

同期，日本及中国台湾地区对世界出口贸易的TCI指数从2001年0.85、0.79降低为0.62、0.57，下滑幅度明显。两者均集中于集成电路及微电子组件、半导体器件的生产，最终产品出口比重较少，与以中国大陆为代表的电子制造业生产组装大国的贸易互补性较强。因此，日本、中国台湾地区出口贸易与中国大陆进口贸易的TCI指数均较高。2003年以来，中国台湾地区出口与中国大陆进口的TCI指数始终保持在0.81以上，2014年TCI指数更是高达0.87。而中国台湾地区与日本之间贸易互补性有所差异，其中日本出口与中国台湾地区进口的贸易互补性较强，但反向贸易互补性指数不断下降。2014年，日本出口与中国台湾地区进口贸易互补性指数为0.68，而反向贸易互补性指数低于0.50。此外，国际金融危机爆发以来中国台湾地区与韩国电子制造业贸易互补性水平不断提高。2014年，中国台湾地区出口与韩国进口贸易互补性指数达到

0.82，而反向贸易 TCI 指数也达到 0.75。

中国大陆与其他几个国家及地区的贸易互补性程度不对称，中国大陆出口贸易与韩国及中国台湾地区进口贸易的互补性指数均较低，但日本、韩国及中国台湾地区出口贸易与中国大陆进口贸易的互补性水平较高。中国大陆主要负责电子制造业最终产品的组装生产，该过程需要进口大量集成电路及半导体，该进口结构与日本、韩国及中国台湾地区电子制造业出口商品结构较为吻合。与此同时，中国大陆出口贸易以终端产品为主，除日本对电子最终产品的消费需求水平较高外，韩国及中国台湾地区的需求水平相对较低，因此中国大陆出口与韩国及中国台湾地区进口贸易互补性水平较低，但与日本进口贸易互补性较强。

总体上，中国大陆及韩国电子制造业对世界出口贸易互补性很强，而日本及中国台湾地区对世界出口贸易互补性不断降低。东亚地区内部，日本与韩国及中国大陆之间、韩国与中国台湾地区之间双向贸易互补性均较强；中国大陆与韩国及中国台湾地区贸易互补性水平不对称，其中韩国、中国台湾地区出口与中国大陆进口贸易互补性均较强，但前两者进口与中国大陆出口贸易互补性较弱；类似地，日本出口与中国台湾地区进口贸易互补性相对较强，但反向贸易互补性不断降低（见图6-8）。

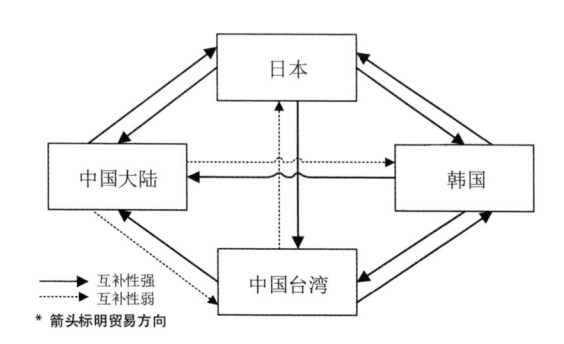

图6-8　中日韩及中国台湾地区电子制造业贸易互补性示意图

数据来源：笔者绘制。

贸易强度指数主要反映当前地区间贸易联系情况，而贸易互补性指数主要揭示地区间贸易发展潜力。通过将图 6-6 及图 6-8 对比分析，可以发现尽管当前东亚地区电子制造业贸易联系水平较高，但未来发展潜力仍较大。特别是中国大陆与日本、中国大陆与中国台湾地区之间的电子制造业贸易发展空间有待发掘。目前，相较于中国大陆，日本更倾向于从中国台湾地区进口电子产品。

第三节 2010 年东亚地区电子制造业空间组织对区域发展的影响

一 各地区电子制造业进出口的贸易量与商品结构格局

当前东亚地区电子制造业进出口贸易主要集中在中国大陆沿海部分（主要为东部沿海地区及南部沿海地区）、中国台湾地区、日本及韩国。东亚不同地区出口商品结构差异相对较大，但进口商品结构相对较为一致，主要以集成电路及微电子组件为主。（见图 6-9）

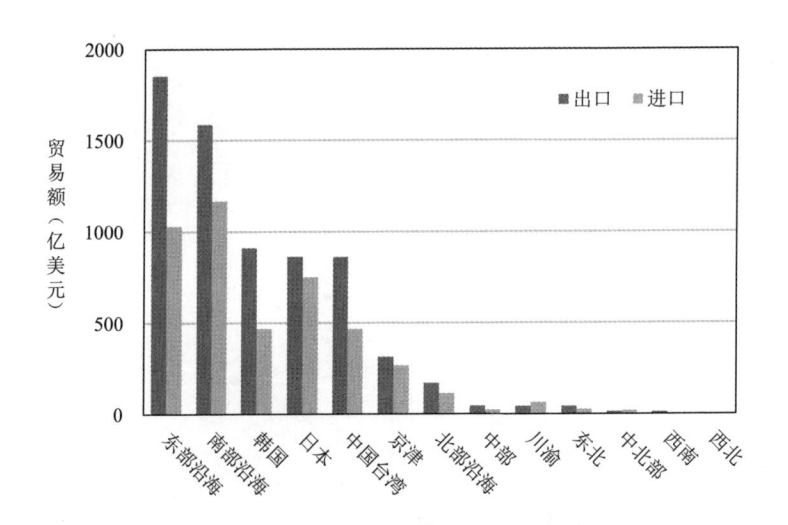

图6-9 2010年中日韩及中国台湾地区电子制造业进出口贸易额

数据来源：ITC（International Trade Centre）数据库及中国海关信息网。

（一）出口贸易量与商品结构

图 6-9（a）为 2010 年中国大陆十大地区及中国台湾地区、韩国、日本电子制造业出口贸易格局。在上述地区中，东部沿海地区贸易额

位居首位，贸易额达到 1853.01 亿美元；南部沿海地区次之，贸易额达到 1585.30 亿美元；而韩国、日本及中国台湾地区出口贸易额分别为909.68 亿、861.98 亿、860.06 亿美元。而中国其他八大地区出口贸易总额合计为 646.88 亿美元，出口规模相对较小。

出口商品结构方面，日本、韩国、中国台湾地区、西北地区、川渝地区以集成电路及微电子组件为主（见图 6-10）。该类商品在上述五个地区出口贸易额的占比分别达到 40.06%、41.67%、58.19%、50.16%及 48.38%。此外，日本、中国台湾地区及川渝地区出口商品结构中半导体器件分别占比 14.44%、12.26%、12.70%。同时，有线电话及电报设备在韩国及中国台湾地区出口商品结构中也占有较高比重，而日本还出口大量的无线电设备。

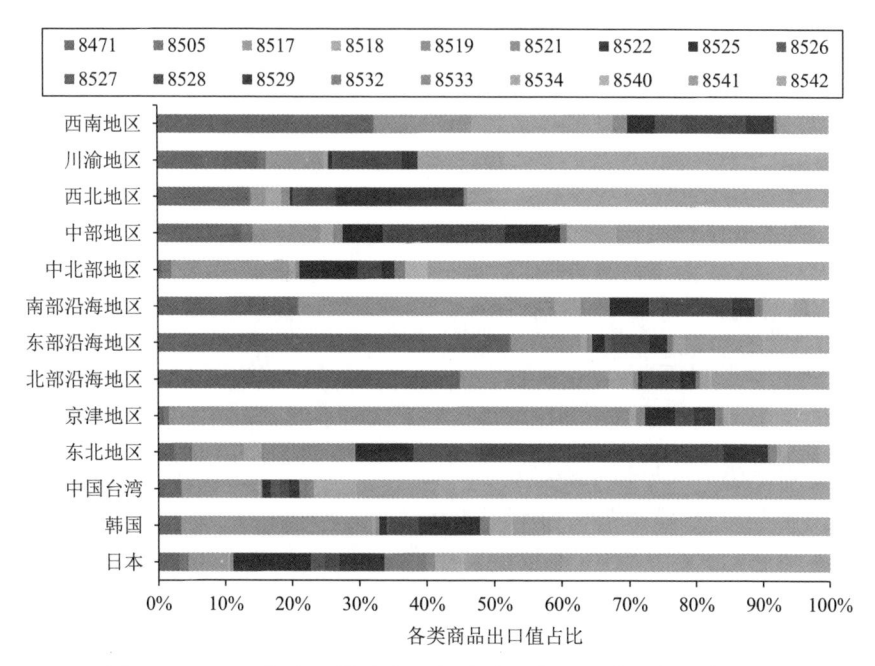

图6-10　2010年中日韩及中国台湾地区电子制造业出口商品结构

数据来源：ITC（International Trade Centre）数据库及中国海关信息网。

此外，东部沿海地区、北部沿海地区以及京津地区出口商品结构较为集中。其中，东部沿海地区及北部沿海地区出口商品以自动数据处理设备为主，其比重分别达到 52.08%、44.77%。同时，半导体器件、集成电路及微电子组件在东部沿海地区出口中也占有重要地位，两者份额分别为11.25%、10.30%。而北部沿海地区出口商品中，有线电话及电报设备、半导体器件比重分别达到21.96%、17.25%。京津地区出口商品结构更趋单一，2010年仅有线电话及电报设备占京津地区电子制造业出口额的68.45%。

相较于上述几个地区，其他地区电子制造业出口商品结构相对多元。其中，南部沿海地区出口商品中，有线电话及电报设备、自动数据处理设备及电视接收机（8528）占比分别为37.91%、20.75%、10.44%。东北地区主要出口电视接收机及其他视频设备（8521），两者约占东北地区电子制造业出口的一半。中部地区主要出口半导体器件、电视接收机、自动数据处理设备以及有线电话及电报设备等，上述商品所占比重依次为29.82%、17.43%、12.52%、10.04%。中北部地区出口商品中，半导体器件、集成电路及微电子组件、有线电话及电报设备分别占34.53%、25.25%、17.65%。而西南地区出口商品主要包括自动数据处理设备、扬声设备（8518）及有线电话及电报设备，三者共占西南地区电子制造业出口额的2/3以上。

（二）进口贸易量与商品结构

图6-9（b）反映了2010年中国大陆十大地区及中国台湾地区、日本、韩国电子制造业进口贸易格局。根据该图，2010年中国南部沿海地区进口贸易规模最大，其进口额达到1167.34亿美元，东部沿海地区次之，进口额为1030.14亿美元。日本、韩国及中国台湾地区电子制造业进口贸易额分别为749.12亿、469.11亿、467.26亿美元，中国其他几个地区进口总额为519.04亿美元。

与出口商品结构比较而言，中国大陆十个地区、中国台湾地区及日本、韩国的进口商品结构更趋一致，以集成电路及微电子组件进口为主（见图6-11）。其中，该类商品在西北地区、中北部地区、川渝地区及中国台湾地区进口贸易中所占份额分别达到87.01%、81.38%、75.42%、70.53%。同时，在东部沿海地区、北部沿海地区、南部沿海地区、中部地区及韩国进口贸易中，集成电路及微电子组件占比均过半。而京津地区、西南地区、东北地区及日本进口贸易中集成电路及微电子组件所占份额相对较小，尤其是日本。

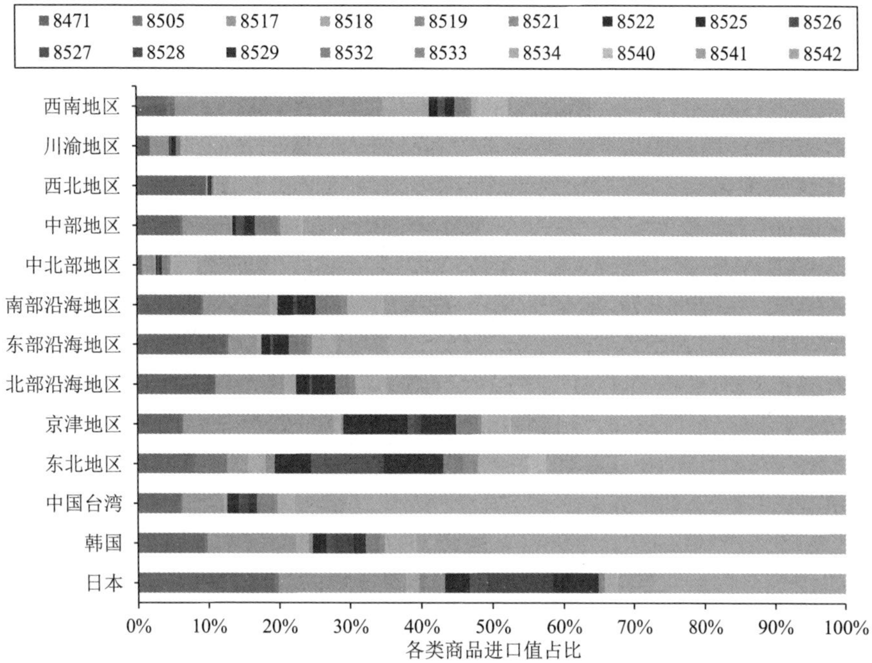

图6-11　2010年中日韩及中国台湾地区电子制造业进口商品结构

数据来源：ITC（International Trade Centre）数据库及中国海关信息网。

除集成电路及微电子组件外，半导体器件、有线电话及电报设备、自动数据处理设备等在部分地区电子制造业进口贸易中也占有较高份额。其中，半导体器件在中部地区进口贸易中占比达到24.87%，同时在西南地区、中北部地区及东北地区的比重也均超过10%。有线电话及电报设备在西南地区、京津地区、日本及韩国进口贸易的占比分别达到29.13%、21.28%、17.96%、12.57%。此外，日本、东部沿海地区、北部沿海地区进口贸易中，自动数据处理设备的占比分别为19.31%、12.54%、10.94%。特别地，川渝地区还进口较大规模的印刷电路（8534），2010年印刷电路占川渝地区电子制造业进口额的15.77%。

二 地区间电子制造业的前后向联系格局

根据公式（6.4）—公式（6.7）计算得到东亚各区域的完全前后向联系指数及相对完全前后向联系指数，结果分别如图6-12及图6-13所示。总体来看，日本、韩国及中国台湾地区、东部沿海地区、南部沿海地区电子制造业联系较为紧密。其中，我国南部沿海地区及东部沿海地区对日本、韩国及中国台湾地区电子制造业增加值的拉动作用明显；而日本、韩国及中国台湾地区对我国南部沿海地区及东部沿海地区电子制造业推动作用较强。由此可见，我国大陆电子制造业发展对日本、韩国及中国台湾地区依赖性较强，中间大量投入都来源于这些地区。

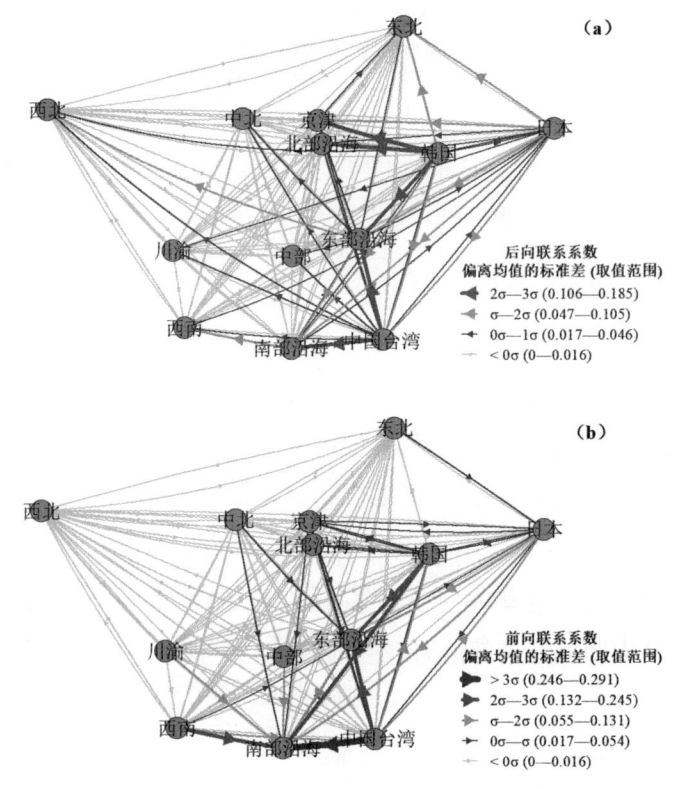

图6-12 2010年东亚各区域间电子制造业完全前后向联系指数

数据来源：笔者计算整理。

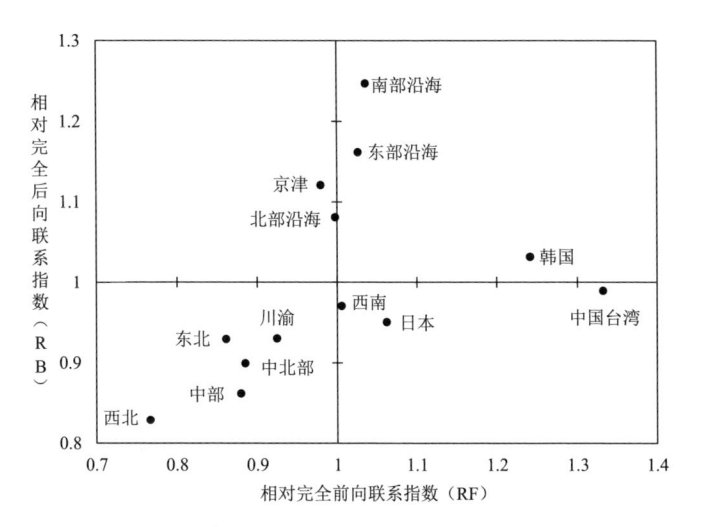

图6-13　2010年东亚各区域电子制造业的相对前后向联系指数
数据来源：笔者计算整理。

如图6-12（a）及图6-13可知，中国南部沿海地区、东部沿海地区、京津地区、北部沿海地区电子制造业的后向拉动能力最为突出，此外韩国的拉动能力也较强。2010年，我国南部沿海地区、东部沿海地区、京津地区及北部沿海地区电子制造业的相对完全后向联系指数RB依次为1.25、1.16、1.12、1.08，其中前三者的拉动能力明显高出东亚地区平均水平，此外韩国的RB指数为1.03，略高出平均水平。从拉动联系方向来看，中国南部沿海及东部沿海地区对韩国、中国台湾地区电子制造业的拉动作用最强，而京津地区、北部沿海地区与韩国联系更为紧密。2010年，中国南部沿海地区对中国台湾地区、韩国的完全后向联系指数分别为0.130、0.103，东部沿海地区相应的完全后向联系指数分别为0.108、0.114；京津地区及北部沿海地区对韩国的完全后向联系指数分别为0.185、0.123。相较而言，韩国的拉动能力主要是对本国的拉动，其对自身的完全后向联系指数达到1.316；除本国外，韩国对中国台湾地区、日本及中国大陆东部沿海地区的拉动能力相对较强，完全后向联系指数均高于0.030。此外，中国大陆地区，西南地区对南部沿海地区的后向联系水平较高，F指数为0.097。

前向推动作用方面，由图6-12（b）及图6-13可知，中国台湾地区及韩国对东亚地区电子制造业推动能力最强，其次为日本、南部沿海地区及东部沿海地区。其中，中国台湾地区及韩国的相对完全前向联系指数 RF 分别达到 1.33、1.24，远远高出平均水平；而日本、南部沿海地区及东部沿海地区的 RF 指数分别为 1.06、1.04 及 1.03，此外西南地区及北部沿海地区的 RF 指数也略高于 1。从联系方向来看，中国台湾地区、韩国及日本对中国大陆南部沿海地区及东部沿海地区电子制造业的前向推动能力突出，三者对南部沿海地区的完全前向联系指数分别为 0.291、0.143、0.079，对东部沿海地区的完全前向联系指数分别为 0.239、0.157、0.078。而南部沿海地区及东部沿海地区主要对本地区的前向推动作用较强，相应完全前向联系指数分别为 1.393、1.322；与外部地区联系中，南部沿海地区主要对东部沿海地区前向推动作用较强，而东部沿海地区与南部沿海地区、日本、韩国及中国台湾地区的前向联系紧密，完全前向联系指数均在 0.023 以上。此外，与后向联系类似，西南地区对南部沿海地区的前向推动作用显著，前向联系达到 0.131。

三　地区内电子制造业增加值创造及流动格局

（一）增加值系数

根据公式（6.9）可以计算得到东亚各区域电子制造业的增加值系数，结果如表 6-3 及图 6-14 所示。总体而言，日本、韩国及中国台湾地区的增加值系数要高于中国大陆的加权平均值；从增加值构成上看，中国大陆的生产税净额占比较高，而劳动者报酬及固定资产折旧占比相对较低。

2010 年，中国台湾地区、日本及韩国电子制造业的增加值系数分别为 0.298、0.247、0.256，而中国大陆增加值系数的加权平均值仅为 0.197，与前面三个国家及地区差距较大。在中国大陆，中部地区、中北部地区、川渝地区、西北地区、东北地区、西南地区的增加值系数均大于 0.250，远远超过京津地区、北部沿海地区、东部沿海地区及南部沿海地区。其中，中部地区电子制造业增加值系数更是高达 0.318，远远超出日本、韩国及中国台湾地区。但从增加值系数构成来看，该地区的增加值很大程度来源于营业盈余，而固定资产折旧系数较小，仅为 0.029。同时，中国大陆多数地区生产税净额系数普遍较高，其中西南地区及中北部地区分别高达0.059、0.052,税负水平较高。反观日本、韩国及中国台湾地区,其固定资产折旧增加值系数分别达到0.050、0.106、0.112,而生产税净额系数仅为0.015、0.008、0.002。此外,日本及中国台湾地区的劳动者报酬增加值系数分别为0.145、0.107,远远高出中国大陆劳动者报酬的加权平均系数0.085。

由此可见,中国大陆电子制造业增加值系数普遍较低,其中增加值系数偏高地区主要依赖税收营业盈余。反之,日本、韩国及中国台湾地区电子制造业增加值系数较高,这主要依赖其资本大量投入以及较高的劳动报酬。

表6-3　　　　2010年中国11区域及日韩电子制造业增加值系数

地区	增加值系数	地区	增加值系数
东北地区	0.275	西北地区	0.279
京津地区	0.152	川渝地区	0.282
北部沿海地区	0.158	西南地区	0.259
东部沿海地区	0.175	日本	0.247
南部沿海地区	0.204	韩国	0.256
中北部地区	0.284	中国台湾	0.298
中部地区	0.318	中国加权平均值（不计台湾）	0.197

数据来源：笔者计算整理。

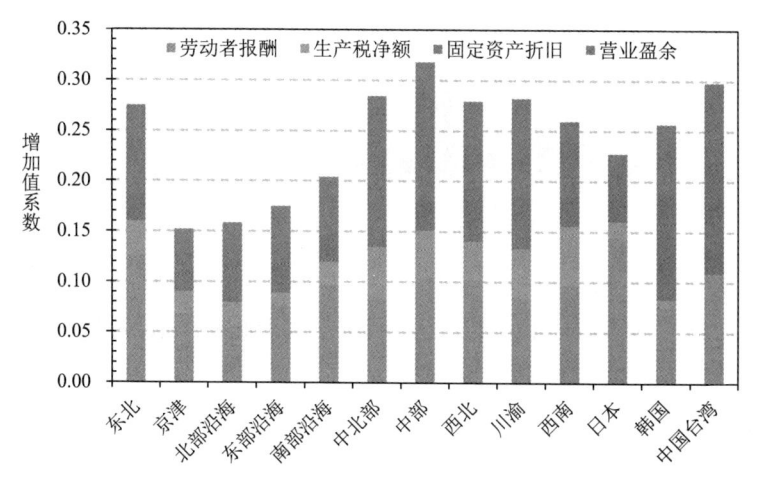

图6-14　2010年东亚各区域电子制造业增加值系数构成

数据来源：笔者计算整理。

(二) 出口及地区内消费拉动增加值对比分析

根据公式 (6.8) 可以计算得到各地区出口及地区内消费拉动形成的增加值总额及流向分布。总体而言，东亚地区电子制造业增加值很大一部分来源于对其他地区的出口贸易，地区消费拉动形成增加值规模相对较小，因此东亚地区电子制造业的生产除满足自身消费外，更主要是服务于全球市场。

2010 年，东亚地区电子制造业出口拉动形成增加值总额为 2004.32 亿美元，而消费拉动形成增加值为 1402.05 亿美元，仅为出口拉动值的 69.95%。从具体区域来看，日本、韩国以及中国台湾地区、东部沿海地区、南部沿海地区电子制造业对出口拉动的依赖性较强（见图 6-15）。其中，南部沿海地区由出口拉动形成的增加值约占该地区电子制造业增加值总额的近 3/4，由此可见该地区是全球电子制造业重要的出口加工基地。相较而言，中国内陆地区电子制造业外向型不明显，其发展更多是依赖消费。如中部地区及川渝地区等，消费拉动增加值普遍占地区电子制造业增加值的 1/2—3/4。

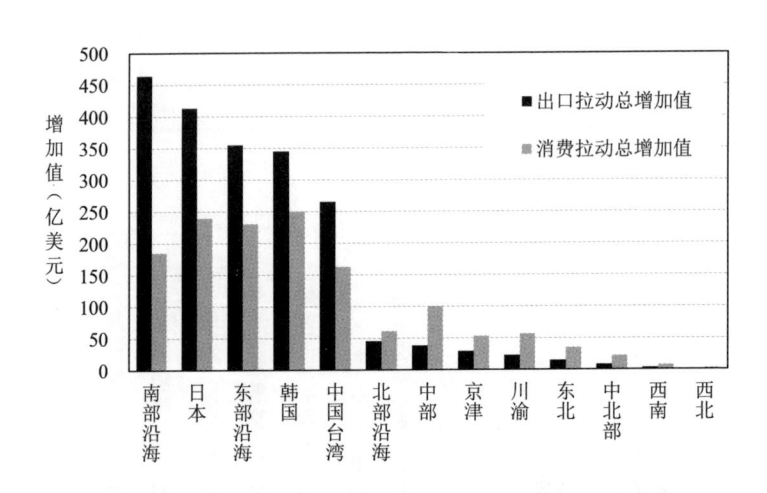

图 6-15　2010 年东亚各地区电子制造业增加值构成

数据来源：笔者计算整理。

从增加值流向及分布来看，中国大陆多数地区拉动东亚地区形成增加值要远远高出地区自身获取增加值，而韩国及中国台湾地区明显相反，因此中国大陆多数地区为增加值净流出地，而日本、韩国及中国台湾地区为增加值净流入地，这种现象在出口拉动形成增加值分布上更加明显。（见图6-16）

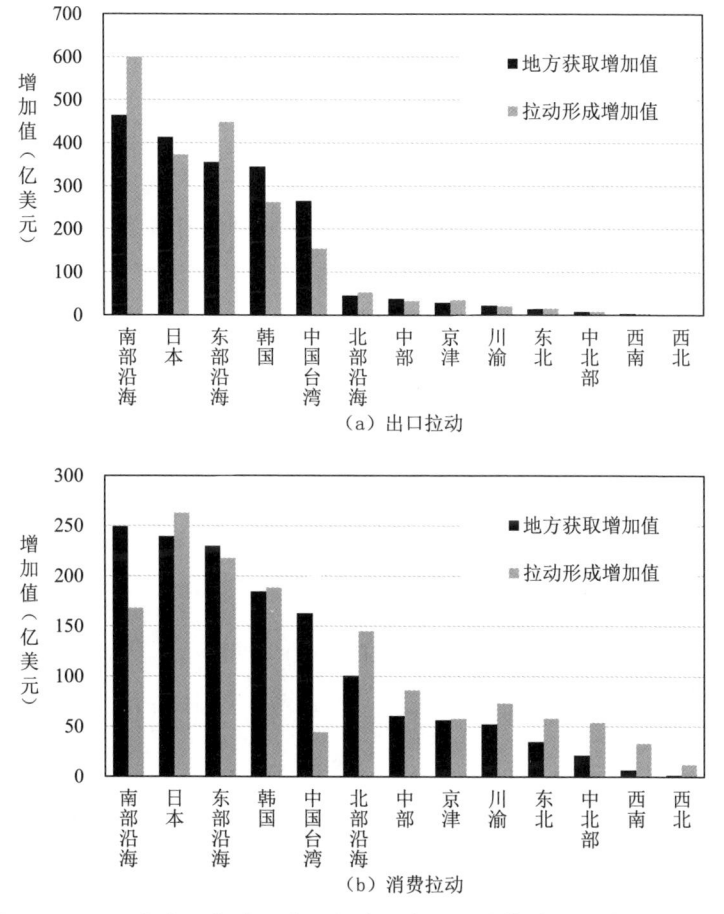

图6-16 2010年东亚各地区电子制造业出口及消费对外拉动及获取增加值

数据来源：笔者计算整理。

如图6-16（a）及图6-17所示，中国南部沿海地区及东部沿海地区电子制造业出口拉动东亚地区形成增加值最高，但其主要流向中国台湾地区及韩国、日本，前两者成为东亚地区最大的增加值流出地，而后面三个国家及地区则成为主要受益者。2010年，南部沿海地区及东部沿海地区电子制造业增加值净流出额分别为135.36亿美元、93.42

亿美元。其中，南部沿海地区电子制造业出口对东亚地区拉动形成增加值达到 599.63 亿美元，除去地区本身获取增加值 445.28 亿美元，此外分别拉动中国台湾地区、韩国、日本及东部沿海地区形成增加值 60.59 亿美元、41.25 亿美元、26.00 亿美元及 14.84 亿美元，而流入南部沿海地区的增加值仅 18.99 亿美元。东部沿海地区电子制造业出口拉动东亚地区形成增加值总计 448.60 亿美元，除地区本身形成增加值 326.28 亿美元外，还带动中国台湾地区、韩国及日本形成增加值 45.57 亿美元、41.36 亿美元、23.44 亿美元，而流入该地区的增加值仅 28.90 亿美元。相较而言，中国台湾地区、韩国及日本电子制造业增加值分别净流入 110.93 亿美元、83.25 亿美元、40.84 亿美元，其中绝大部分都来自南部沿海地区及东部沿海地区。

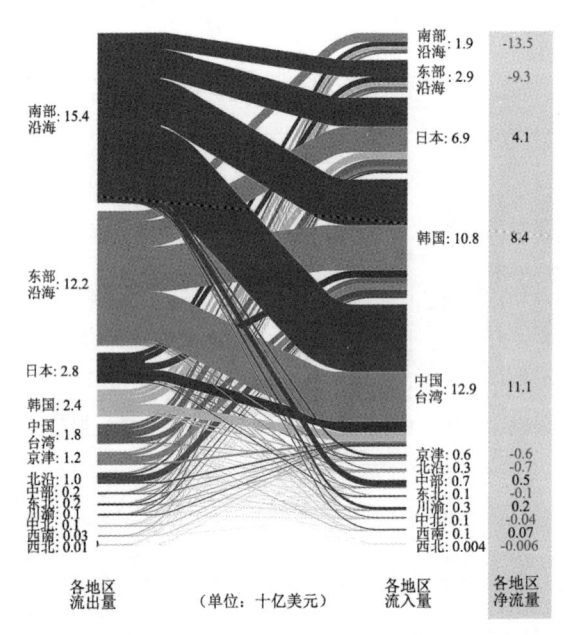

图6-17　2010年东亚各地区电子制造业出口拉动形成增加值流向

数据来源：笔者计算整理。

此外，中国大陆的北部沿海地区、京津地区、东北地区及西北地区也是电子制造业增加值的净流出地，净流出额分别为 7.47 亿美元、6.17 亿美元、0.43 亿美元及 0.02 亿美元；而中部地区、川渝地区、西南地区及中北部地区为增加值净流入地，流入额分别为 5.23 亿美元、

1.55亿美元、0.64亿美元、0.43亿美元。

而在消费拉动增加值分配格局方面,日本及中国东部沿海地区、南部沿海地区、韩国以及中部地区的消费拉动东亚地区形成增加值的规模较大,其中很大部分增加值流向中国台湾地区、韩国及东部沿海地区,因此后三者成为东亚地区电子制造业产品消费的主要受益地区,具体参见图6-16(b)及图6-18所示。

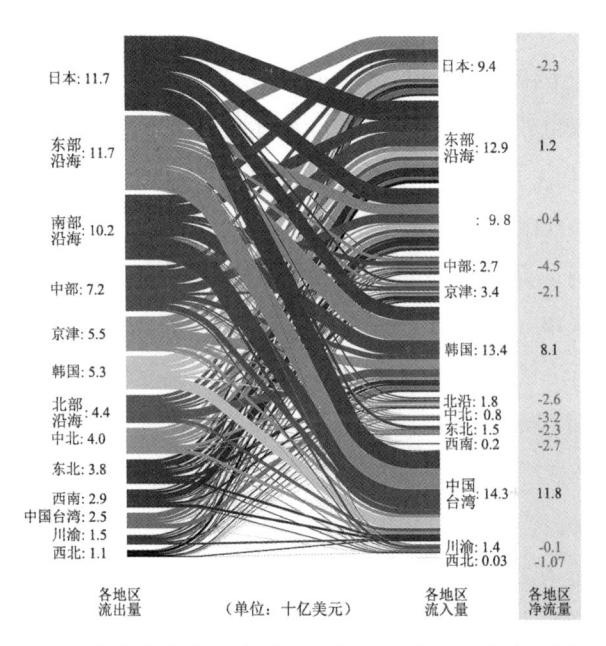

图6-18 2010年东亚各地区电子制造业地区消费拉动形成增加值流向

数据来源:笔者计算整理。

2010年,中国台湾地区、韩国及东部沿海地区电子制造业消费拉动增加值净流入额分别为118.24亿美元、81.47亿美元、12.07亿美元。其中,各地区消费拉动中国台湾地区形成增加值162.75亿美元,除本地区消费拉动形成增加值19.79亿美元外,更多增加值来源于东部沿海地区、南部沿海地区、日本及韩国的消费,四者分别拉动中国台湾地区形成增加值33.32亿美元、29.98亿美元、28.14亿美元、16.97亿美元。韩国地区由于各地区消费拉动形成增加值249.52亿美元,其中绝大部分来源于本国消费,该部分增加值达到115.35亿美元,此外东部沿海地区、南部沿海地区及日本消费对韩国拉动形成增加值也较大。

而东部沿海地区受东亚各地区消费拉动形成的增加值为230.02亿美元，其中100.62亿美元来自于本地区消费，此外由日本、中部地区及南部沿海地区消费拉动形成的增加值较高，分别有30.99亿美元、22.57亿美元、17.96亿美元。

相较而言，中国大陆除东部沿海以外的其他地区以及日本均为电子制造业消费拉动增加值的净流出地。其中，中部地区增加值净流出额最高，达到44.37亿美元；西南地区、北部沿海地区、东北地区、日本以及京津地区的增加值净流出额均在20.68亿—32.57亿美元之间，此外西北地区也较高，增加值净流出额为10.37亿美元。而南部沿海地区及川渝地区电子制造业消费拉动增加值流入及流出基本持平，净流出额仅为3.76亿美元、1.10亿美元。

将电子制造业出口及消费拉动形成增加值的流动格局进行对比发现，东亚地区电子制造业出口拉动增加值的流动情况更为集中，而消费拉动增加值流动更为均匀分散（见图6-19）。出口拉动方面，东部沿海地区及南部沿海地区拉动形成增加值占东亚地区出口拉动增加值总额的41.2%及32.7%，而中国台湾地区及韩国获取增加值占比分别达到34.4%、28.8%，空间分布较为集中（见图6-16）。而消费拉动方面，尽管增加值净流入地区只有中国台湾地区、韩国及东部沿海地区，但是增加值拉动形成地区较为分散。

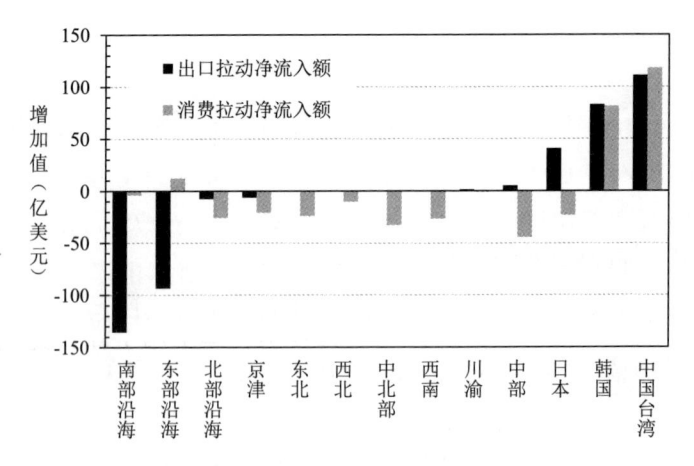

图6-19　2010年东亚各地区电子制造业出口及消费拉动形成增加值的净流入情况
数据来源：笔者计算整理。

第四节 小结

本章首先借助常用贸易衡量指标，对东亚地区电子制造业相对地位变化及进出口贸易商品结构演进特点进行了介绍，并着重分析了东亚内部不同国家及地区间的贸易联系特点及发展空间。其次，基于上一章编制的东亚地区间投入产出表，对东亚内部不同国家及地区间电子制造业的前后向联系进行了分析，以揭示当前东亚地区电子制造业的空间组织模式。最后，通过对地区间增加值贸易进行核算，本章进一步揭示了当前空间组织模式对不同地区电子制造业发展的影响。本章主要结果如下：

（1）2001—2014年期间，东亚地区电子制造业贸易迅速发展，除日本外，进出口商品结构均呈现集中化趋势。中国大陆及中国台湾地区的出口贸易发展较快，而日本的进口贸易地位更加凸显。在出口商品结构方面，中国大陆主要以自动数据处理设备出口及有线电话及电报设备为主，而日本、韩国及中国台湾地区出口商品结构逐步由集成电路及微电子组件主导。在进口商品结构方面，中国大陆地区及中国台湾地区、韩国的电子制造业进口商品结构日趋集中化，集成电路及微电子组件占据绝对主导地位，而日本电子制造业进口商品结构趋向多元化，终端产品进口比重不断增加。

（2）2001—2014年期间，东亚内部中国大陆、中国台湾、日本、韩国这四个国家/地区电子制造业的进出口贸易联系呈现出差异化的格局与态势。从贸易联系强度来看，韩国与中国台湾地区之间的贸易联系比较密切，而中国大陆与日本及中国台湾地区之间的贸易联系则较为薄弱。从贸易互补程度来看，日本与韩国及中国大陆之间、韩国与中国台湾地区之间的双向贸易互补性均较强，而中国大陆与韩国及中国台湾地区之间、日本与中国台湾地区之间的贸易互补性水平不对称，中国大陆进口与韩国、中国台湾地区两地出口之间、中国台湾地区进口与日本出口之间的贸易互补性较强。

（3）在东亚电子制造业空间组织中，日本主要负责核心零部件的生产，同时对最终产品消费较多，中国承担了大量加工组装环节，韩国及中国台湾地区处于相对中间的位置，主要负责核心零部件的生产等。2010年，东亚各地区电子制造业的进口商品结构较为一致，以集成电路及微电子组件为主。出口方面，日本，韩国，中国台湾地区、西北地区、川渝地区以集成电路及微电子组件为主，东部沿海地区、北部沿海地区以自动数据处理设备为主，京津地区以有线电话及电报设备为主，其他地区的出口商品结构则较为多元。

（4）当前东亚地区电子制造业空间组织中，中国电子制造业对日本、韩国及中国台湾地区中间投入依赖程度较强，后三者受益水平最高，为增加值净流入地。从产业前后向联系来看，日本、韩国及中国台湾地区、东部沿海地区、南部沿海地区电子制造业联系较为紧密。其中，中国大陆南部沿海地区及东部沿海地区对日本、韩国及中国台湾地区电子制造业增加值的拉动作用明显；而日本、韩国及中国台湾地区对中国南部沿海地区及东部沿海地区电子制造业推动作用较强。由此可见，中国大陆电子制造业发展对日本、韩国及中国台湾地区依赖性较强，中间大量投入都来源于这些地区。从最终的增加值分配格局来看，中国台湾地区、韩国及日本受益最大，是增加值贸易的净流入地；而中国南部沿海、东部沿海地区则是主要的增加值贸易净流出地。

第七章
中国电子制造业的省域空间组织与格局

20世纪60年代以来,电子制造业的全球空间布局不断得到调整,电子制造业迅速"东移",东亚地区成为电子制造业生产网络的核心参与者之一。与此同时,随着市场化改制及推进,中国电子制造业的发展日益得到国家的重视,并出台了大量政策措施推进该产业发展。在内外因素共同作用下,中国的电子制造业得到迅速发展,并成为全球电子制造业生产网络,特别是东亚地区电子制造业生产网络的重要节点。

本章着重刻画中国电子制造业发展的时空演变过程、当前省域空间联系特点,及对区域发展的影响。具体地,本章首先厘清了中国相关产业政策及空间政策的几次重大调整,并对电子制造业发展不同发展阶段进行介绍;其次,结合几个地理学指标,重点揭示了中国电子制造业空间格局的演变特点;最后,在中国2010年30省区市的区域间投入产出表及投入产出模型的基础上,重点分析了中国电子制造业当前的省域空间联系,增加值的分布格局,以及这对不同地区发展的影响。

第一节 中国电子制造业的发展历程

自新中国成立以来,随着国情变化,中国电子产业政策也在不断变化与调整,对产业的发展进程及空间格局都带来了重大影响。本研究梳理了新中国成立以来不同时期的电子产业政策,并据此将中国电子制造业的发展大致划分为四个阶段。

一 新中国成立初期：初创及奠基发展阶段

新中国成立伊始，长期的战争将中国的生产基础破坏殆尽，中国工业面临艰巨的重建任务。由于战争环境的影响，军工电子备受重视，成为中国电子工业初创发展阶段的建设重点（桂雁鸿，2005）。为统一管理新中国成立前遗留下来的电信企业，1950年5月，经中国人民革命军事委员会通信部申请，重工业部内设立了专门机构——电信工业局。抗美援朝期间，为保证对志愿军通信器材的供应，相关技术人员对旧有物资进行改装修理，并自行制造紧缺元器件。这推动了中国元器件工业的起步发展，中国的电子制造业开始进入工业生产阶段。

在中国第一个五年建设计划（简称"一五"）制订时，中国与西方资本主义国家正处于僵持对峙中，国际安全形势十分严峻。在这种背景下，国防工业建设在当时中国社会经济建设中占据战略性地位。1953年，电子工业划归国防工业，同时将电信工业局改名为"第二机械工业部（国防工业部）第十局"。为适应发展国防工业的需求，"一五"计划中电子工业发展的主要任务是建设无线电基础工业和缺门工业，并优先建设电子管厂以及无线电器材工厂。该时期，国家对电子工业投资额达5.55亿元，并设有11个重点建设项目，包括9个苏联援建项目（3个雷达厂，1个元件厂，1个电子管厂，1个自动电话交换机厂，1个高炮指挥仪厂，1个无线电复杂通信机厂以及1个探照灯厂，其中探照灯厂之后被撤销另建电子束管厂），1个德国援建的无线电元件联合厂，以及1个由苏联提供技术指导建设的无线电广播发射机厂（桂雁鸿，2005）。此外，1956年，国家共安排投资7337万元用于加快推进电子工业沿海地区老企业的技术改造，约占"一五"时期电子工业基本建设投资总额的13.2%。

1956年，为缩小中国与西方发达国家的科技差距，中央政府制定了中国第一个中长期科学技术发展规划——《1956—1967年科学技术发展远景规划》（简称"12年科技规划"）。该规划明确提出了十二个科研重点，其中，无线电电子学新技术（包括超高频技术、半导体技术、电子计算机、电子仪器和遥控)、生产过程自动化和精密仪器等均在列。其主要服务于国防科技建设,对于新中国国防工业的发展具有重要意义。此外,同年9月,周恩来在中国共产党第八次代表大会上做了《关于发展国民经济的第二个五年计划的建议的报告》,其明确指出积极推进无线电工业在内的落后工业部门的建设。

20世纪60年代初,电子工业的发展已初具规模。为加速促进电子工业发展,以及更好地服务于国防建设及国民经济发展,1963年国务院决定组建设立第四机械工业部,主要负责电子工业发展。这标志着电子工业正式成为中国国民经济中一个独立的工业部门。同年,该部门提交《现代无线电电子工业的作用和中国无线电电子工业发展建设问题的报告》,其中提出了电子工业应为四个现代化服务的方针,明确了该时期电子工业的发展方向。但此后,由于"文化大革命"的影响,中国电子工业发展陷入停滞状态。

总体而言,由于长期战争环境及当时国际紧张态势的影响,新中国成立初期的中国电子工业发展与国防工业建设密不可分。这一时期中,尽管中国的民用电子工业也得到一定发展,但是军工电子,尤其是无线电工业的发展,仍主导了电子产业的总体发展趋势。此外,该时期电子工业的发展高度依赖外来技术及元器件的进口,特别是来自苏联的帮助。

二 改革开放至90年代初期:探索发展阶段

1979年4月,中共中央政治局召开中央工作会议,制定"调整、改革、整顿、提高"的八字方针,开始全面整顿中国的经济发展。其后,根据这一方针,中国电子工业开始了一系列的改革工作(娄勤俭,2003)。特别是1984年十二届三中全会之后,中国向市场经济的转型速度进一步加快,作为试点行业的电子工业,提出了"打基础、上水平、抓质量、求效益、翻三番、超十年"的总目标,进一步地推动了中国电子工业的规模增长、结构优化和技术提升。这一时期的主要政策如表7-1所示:

表 7-1　　　　中国电子制造业探索发展阶段的相关产业政策

年份	相关产业政策
1980	《国务院关于推动经济联合的暂行规定》
1984	《国务院关于进一步扩大国营工业企业自主权的暂行规定》
1985	《电子工业经济管理体制改革设想》
1986	《关于进一步推动横向经济联合若干问题的暂行规定》

数据来源：笔者计算整理。

随着国家宏观政策的调整，中国电子制造业进入了一个全新的探索发展阶段，主要呈现出"生产由军品转民品"、调整产品结构比例、产业布局重构、探索发展加工贸易等主要特征。

（1）调整军民产品结构，大力推动民用电子产品的发展。1980年，国家决定由国务院机械工业委员会对第四机械工业部进行管理。这种转为民口的管理体制，畅通了民用电子产品的投资渠道，大大促进了民用电子产品的发展。在新建民用电子产品生产企业的同时，推动军工企业的民品生产化转型。到80年代末，民用电子产品产值占总产值的比例达到97%以上。

（2）调整消费类、投资类和基础类电子产品的生产比例。根据市场导向，以生产消费类电子产品为主，辐射带动元器件等基础类产品的生产。"七五"期间，消费类电子产品产值的年平均增速为19.65%。中国彩电业基本实现了一条龙的设计、生产、制造和销售。研制出500万次大型计算机、平板汉字激光照排机、小型汉字情报检索系统等，独立设计制造的年产50万只显像管生产线投产使用。至1990年，消费类电子产品产值达到352.88亿元，占电子行业总产值的52.4%，消费类电子产品占全部电子产品出口总额的68%。

（3）调整电子工业布局，推进经济体联合，组建企业集团。将"三线"建设时期建成的位于深山的64个部属企业全部搬迁至城市。在沿海地区的重点城市，重点推进企业联合，并鼓励建立一大批电子工业企业。如：1980年成立了电子工业行业的第一个联合公司——南京无线电公司。1986年，国务院发布《关于进一步推动横向经济联合若干问题的暂行规定》，电子工业部制定"发展规模经济、进行基地建设"的决策,将北京、上海、江苏、广东和川陕贵甘等作为重点区域,进行电子工业基地建设。与此同时,推进组建了若干跨地区、跨行业、跨部门、跨所有制、以资产为纽带的企业集团。在电子工业部推进的录像机专项工程中,组建了华录股份集团,具有每年150万台录像机芯的生产能力。

(4)探索发展加工贸易,积极出口创汇。在毗邻中国香港的珠三角地区,探索发展市场经济下的电子产业发展模式,逐步形成以外商提供原料、技术和设备的"三来一补"贸易模式。至1986年,广东电子行业以加工费抵偿的形式共引进9万多套设备。至1989年,"三来一补"的装配出口创汇为10.692亿美元,占当年电子行业出口创汇总额的38.78%。

经过以上调整,中国电子工业的生产规模大幅增长,产品结构明显优化,制造技术稳步提升,加工贸易迅速发展。至90年代初,中国已经可以独立生产20多类的数千种整机设备和各种元器件。

三 20世纪90年代初期至2008年:快速发展阶段

1992年初,邓小平视察南方并发表重要讲话,肯定了中国改革开放所取得的初步成就,并为中国特色社会主义市场经济发展道路的选择奠定了思想基础。同年10月,中共第十四次全国代表大会召开,明确提出将电子工业作为国民经济的支柱产业(姜鲁明等,2012)。为此,1993年成立电子工业部,在着手推动一系列重点工程的同时,坚持市场经济导向,创造良好的政策环境,进一步地引入外资,发展加工贸易,优化电子产品结构(桂雁鸿,2005)。这一阶段的主要相关政策如表7-2所示。

表7-2　　　　　中国电子制造业快速发展阶段的相关产业政策

年份	相关政策名称
1992	《信息技术发展政策》
1993	《电子支柱产业规划纲要》《电子工业产业政策》《电子工业振兴条例》

续表

年份	相关政策名称
1994	《90年代国家产业政策纲要》
1995	《关于九五期间加快中国集成电路产业发展的报告》
1996	《国民经济和社会发展"九五"规划和2010年远景目标纲要》
1998	《软件产品管理暂行办法》
1999	《当前优先发展的高技术产业化重点领域指南》
2000	《鼓励软件业和集成电路产业发展的若干政策》
2001	《集成电路布局设计保护条例》《外商投资电信企业管理规定》
2002	《计算机软件保护条例》
2002	《国民经济和社会信息化专项规划》
2006	《信息产业十一五规划》

数据来源：笔者计算整理。

具体来看，这一时期的主要政策内容包括：

（1）实施重点工程，发展集团企业。随着中国电子制造业的发展重点转向投资类电子产品，对全局具有较大带动作用的一系列重点工程开始实施。"金桥""金关""金卡"等"金"系列工程的实施，推进了中国信息网络的建设，为国家宏观经济运行和安全提供了充分的技术保障；"908""909"工程的推进，加快了中国在集成电路的设计、制造和封装行业的发展。与此同时，企业改革和重组不断深化，开始实施大公司战略，组建跨地区、跨行业、跨所有制、跨国经营的大企业集团，产业竞争力不断加强。

（2）优化外商投资环境，深化发展加工贸易。1992年以来，中国不断地优化外商的在华投资环境，外商投资项目数量和规模迅速扩大，建立在华生产基地，并逐渐呈现出生产本地化、市场本地化的趋势。以惠普、西门子、诺基亚、爱立信、飞利浦、索尼、摩托罗拉、三星、松下、东芝等为代表的国际著名电子信息企业纷纷在华投资建厂。至2002年，三资企业的产品销售收入占整个电子信息行业的68%，累计建立42万家外商投资企业，实际利用外资4432亿美元（娄勤俭，2003）。随着外资企业带来的生产与管理等技术的本土化发展，中国电子信息行业成长出了一批技术型、管理型人才，信息产业的加工贸易发生了质的飞跃。

（3）优化产品结构，重视投资类和基础类电子产品。随着通信、网络和微电子技术的发展，中国的通信基础设施逐渐完善，并带动了计算机、通信设备等投资类产品的发展。根据《中华人民共和国国民经济和社会发展"九五"和2010年远景目标纲要》，在市场经济的推动下，中国消费类电子产品所占市场份额逐渐减少，投资类和基础类产品的市场份额逐渐增加（孔欣欣，2006）。三者的比例由1990年的52.4：14.3：3.3，演变为2002年的29：45：26。消费类产品中，数字技术替代了模拟技术成为主流；投资类产品中，计算机、通信设备等成为新的增长点；基础类产品中，集成电路、新型元器件等成为行业发展的热点。

在以上的政策环境引导下，中国的电子制造业飞速发展，技术水平显著提高、产品出口迅速扩张、产业规模大幅增长、产业贡献日渐增大（娄勤俭，2003）。特别是2001年中国加入世界贸易组织之后，中国电子制造业再次面临重大机遇。据2002年某权威调查显示，中国成为全球最具吸引力的外商直接投资目标国家。2001—2007年，中国电子信息产业的年销售收入迅速增加，年均增幅为28%。中国成为全球电子信息产品制造基地，并在数字电视、通信设备、高性能计算机等领域取得了重大技术突破（刘冬梅，2013）。

四 2008年以来：结构性深化调整阶段

2008年，国际金融危机爆发，长期处于产业链中低端的中国电子制造业受到了巨大冲击，下滑现象十分明显（工业和信息化部运行监测协调局，2013），并呈现出由沿海到内地、由外资企业到内资企业、由中小企业到大企业的扩散蔓延趋势（工业和信息化部运行监测协调局，2009）。为了稳增长、促改革、调结构、防风险，中国政府推行"大部制"管理，组建了工业和信息化部，随后推出了一系列的宏观调控措施。从2009年三季度起，我国电子制造业开始恢复性发展（工业和信息化部运行监测协调局，2010）。这一时期，与电子制造业相关的主要产业政策如表 7-3 所示。

随着国内外经济形势的急剧变化和在国内深化转型改革的政策引导下，中国电子制造业呈现出市场结构持续优化、区域布局加快调整、内资企业贡献渐增、创新需求日益凸显等主要的产业结构转型与调整特征。

表 7-3　　　　中国电子制造业结构深化阶段的相关产业政策

年份	相关政策名称
2009	《电子信息产业调整和振兴规划》《国务院关于进一步促进中小企业发展的若干意见》《"十二五"中小企业成长规划》
2010	《国务院关于加快培育和发展战略性新兴产业的决定》
2011	《工业转型升级投资指南》《工业转型升级规划（2011—2015年）》《物联网"十二五"发展规划》《国务院关于印发进一步鼓励软件产业和集成电路产业发展若干政策的通知》
2012	《电子信息制造业"十二五"发展规划》《国家规划布局内重点软件企业和集成电路设计企业认定管理试行办法》《关于进一步加强企业兼并重组工作的通知》
2013	《信息产业发展规划》《"十二五"国家战略性新兴产业发展规划》《关于促进信息消费扩大内需的若干意见》
2014	《国家集成电路产业发展推进纲要》

数据来源：笔者计算整理。

（1）市场结构持续优化。随着国家"家电下乡"、"以旧换新"、扩大内需等一揽子政策的实施，我国电子制造业的市场结构发生重大转变，对国外市场的依赖程度不断下降，国内市场的拉动效应逐步增强。至 2014 年，电子元件、电子器件、通信设备、家用视听行业的内销产值占比分别为 57.5%、39.4%、52.2% 和 53.8%。与此同时，国外市场贸易主体的多元化程度逐步加强。东南亚、中东、俄罗斯、阿根廷、南非等成为新兴的主要贸易伙伴国。

（2）区域布局加快调整。金融危机以来，我国东部沿海地区受到了巨大冲击，加速了我国电子制造业的产业转移步伐，中西部地区的行业增速明显。2009 年，中西部地区的投资增速均超过 40%，而东部地区的北京、上海、广州、江苏、福建等地的降幅均达到两位数（工业和信息化部运行监测协调局，2010）。随着区域转移战略的推进，川渝地区、陕西、安徽等逐渐成为新的增长极。至2014年，中西部地区的规模以上电子制造业销售产值，在全国所占比重达到21.1%，且增长趋势良好（工业和信息化部运行监测协调局，2015）。

（3）内资企业贡献渐增。金融危机后，中国内外资企业呈现出不同的发展态势。随着《电子信息产业调整和振兴规划》《电子信息制造业"十二五"发展规划》《关于进一步加强企业兼并重组工作的通知》等一系列政策的实施，内资企业的整合趋势明显，如大唐入股中芯国际、浪潮收购奇梦达等（吕郑，2012）。与此同时，外资企业销售产值所占比重持续下降。至2014年，内资企业的内销产值占内场市场的80.7%，总体销售产值为38078亿元，在全行业中占比为36.6%，行业贡献率达到67.5%。而三资企业的销售产值增速，比行业平均水平低4.7个百分点（工业和信息化部运行监测协调局，2015）。

（4）创新需求日益凸显。近年来，中国电子制造业的市场竞争日益激烈，产品的更新换代速度也逐渐加快。在此过程中，具有自主知识产权的TD-SCDMA技术实现了大规模商用，TD-LTE Adavanced技术成为第四代移动通信的国际候选标准。随着《国务院关于印发进一步鼓励软件产业和集成电路产业发展若干政策的通知》《国家集成电路产业发展推进纲要》的颁布和实施，中国已经达到40纳米的集成电路设计水平，并实现了65纳米工艺技术的大规模生产应用。随着企业创新能力和竞争能力的提高，新型工业化产业示范基地（电子信息产业）的产业规模在全行业中已经达到40%的比重。

总体来看，在受到国际金融危机的巨大冲击之后，中国政府迅速出台了关于电子制造业产业结构转型和调整的一系列的政策措施，在"稳中求进"的工作总基调下，保证了中国电子制造业产业规模的稳步扩大、投资结构的持续改善、企业竞争力的持续加强，成功实现了中国电子制造业的软着陆。

第二节　近年来中国电子制造业总量变化及空间格局演变

上一节已对新中国成立以来中国电子制造业的发展历程进行大致介绍，这一节将着重从地理学角度出发，对近三十年来中国电子制造业发展过程及空间格局演变进行定量刻画。具体而言，该节主要包括两部分：(1) 将对近三十年来中国电子制造业的总量变化及在全球贸易中的地位进行简要分析；(2) 结合地理学常用指标，详细刻画中国电子制造业生产空间格局及专业化格局的演变过程，并对演变特点进行总结。

一　空间格局度量指标

为反映电子制造业生产格局及专业化格局的主要特点，本研究分别选取了地理学中常见的几个指标来对其加以衡量，分别包括洛伦兹曲线、区位熵以及 Moran's I 指数等。下面分别对几个指标进行介绍。

（一）洛伦兹曲线

洛伦兹曲线（Lorenz curve）是常用于直观反映不均衡分布及集中度水平的方法，其常常用于人口及收入水平分布中（周尚意等，2003）。本研究主要利用该曲线反映中国电子制造业省域空间分布的集中程度及不均衡性。具体来讲，将各省份电子制造业产量从小到大排列之后，以省份数量的累计占比为横轴，以电子制造业产量的累计占比为纵轴，可以得到中国电子制造业产量省域分布的洛伦兹曲线。

（二）区位熵

区位熵（Location Quotient，简称 LQ）是地理学中最常见的反映产业发展专业化水平的指标之一（王铮等，2007）。它是 i 地区 k 行业部门在本地总产出中的份额与全部地区 k 行业部门占全部地区总产出的份额之比，其公式如下：

$$LQ_{ik} = (X_{ik}/X_i) / (T_k/T) \tag{7.1}$$

式（7.1）中，X_{ik}是i地区k行业部门的产值，X_i是i地区所有行业部门的总产值；T_k是所有地区k行业部门的产值，T则是全部地区所有行业部门的总产值。当$LQ_{ik} > 1$时，i地区的k行业部门专业化水平较高，与参照区域相比具有较高的发展水平，在本区域发展中占有重要地位；反之则不具有专业化优势。

（三）Moran's I 指数

Moran's I 指数是测度空间自相关水平的常用方法之一。它类似于统计学中的一般相关系数，可以反映空间邻近单元属性值的相似程度（刘敏等，2012）。其计算公式如下：

$$I = \frac{n * \sum_i \sum_j \omega_{ij}(x_i - \overline{X})(x_j - \overline{X})}{\sum_i \sum_j \omega_{ij} * \sum_i (x_i - \overline{X})^2} \quad (7.2)$$

式（7.2）中，x_i、x_j是空间单元i和j的观测值；$\overline{X}$是空间单元的均值；ω_{ij}是空间权重矩阵；n是空间单元数量。该指数取值在−1—1之间，当I < 0时，表示相邻单元之间呈现负相关，且越接近−1时负相关水平越高；I > 0时相邻单元为正相关，且越接近1相关水平越高；当I为0时表示空间不相关。

由于统计标准变更的限制，该节主要对1988年以来中国电子制造业省域空间格局的变化进行了分析。1988—2014年中国各省区市电子制造业工业总产值与全部工业的总产值均来自《中国工业经济年鉴》，其中1994年、1995年、1996年及1998年四个年份的数据存在缺失。需要说明的是，从2012年开始，《中国工业经济年鉴》不再公布工业总产值数据，而根据以往年份对比，工业总产值与工业销售产值数据相差不明显，因此2012—2014年电子制造业的产值采取了工业销售产值数据。

二 总量及相对地位变化

自改革开放以来，特别是从20世纪90年代初期以来，随着市场化及工业化进程的推进，中国的电子制造业得到快速发展（见图7-1）。1990—2011年，中国电子制造业工业产值从584.19亿元增长到63795.65亿元，按当年价格计算的年均增长率达到25.0%，远远高出工业平均增长速度（18.5%），2014年中国电子制造业销售产值更是高达85274.75亿元。期间，仅2008—2009年时受国际金融危机影响，中国电子制造业增幅较小，产值从43902.82亿元增长到44562.63亿元，增速仅为1.5%。同期，电子制造业在工业总产值的比重总体显著上升，但2003年前后变化态势迥异。2003年之前，电子制造业在工业总产值中的比重总体呈上升态势，尤其是1997—2003年期间。1997年，电子制造业在工业总产值中的比重仅为3.45%，至2003年该比重已达到11.13%，年均增长1个百分点以上。但2003年，随着中国加入WTO，其余行业部门开始加速增长，电子制造业相对增速下降，其在工业总产值中的份额开始下滑。至2011年，电子制造业在工业总产值中的比重已下降为7.56%。

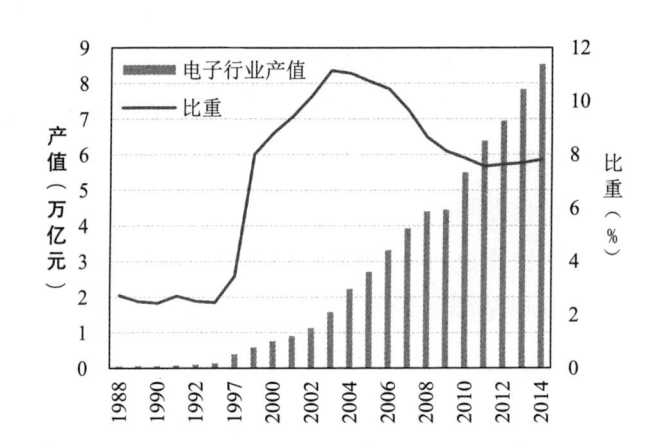

图7-1　1988—2014年中国电子制造业产值及在工业总产值中占比

数据来源：1989—2015年《中国工业经济统计年鉴》。

与此同时，随着中国电子制造业生产规模的扩大，其对外贸易额持续增长，在全球电子制造业贸易中的地位不断提高。如图7-2所示，1992年中国电子制造业进出口总额仅为176.9亿美元，至2012年增长至7816.2亿美元，贸易额增长了33倍；出口额从81.8亿美元增长到4868.2亿美元，进口额则从95.2亿美元增长到2948.0亿美元。特别是，从2004年开始，中国电子制造业的对外贸易呈现稳定的贸易顺差，且差额不断扩大。同期，中国在全球电子制造业贸易额中的比重不断提高，尤其是出口贸易地位显著提升。1992—2012年期间，中国电子制造业出口贸易所占份额从2.91%增长到24.73%，进口贸易份额从3.60%增长到12.83%，增长幅度较大。

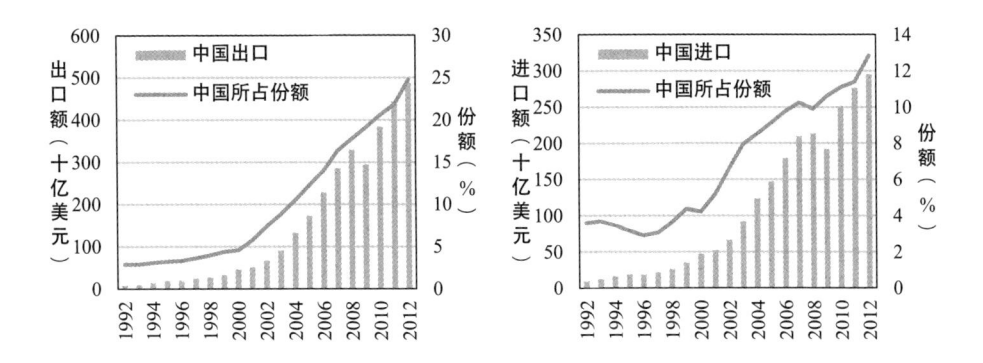

图7-2　1992—2012年中国电子制造业进出口额及在全球进出口额的相应占比

数据来源：WITS数据库。

三　生产空间格局演变及特点

在中国电子制造业规模扩大的同时，随着产业政策及空间政策的调整，中国电子制造业生产空间格局也发生显著变化（见图7-3）。总体而言，中国绝大多数省份电子制造业的生产规模有所扩大，其中1990—2005年期间东部沿海地区电子制造业生产规模扩张速度较快，而近年来中西部地区电子制造业明显加速。目前而言，中国电子制造业生产空间布局仍以东部地区为主，其次为中部及西部个别省份，而东北地区及西部多数边境省份电子制造业发展缓慢。

如图7-3（a）所示，1988年，中国电子制造业主要布局在东部沿海省份及四川、陕西及湖北三个中西部省份。其中，江苏及上海的电子制造业产值最高，分别为96.01亿元、68.15亿元，两个省份约占全国电子制造业生产总量的1/3。此外，广东、四川、北京、辽宁、天津、陕西、福建及浙江这几个省份电子制造业产值也高于20亿元。需要指出的是，这个时期，四川、陕西及湖北电子制造业发展较好主要得益于三线建设时期的工业布局。

1988—1993年期间,中国东部沿海省份的电子制造业发展相对较快,其中受益于国内外企业对广东省投资力度加大,广东电子制造业发展尤为迅速。如图7-3(b)所示,至1993年,广东省电子制造业产值为364.53亿元,居全国首位,占全国电子制造业总产值的28.06%。同时,江苏及上海的电子制造业仍占有重要地位,其产值分别为195.22亿元、121.49亿元,两者在全国电子制造业总产值的比重为24.38%。此外,福建、浙江及北京三个省份的电子制造业产值均超过四川,总体上,东部沿海地区在全国电子制造业生产布局中的地位得到明显提升。

1993—2000年期间,中国东部沿海地区发展进一步加快,尤其是广东及京津地区,而中西部地区发展相对缓慢。这一时期,国家开始重视电子信息产业发展,并将其确立为国民经济的支柱产业,该形势下各省区市开始积极发挥各自优势,推动自身电子制造业发展。其中,广东地区具有独特的区位及政策优势,且电子制造业发展起步相对较早,具备一定产业基础,发展态势持续向好。而京津地区凭借该地区较好的科技研发基础及资源,电子制造业迅速发展。如图7-3(c)所示,2000年,广东电子制造业产值达到2418.42亿元,仍居首位,其在全国电子制造业产值中的份额增长到32.03%。其次为江苏、北京、上海及天津,四者在全国电子制造业总产值的比重依次为12.53%、11.16%、10.34%、7.85%,其中江苏较1993年下降了约2.5个百分点,而北京、上海及天津则分别增长了约5.7、1、3.7个百分点。但与此同时,四川及陕西在全国电子制造业产值的比重不断下滑,至2000年仅为2.94%、1.60%,与1993年相比均下降了2—3个百分点。

2000—2005年期间,广东及江苏、上海等地区电子制造业发展态势较好。如图7-3(d)所示,2005年,广东电子制造业产值达到9831.34亿元,所占份额进一步提高到36.42%,远远高出全国其他省区市。同期,江苏及上海电子制造业生产规模显著扩大,产值分别达到5278.99亿元、3434.21亿元,在全国电子制造业产值的份额依次为19.56%、12.72%,与2000年相比有较大幅度提高。与此形成鲜明对比的是，北京及天津电子制造业的份额均出现下滑，尤其是北京，下降幅度约为4.6个百分点。由此可见，该时期长三角地区在全国电子制造业空间布局的地位得到强化。

2005—2010年期间，京津地区电子制造业发展进一步放缓，而四川省电子制造业规模明显扩大。如图7-3（e）所示，2010年，广东、江苏及上海仍占据全国电子制造业产值的前三位，三者比重高达69.47%，其中广东及江苏两省电子制造业产值超过10000亿元。同时，山东电子制造业规模迅速扩大，2010年产值达到3094.85亿元，跃居全国第四位。而北京及天津在全国电子制造业中的相对地位进一步下降，其产值比重与2005年相比分别下滑了2.5、2.9个百分点。此外，四川省电子制造业开始加快发展，2010年其产值达到1281.86亿元，在全国产值的比重从1.17%回升至2.33%。

2010—2014年，中国电子制造业空间格局出现新变化，中西部地区发展速度明显加快，而东部沿海地区比重有所下滑。如图7-3（f）所示，2014年，尽管广东、江苏、上海在全国电子制造业生产布局中仍占主导地位，销售产值分别达到27356.42亿元、17321.31亿元、5316.28亿元，但三者在全国销售产值中占比下降为58.63%，较2010年降低10.8个百分点。与此形成鲜明对比的是，以四川、河南及重庆为代表的中西部地区电子制造业发展速度明显加快，2010年三者销售产值分别达到4094.73亿元、2925.82亿元、2854.63亿元，分别占全国销售产值的4.80%、3.43%、3.35%，较2010年依次增加了2.5、3.1、2.9个百分点。此外，湖南、安徽、广西、江西、湖北、山西、天津等省区市在全国电子制造业销售产值中的比重也明显上升，尤其是湖南及安徽，与2010年相比其份额分别提高了1.4、1.3个百分点。由此可见，2010年以来中西部地区电子制造业明显加速，而东部地区放缓态势明显。该趋势与2008年国际金融危机的爆发以及我国采取的应对措施明显相关。由于金融危机的冲击，外向型经济突出的东部沿海地区受冲击更为严重。而危机爆发后，为稳定经济增长，我国持续扩大投资规模，偏向中西部地区的投资政策进一步刺激了西部地区的增长。

(a) 1988年　　　　　　　　(b) 1993年

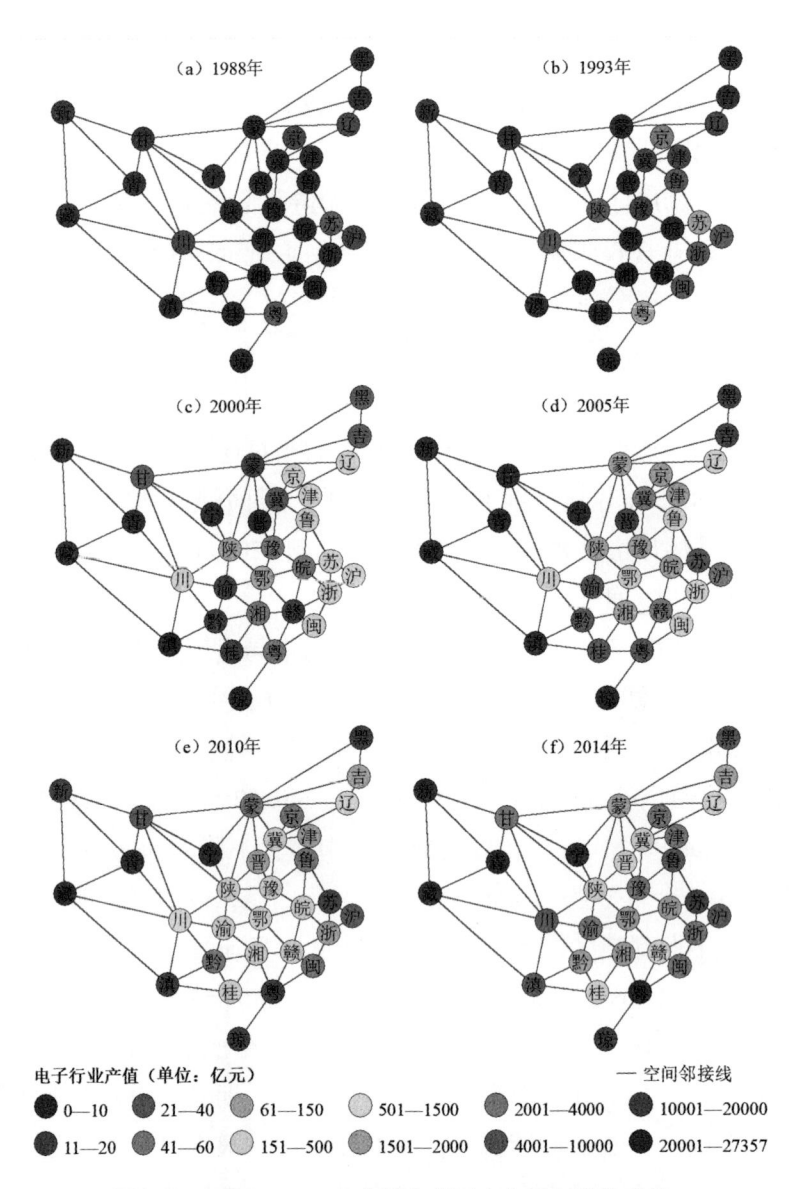

(c) 2000年　　　　　　　　(d) 2005年

(e) 2010年　　　　　　　　(f) 2014年

电子行业产值（单位：亿元）　　　　　— 空间邻接线

● 0—10　　● 21—40　　● 61—150　　○ 501—1500　　● 2001—4000　　● 10001—20000
● 11—20　　● 41—60　　○ 151—500　　● 1501—2000　　● 4001—10000　　● 20001—27357

图7-3　1988—2014年中国各省区市电子制造业产值

数据来源：笔者绘制。

注：1988、1993、2000、2005及2010年数据为电子制造业工业产值；而2014年数据为电子制造业销售产值。

图7-4为1988、1993、2000、2005、2010及2014年中国电子制造业省域空间分布的洛伦兹曲线。由该图可明显看出近年来中国电子制造业省域空间格局演化的基本态势。1988—2005年期间，中国电子制

造业省域空间分布趋向于集中化。结合上述分析可知，这一时期中国电子制造业持续向广东及长三角地区集中，尤其是广东、江苏及上海的地位得到明显强化。而2005—2014年期间，中国电子制造业省域空间分布出现组团式扩散。这一态势的出现与金融危机以来东部地区经济发展态势放缓、中西部地区投资加强有关。这一时期，以四川、河南及重庆为代表的部分中西部省份电子制造业发展态势良好，极大降低了省域空间分布的不均衡程度。

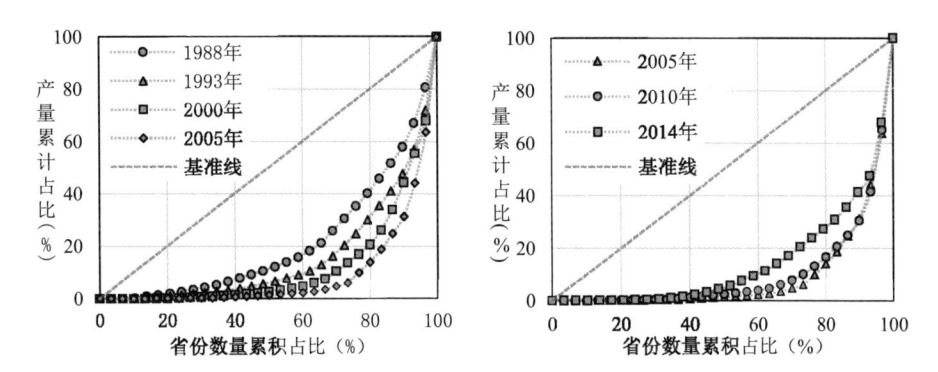

图7-4　1988—2014年中国电子制造业产量省域分布的洛伦兹曲线

数据来源：笔者绘制。

四　专业化空间格局演变及特点

根据公式（7.1）计算得到1988年、1993年、2000年、2005年、2010年及2014年中国电子制造业专业化水平省域空间格局，结果如图7-5及表7-4所示。与生产格局演变态势类似，早期中国电子制造业专业化水平空间格局以东部地区与西部部分省份并重，此后东部沿海地区迅速发展并占据绝对主导地位，但近年来这些西部省份专业化水平再次提升。

1988年，中国东部及西部部分省份电子制造业专业化水平较高。如图7-5（a）所示及表7-4所示，LQ>1的省份共有11个，分别包括东部地区的海南、福建、上海、北京、天津、江苏、广东7省市，以及西部地区的陕西、甘肃、四川及贵州4省。其中，海南专业化水平最高，

LQ 值达到 3.29。这主要由于当时行政区划调整,海南从广东省中划分出来设省,并建立海南经济特区,国内外投资享受优惠政策,电子制造业取得良好发展。这一时期,陕西、甘肃、四川及贵州电子制造业专业化水平也较高,尤其是陕西,LQ 值达到 2.60。

1988—1993 年期间,广东省电子制造业的专业化水平迅速提高。如图 7-5(b)所示,1993 年,广东电子制造业区位熵 LQ 值从 1988 年的 1.25 增长到 2.82,仅次于陕西(2.89)。同期,西部地区多数省区市电子制造业的专业化水平迅速下降。其中,甘肃、四川及贵州的 LQ 值分别从 1988 年的 1.23、1.19、1.06 下降至 0.46、0.97 及 0.52。

1993—2000 年期间,京津地区的电子制造业专业化水平显著提高,而其他大多数地区电子制造业的专业化水平有所下滑。如图 7-5(c)所示,2000 年,北京及天津电子制造业区位熵远远超过广东,分别从 1993 年的 1.86、1.70 提高到 3.73、2.58,而陕西及广东的 LQ 值分别下降为 1.16、2.20,专业化水平明显降低。

2000—2005 年期间,广东及长三角地区的专业化水平明显提高,东部沿海地区的专业化水平普遍高出其他区域。如图 7-5(d)所示,2005 年,广东电子制造业专业化水平攀升全国首位,LQ 值增长为 2.55。同时,上海及江苏的专业化水平也显著提升,分别从 2000 年的 1.43、1.03 上升为 2.03、1.50,分别位居全国第四、五位。同期,京津地区的专业化水平有所下滑,2010 年电子制造业区位熵分别下降至 2.38、2.22。此外,陕西及四川地区的专业化水平也明显下滑,2005 年两者的 LQ 值均小于 0.5,远远低于全国平均水平。

2005—2010 年期间,东部沿海多数省份以及中西部地区部分省份的电子制造业专业化水平有所提升。如图 7-5(e)及表 7-4 所示,东部沿海地区中,除了京津两市及福建外,其他省份电子制造业区位熵均出现增长,特别是广东及上海、江苏。2010 年,这三个省市的 LQ 值分别为 2.85、2.54、1.79,其中上海已攀升至全国第二位,仅次于广东。此外,四川、重庆、广西、江西、山东、湖北等地区的电子制造业专业化水平也普遍提高。而京津地区专业化水平持续下滑,2010 年 LQ 值依次为 2.07、1.31,分别比 2005 年降低 0.3、0.9。

2010—2014年期间，东部及东北地区多数省份的电子制造业专业化水平降低，而中西部地区则呈现相反态势，绝大多数省区市的专业化水平都出现提升。如图7-5（f）所示，2014年，广东电子制造业专业水平仍然位居全国首位，LQ值达到3.01，与2010年相比有所提高。

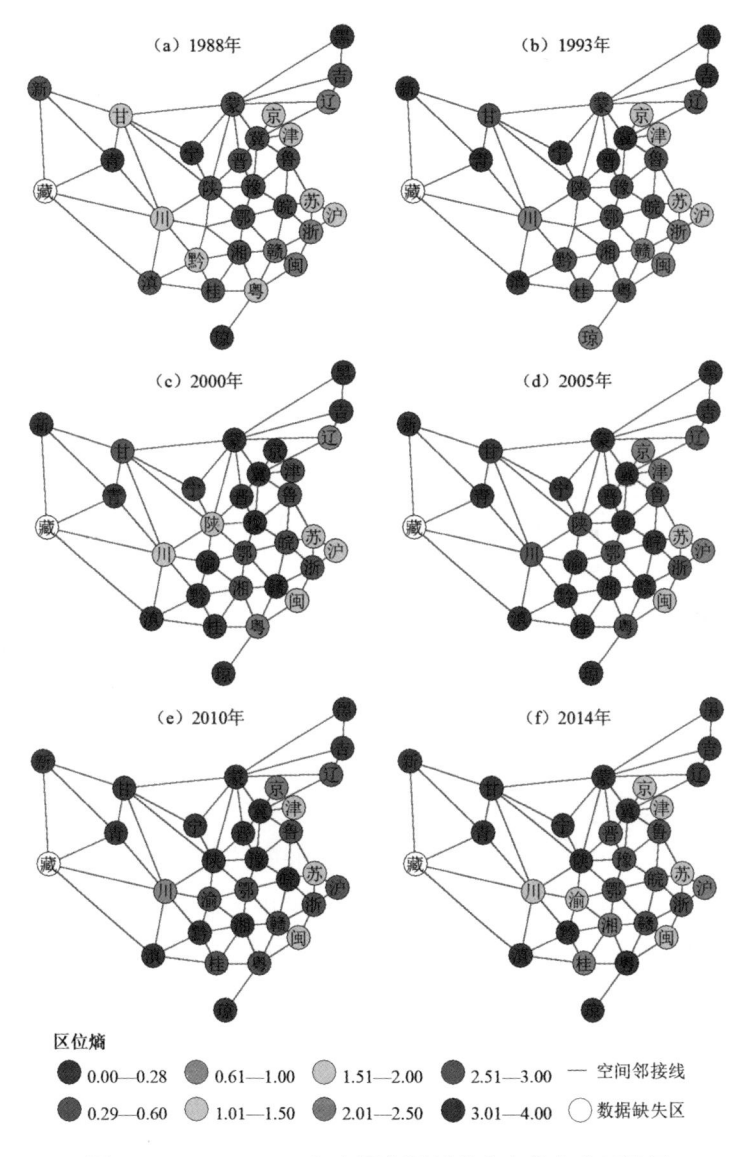

图7-5　1988—2014年中国电子制造业专业化水平格局

数据来源：笔者绘制。

而上海、北京、福建及江苏等东部地区的专业化水平出现不同程度降低，其中上述四个省份 LQ 值分别下降 0.21—0.45。与此形成鲜明对比，重庆、四川、河南、湖南、山西、安徽、广西等中西部省份电子制造业区位熵明显增长。其中重庆及四川专业化水平得到显著提升，其 LQ 值分别从 2010 年的 0.31、0.70 提高到 2014 年的 1.98、1.40，升至全国第三、六位，电子制造业呈现较好发展态势。

表 7-4　　　1988—2014 年专业化水平较高的省份列表（LQ＞1）

年份	LQ＞1 的省份	个数
1988	海南（3.29）、陕西（2.60）、福建（2.19）、上海（1.93）、北京（1.86）、天津（1.70）、江苏（1.63）、广东（1.25）、甘肃（1.23）、四川（1.19）、贵州（1.06）	11
1993	陕西（2.89）、广东（2.82）、福建（2.22）、北京（1.91）、天津（1.54）、上海（1.48）、江苏（1.12）	7
2000	北京（3.73）、天津（2.58）、广东（2.20）、福建（1.77）、上海（1.43）、四川（1.21）、陕西（1.16）、江苏（1.03）	8
2005	广东（2.55）、北京（2.38）、天津（2.22）、上海（2.03）、江苏（1.50）、福建（1.48）	6
2010	广东（2.85）、上海（2.54）、北京（2.07）、江苏（1.79）、福建（1.34）、天津（1.31）	6
2014	广东（3.01）、上海（2.10）、重庆（1.98）、北京（1.65）、江苏（1.57）、四川（1.40）、天津（1.35）、福建（1.04）	8

数据来源：笔者绘制。

为考察 1988—2014 年期间中国电子制造业专业化水平省域空间格局演变趋势，本研究利用公式（7.2）分别计算了 1988 年、1993 年、2000 年、2005 年、2010 年及 2014 年电子制造业区位熵省域尺度的 Moran's I 指数，结果如表 7-5 所示。总体而言，中国电子制造业专业化分布格局经历了随机到集聚，再从集聚到随机的变化过程。其中，1988 年、1993 年、2000 年及 2014 年，Moran's I 指数均不显著，因此这几个年份中国电子制造业专业化水平分布较为随机。而 2005 年及 2010 年时，区位熵分布的 Moran's I 指数分别为 0.164、0.168，且均在 0.1 的水平上显著。由此可见，2005—2010 年期间，中国电子制造业专业化水平的省域分布较为集中，且集中态势有所加强。结合上述分析可知，这一时期，京津及长三角地区的电子制造业专业化水平较高，且分布较为集中，集聚分布态势有所强化。

表 7-5　1988—2014 年中国电子制造业专业化水平的省域尺度 Moran's I 指数

年份	1988	1993	2000	2005	2010	2014
Moran's I	0.013	0.026	0.108	0.164*	0.168*	0.060
P 值	0.660	0.574	0.167	0.067	0.058	0.385

数据来源：笔者整理。

注：上标"*"表示I指数在0.1的水平上是显著的。

第三节　中国电子制造业的省域空间联系分析

在对近年来中国电子制造业发展的空间演变历程进行介绍后，本节将对当前电子制造业的省域空间联系进行分析。本节主要包括两部分，第一部分以区域间投入产出表数据为基础，对中国电子制造业省域间贸易格局进行刻画；第二部分将采用投入产出技术，对电子制造业的省域间联系强度及特点进行分析。

一　电子制造业省域间贸易格局

中国 2010 年 30 省区市区域间投入产出表可以提供各省区市之间电子制造业贸易流量的数据。图 7-6 为 2010 年各省区市电子制造业增加值及区域间 95% 贸易流量的可视化结果。

总体而言，中国电子制造业的生产主要集中在东部沿海地区。2010 年，广东及江苏电子制造业的增加值分别为 20670 亿元及 14620 亿元，分别位居全国第一位及第二位，两者在全国电子制造业增加值的占比高达 57.1%。与此同时，上海、山东、浙江、福建、北京以及天津六个省市占全国电子制造业增加值的 30.6%，而其他 22 个省份（不含港澳台地区及西藏自治区）仅共占 12.3%。

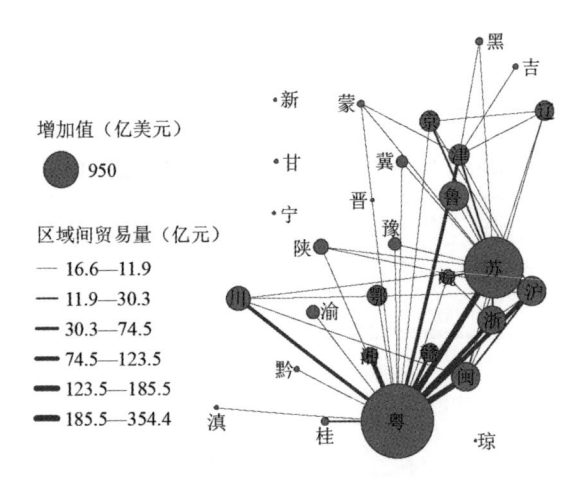

图7-6 2010年中国各省区市电子制造业产出及95%的省域间流量

数据来源：笔者绘制。

由图7-6还可以看出，中国电子制造业生产组织的省域格局中存在两个大型组团，分别是泛珠江三江洲组团（后面简称"泛珠三角组团"）以及泛长江三角洲组团（后面简称"泛长三角组团"）。其中，泛珠三角组团的核心是广东省，它主要将中国南部的几个省份联系在一起，包括湖南、福建、江西、四川、广西及重庆等省份。除四川外，这些省区市电子制造业对外贸易流量的80%以上流入了广东，且流量相对较大。以湖南为例，2010年，湖南电子制造业流入广东电子制造业的流量为96.8亿元，占湖南省外流出总量的约95.7%。与此同时，广东电子制造业在这些省份电子制造业的流入量中同样占有较高比重。2010年，广东电子制造业流入广西电子制造业的贸易额为10.4亿元，占广西外流入总量的92.0%。

泛长三角组团的区域核心则是江苏，该组团连接的省份普遍临近江苏，而与广东距离相对较远，主要包括上海、浙江、山东、北京、安徽及东北地区等。2010年，北京电子制造业流入江苏电子制造业的贸易额为15.8亿元，占北京对外流出总量的45.1%。反过来，江苏电子制造业有30.3亿元产值投入到北京电子制造业中，占北京电子制造业流入总量的46.8%。

基于30省区市电子制造业增加值规模以及区域联系情况，可以将它们划分为四个层级，结果如表7-6所示。其中，作为两大组团中心省份的广东省及江苏省将作为第一层级，它们的电子制造业规模最大，且与多数省份存在密切联系。第二层级则包括上海、山东、浙江、福建、北京、天津六个省份，它们的电子制造业生产规模仅次于广东及江苏两个省份，同时与它们有着紧密的贸易联系。第三层级则主要包括四川、辽宁、湖北、江西、湖南、陕西、安徽、河南、重庆、河北、广西、内蒙古12个省份，这些省份的电子制造业生产规模要低于以上两个层级的省份，且对这些省份，特别是对广东省及江苏省存在较强的依赖性。而第四个层级省份的电子制造业规模普遍较小，且与其他层级省份的联系较为薄弱，处于中国电子制造业生产的绝对边缘地位，主要包括黑龙江、吉林、贵州、云南、新疆、甘肃、山西、宁夏、海南、青海十个省份。

表7-6　　　　　　　中国电子制造业生产的省区市层级划分

层级	省份
1	广东、江苏（2个）
2	上海、山东、浙江、福建、北京、天津（6个）
3	四川、辽宁、湖北、江西、湖南、陕西、安徽、河南、重庆、河北、广西、内蒙古（12个）
4	黑龙江、吉林、贵州、云南、新疆、甘肃、山西、宁夏、海南、青海（10个）

数据来源：笔者整理。

二　电子制造业省域间联系强度

图7-7为2010年中国电子制造业省域间完全前后向联系矩阵的可视化结果。其中，图7-7（A）反映了列方向对应省份电子制造业需求对行方向对应省份电子制造业生产的带动作用（后向联系），而图7-7（B）则反映了行方向对应省份电子制造业生产对列方向对应省份的电子制造业生产的推动作用（前向联系）。

由图7-7（A）可知，国内多数省份电子制造业与广东及江苏电子制造业的生产活动存在紧密后向联系。其中，云南、广西、海南、贵州与广东电子制造业的后向关联尤为密切，完全后向联系指数分别达到0.119、0.102、0.073及0.056；而安徽及新疆则与江苏电子制造业存在密切后向联系，其完全后向联系指数分别达到0.088、0.070。这表明其他省份电子制造业的单位产出对广东或江苏电子制造业的需求较大。以广东与云南为例，云南对广东电子制造业的完全后向联系指数为0.119，这表明每当云南电子制造业增加一单位产值时，它对广东电子制造业的需求将会增加0.119单位。

由图7-7（B）来看，大多数省份电子制造业的生产活动与广东存在密切的前向联系，尤其是湖南、广西、福建与江西，它们与广东的完全前向联系指数分别为0.238、0.162、0.129及0.119。这表明，每当这些省份的电子制造业增加一单位产出时，很大一部分将会提供给广东，从而推动广东电子制造业产出显著增加。以湖南及广东为例，湖南对广东电子制造业的完全前向联系指数为0.238，这表明每当湖南电子制造业产出增加1单位，将推动广东电子制造业产出增加0.238单位。

这些省份与广东及江苏的前后向联系进一步印证了两大组团的存在，也反映出了广东及江苏在中国电子制造业空间组织中的核心地位。其中，广东主导了中国南部地区电子制造业的生产活动，而江苏省则在中国北部省份电子制造业发展中占有重要地位。此外，将图7-7（A）中广东及江苏所在的行方向，与图7-7（B）中相应列方向的指数进行对比分析，可以发现大多数省份与两者的前向联系指数要远远高出其后向联系指数，这反映了多数省份的电子制造业主要是为广东省及江苏省电子生产提供零部件等，它们更接近生产链的上游位置，而江苏及广东相对更接近下游位置，尤其是广东。

基于各省区市在电子制造业生产网络中所处的不同地位及作用，它们的对外联系强度及模式都会有所区别。表7-7列出了处于1—3层级省份的具有专业化优势（LQ>1）的电子制造业产品，图7-8显示了各省份的相对后向联系指数（RB）及相对前向联系指数（RF），这里将结合各省份的专业化产品对各省份的对外联系特点进行分析。由图7-8可看出，广东对其他省份电子制造业具有较强的后向联系（RB指数为1.56），而江苏的前向联系水平相对较高（RF指数为1.20）。这表

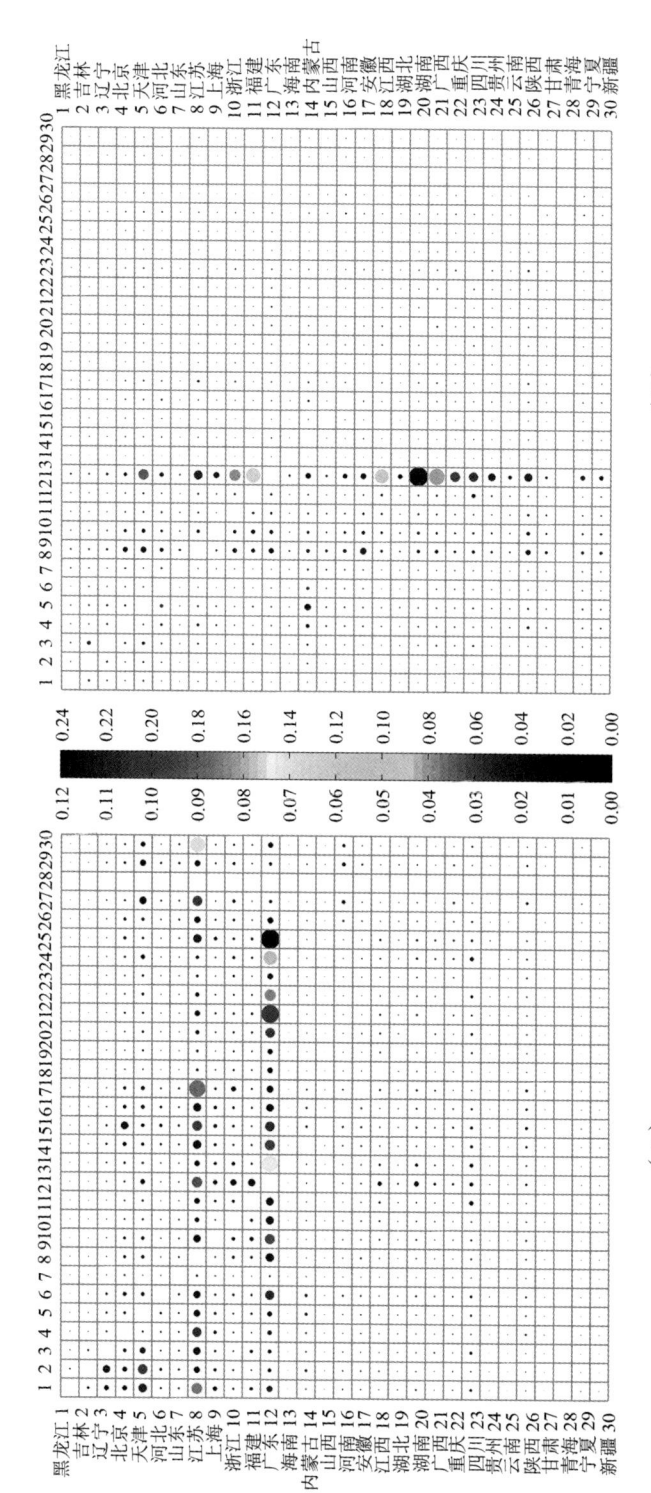

第七章 中国电子制造业的省域空间组织与格局

图7-7 2010年中国电子制造业的30省区市的完全前后向联系指数

注：图A显示的是30省区市的完全后向联系指数（B）；图B则显示了30省区市的完全前向联系指数（F）。

数据来源：笔者绘制。

明在电子制造业的生产组织中，广东与江苏相比更接近生产链的下游环节。从具体产品来看，广东主要生产电脑周边设备及办公设备、消费性电子、通信设备等，包括打印机、传真机、数码相机及彩色电视机等，这些产品生产后便可进入市场，因此广东处于生产链相对下游位置。而江苏的专业化水平较高的产品除了笔记本电脑、数码相机外，还有半导体集成电路。2010年，江苏生产了223.2亿块集成电路，占全国集成电路总产量的34.21%。由于集成电路是电子产品的重要元器件，所以江苏省对其他省区市的前向联系相对较强。

而处于第二层级的省份，除去上海之外，它们的后向联系强度普遍较低，其RB数普遍小于1。上海专业化水平较高的产品主要有笔记本电脑及半导体集成电。2010年，上海占全国笔记本总产量的45.11%，接近江苏的比重（45.34%）；占半导体集成电路产量的17.39%，远低于江苏。由此可见，其集成电路中相当比重用于自身生产，所以其前向联系水平低于全国平均水平，而后向联系略高于全国。山东及北京的前后向联系均低于全国水平，这反映出其与周边省区市联系相对较弱，主要产品产业链较短。而浙江、福建以及天津的后向联系水平较低，但前向联系水平明显高出全国平均水平。这从表7-7中就可以看出，这三个省市专业化程度较高的产品有半导体零部件、显示器、彩色显像管等，它们主要为其他地区电子产品的生产提供零部件，支撑核心区域电子制造业发展。

处于第三层级的省份中，多数省份的后向联系较松散而前向联系水平极紧密，这反映了这一层级的省份主要为其他省份提供生产所需的零部件。其中湖南及江西的前向联系水平较高，两者的RF指数分别达到4.52、2.35。同时陕西、四川、重庆也处在第四象限，前向联系水平高于全国平均水平。它们专业化水平较高的产品包括彩色显像管、半导体分立器件、半导体集成电路等，主要为其他地区提供元器件。其中，2010年，陕西共生产7040816只彩色显像管，占全国产量的35.38%。广西与其他省份电子制造业的前后向联系水平均较高，其RF及RB指数分别为3.21，2.01；安徽与其他省份的后向联系较强，RB指数为2.08。而河北、河南等省份的前后向联系均接近全国平均水平。此外，湖北与其他省份前后向联系相对较弱。

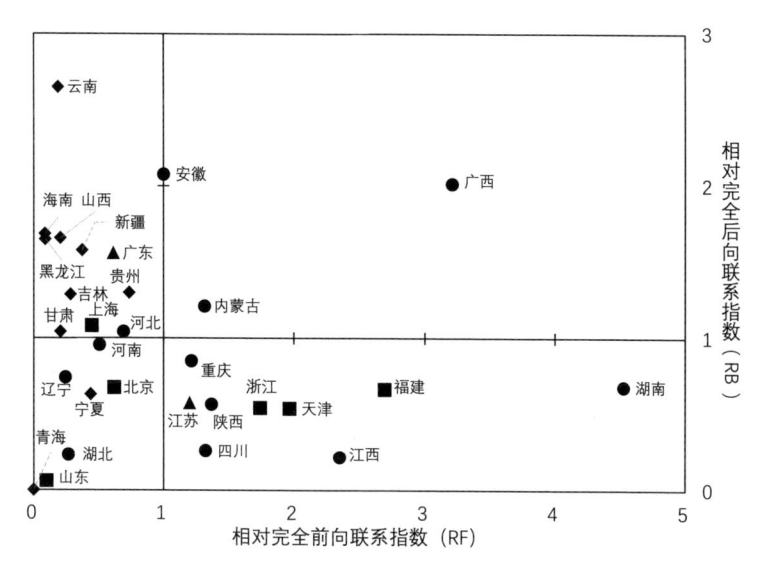

图7-8　2010年中国电子制造业的30省区市的相对完全前后向联系指数

数据来源：笔者绘制。

注：三角形代表第一层级省份，方形代表第二层级，圆形为第三层级，菱形为第四层级。

表7-7　　　　　　　　部分省份区位商大于1的商品列表

省份	LQ>1 的产品
广东	传真机，激光视盘机，电话单机，移动通信基站设备，打印机，程控交换机，移动电话机，数码相机，彩色电视机，半导体分立器件
江苏	笔记本，微型计算机，数码相机及半导体集成电路
上海	笔记本，微型计算机，半导体集成电路
山东	打印机，彩色电视机，程控交换机
浙江	半导体分立器件，半导体集成电路
福建	彩色显像管，显示器，彩色电视机，电话单机，数码相机
北京	程控交换机，移动电话，显示器及移动通信基站设备
天津	数码相机，移动电话，半导体分立器件，显示器
四川	彩色电视机，半导体分立器件，半导体集成电路
辽宁	电视机，激光视盘，程控交换机，半导体分立器件
湖北	显示器，数码相机
江西	激光视盘机，移动电话

续表

省份	LQ>1 的产品
陕西	彩色显像管
安徽	彩色电视机
重庆	微型计算机，显示器，移动电话机，彩色电视机
广西	显示器，半导体集成电路，彩色电视机，半导体分立器件
内蒙古	彩色电视机

数据来源：笔者计算整理。

与前三个层级相比，处于第四层级的省份电子制造业都较不发达，它们与其他省区市电子制造业的前向联系水平普遍较低，其 RF 指数均低于 1。这些省份电子制造业的专业化水平普遍较低，缺乏优势产品。其中，青海及宁夏的前后向联系均较低，电子制造业发展较为滞后且对外联系较弱。而其余多数省份的后向联系强度高于全国平均水平，这主要是由于这些省份的生产基础较为薄弱，电子制造业生产所需的多数元器件及零部件都需要其他省份供应。

第四节　中国电子制造业生产的增加值分布格局

上一节主要利用中国 30 省区市区域间投入产出表，对电子制造业省域间贸易格局及联系强度等进行了分析，从而初步刻画了中国电子制造业的空间组织格局。基于此，这一节通过采用投入产出分析中的增加值拉动计算方法，对出口拉动形成的电子制造业增加值的空间分布进行分析，以便进一步揭示当前电子制造业空间组织格局对区域发展的影响。特别地，考虑到中国电子制造业生产组织中两大组团的存在，该节将结合进出口商品结构及贸易对象结构，对广东及泛长三角电子制造业的出口拉动效应进行专门分析。

一　省域电子制造业增加值对比分析

产业链的长短可以影响增加值系数，一般而言，产业链越长的行业其增加值系数越低,反之则相对较高。反过来讲,对于产业链较长的行业,每单位新增增加值将导致更多的产出。而电子制造业作为一个具有较长产业链的行业,其增加值系数低于大多数行业部门。如表7-8所示,2010年,中国电子制造业的增加值系数仅为0.197,略高于石油化工冶炼行业(0.196),远远低于其他行业部门。

表7-8　　　　　　2010年中国各制造业部门的增加值系数

部门	增加值系数	部门	增加值系数
食品饮料及烟草	0.271	非金属矿物制品	0.259
纺织业	0.219	冶金行业	0.223
服装	0.258	金属制品	0.218
木材加工及家具制造业	0.239	通用及专用设备制造	0.243
纸制品及印刷业	0.237	交通运输设备	0.227
石油化工冶炼	0.196	电气机械设备	0.207
化学工业	0.234	电子制造业	0.197

数据来源:笔者计算整理。

从不同省份电子制造业增加值系数的对比来看,电子制造业规模越大的省份增加值系数相对越低(见图7-9)。作为电子制造业大省,广东电子制造业的增加值系数仅为0.199,略高于全国平均水平。而贵州、甘肃等省份的电子制造业增加值则分别为0.388、0.380,远远高出

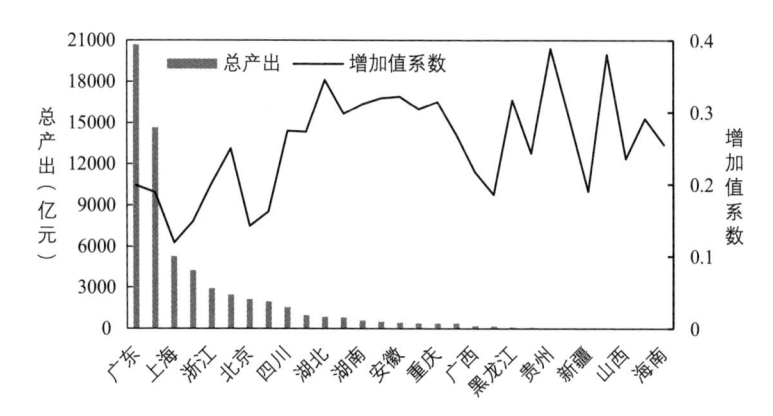

图7-9　2010年中国30省区市电子制造业的增加值系数

数据来源:笔者绘制。

广东及全国平均水平。更广泛而言，处于第三层级及第四层级的省份，除新疆及内蒙古外，它们的电子制造业增加值系数普遍高于第一及第二层级上的省份（福建除外）。

二 电子制造业增加值的省域空间分布

根据公式（7.7）计算得到中国电子制造业出口对各省份电子制造业拉动形成的增加值。图7-10为各省份电子制造业的出口拉动增加值及实际增加值；图7-11为各省份电子制造业实际增加值中本地区拉动及外省拉动增加值的比重。由上述两幅图可看出，由于各省份参与区域电子制造业生产网络，特别是国际生产网络的程度存在显著区别，出口拉动形成的增加值对各省份电子制造业实际增加值的贡献程度也有所差异。

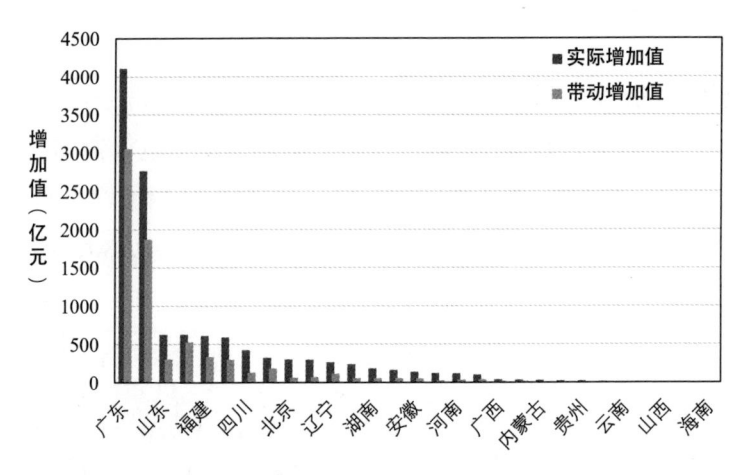

图7-10 2010年中国各省区市电子制造业VA^{ex}及实际增加值

数据来源：笔者绘制。

2010年，全国电子制造业实际增加值为12190.53亿元，而出口拉动形成增加值为7320.64亿元，占实际增加值的60.05%。据此结合图7-11可知，当前空间组织模式下，出口拉动对广东、江苏及上海电子制造业增加值的贡献远远高出全国平均水平，极大促进了这些地区电子制造业的发展。2010年，广东电子制造业的实际增加值为4106.39

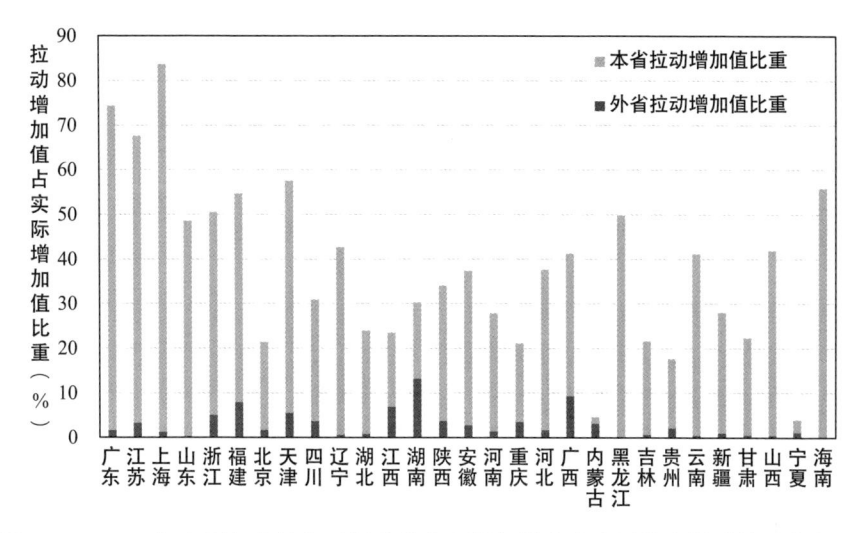

图7-11 2010年中国各省份电子制造业实际增加值中本省及外省拉动的VA^{ex}占比
数据来源：笔者绘制。

亿元，其中中国电子制造业出口引发的增加值为3053.35亿元，占地区该行业实际增加值的74.36%；其中，外省出口拉动形成增加值为64.93亿元，占实际增加值的1.58%。江苏电子制造业的实际增加值为2765.70亿元，其中由中国电子制造业出口引发的增加值为1870.21亿元，占地区该行业实际增加值的67.6%；外省出口拉动形成增加值为91.02亿元，占江苏实际增加值的3.29%。而上海电子制造业实际增加值为627.96亿元，中国电子制造业出口拉动形成增加值为525.1亿元，占其电子制造业实际增加值的83.6%，该比值高居全国首位；外省出口拉动形成增加值7.78亿元，占实际增加值的1.24%。这三个地区作为中国电子制造业空间组织的核心及出口主体，出口拉动极大地推动了这些地区电子制造业的发展。

相较于广东、江苏及上海，第二层级其他省份从当前生产空间组织中的获益水平相对较低，但除北京外，其受益水平普遍高出其他层级的大多数省份。山东、浙江、福建及天津四省市电子制造业实际增加值中，中国电子制造业出口拉动形成增加值的比重分别为48.50%、50.50%、54.67%及57.54%，出口拉动的贡献程度相对较高。其中，外省电子制造业出口拉动增加值分别占浙江、福建及天津实际增加值的

5.05%、7.95%及5.47%，远远高出广东、江苏及上海的相应比值。由此可见，浙江、福建及天津电子制造业的生产活动对其他省份的依赖性较大。此外，2010年北京电子制造业实际增加值为302.37亿元，而出口拉动形成增加值为64.69亿元，仅占实际增加值的21.39%，其与其他省份生产活动联系相对松散，获益水平也相对较低。

第三层级省份的情况与第二层级类似，但前者为核心省份生产活动提供元器件的职能定位更加突出，它们从当前生产组织模式中获益水平低于第二层级。除内蒙古外，在这些省份电子制造业的实际增加值中，出口拉动形成增加值的贡献率普遍在20%—43%之间。其中，四川、江西、湖南、江西、重庆及广西电子制造业与全国电子制造业生产空间组织融合较为紧密，对其他省份依赖性较强，外省电子制造业出口拉动形成增加值分别占其实际增加值的3.67%、6.83%、13.25%、3.68%、3.48%及9.27%。同时，2010年中国电子制造业出口拉动内蒙古形成增加值1.45亿元，仅占内蒙古电子制造业实际增加值的4.57%，但其中外省电子制造业出口拉动增加值占比达到3.11%。由此可见，内蒙古电子制造业对其他省份发展依赖性较强。

第四层级的省区市电子制造业规模较小且专业化水平普遍较低，多处于中国电子制造业生产网络的边缘位置。尽管中国电子制造业出口拉动形成增加值在这些省份实际增加值中的占比普遍在17%—50%之间，与第三层级省份获益水平类似，但这些省份更多是依靠本省电子制造业出口拉动，与省外的生产联系相对较弱。而这些地区本身出口规模较小，进一步制约了地区电子制造业的发展。

三　长三角及广东电子制造业出口拉动增加值的省域空间分布

长三角地区和广东电子制造业的生产及出口规模均较大，且与周边省份电子制造业生产活动联系紧密，在中国电子制造业生产空间组织中起着主导作用。基于此，这里将结合两个地区进出口商品结构及贸易对象构成等，对比分析这两个地区电子制造业发展对其他省区市的影响。此处，长三角地区为江苏、上海及浙江三省市。

(一)商品结构

图7-12为2010年长三角及广东电子制造业进出口的细分商品结构,商品代码涉及品目可参见表6-2。由该图可明显看出,长三角及广东地区电子制造业的进口商品结构较为类似,而出口商品结构存在较大区别。

对比图7-12(c)及(d)可知,长三角及广东进口商品均以集成电路及微电子组件(8542)为主,2010年集成电路及微电子组件分别占上述两个地区电子产品进口总额的64.71%、56.26%。同时,长三角电子产品进口中,自动数据处理设备(8471)及半导体器件(8541)也占有相当份额,其比重分别为12.54%、7.24%。而广东电子产品进口中,有线电话及电报设备(8517)、半导体器件(8541)及自动数据处理设备(8471)占比分别为9.46%、9.35%、8.74%,比重较高。

与进口情况不同,长三角地区与广东电子产品的出口商品结构差异较大,前者出口结构相对高端,而后者以消费性电子出口为主。如图7-12(a)所示,长三角地区电子产品出口以自动数据处理设备(8471)为主,其次为半导体器件(8541)、集成电路及微电子组件(8542)以及有线电话及电报设备(8517)。2010年,上述四类商品分别占长三角地区电子出口总额的52.08%、11.25%、10.30%及10.24%。而从图7-12(b)来看,广东出口商品以有线电话及电报设备(8517)及自动数据处理设备(8471)为主,电视接收机(8528)也占有相当比重。2010年,上述三类商品在广东电子出口商品中占比分别为39.39%、21.09%及7.98%。

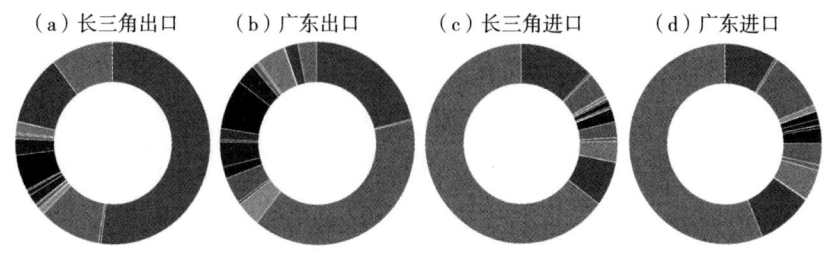

图7-12 2010年广东及长三角地区电子制造业进出口商品构成

数据来源:笔者绘制。

(二) 贸易对象结构

表 7-9 及图 7-13 反映了长三角地区及广东电子制造业进出口贸易对象的构成。从图 7-13 可以看出，与商品构成的情况类似，长三角地区与广东电子制造业的进口贸易对象较为一致，但出口贸易对象构成存在较大差异。

长三角地区及广东电子产品进口贸易对象的构成较为一致。从大区构成来看（见表 7-9），长三角地区及广东电子产品的主要进口地区均为东亚，其次为亚太其他地区。2010 年，东亚及亚太其他地区分别占长三角地区进口总额的 58.27%、25.10%，占广东进口总额的 63.06%、25.25%。从具体国家及地区构成来看，长三角地区及广东电子产品进口前四位均为中国台湾、韩国、日本及马来西亚。2010 年，上述四个国家及地区在长三角地区进口总额的比重分别为 20.92%、18.13%、17.68% 及 15.45%；在广东进口总额的比重依次为 27.05%、17.79%、17.04% 及 10.95%。

表 7-9　　长三角地区及广东电子产品进出口贸易对象构成　　（单位：%）

类别	东亚	美洲	非洲	欧洲	亚太其他国家	其他亚洲国家
长三角出口	32.72	23.37	0.76	27.85	10.55	4.75
长三角进口	58.27	7.94	0.00	8.28	25.10	0.41
广东出口	52.88	19.16	1.53	13.40	7.27	5.76
广东进口	63.06	7.05	0.18	4.30	25.25	0.17

出口贸易中，长三角地区主要贸易对象为东亚地区，其次为欧洲及美洲；而广东主要贸易对象为东亚，美洲及欧洲占比相对较少。2010 年，东亚地区、欧洲及美洲分别占长三角电子产品对外出口总额的 32.72%、27.85%、23.37%；东亚地区占广东电子产品对外出口总额的 52.88%，美洲及欧洲仅分别占比 19.16%、13.40%。从具体国家及地区构成来看，长三角电子产品主要出口对象包括美国、中国香港、日本、德国以及荷兰等。2010 年，上述五个国家及地区分别占长三角电子产品出口总额的 17.83%、13.51%、8.38%、7.45% 及 5.58%。广东电

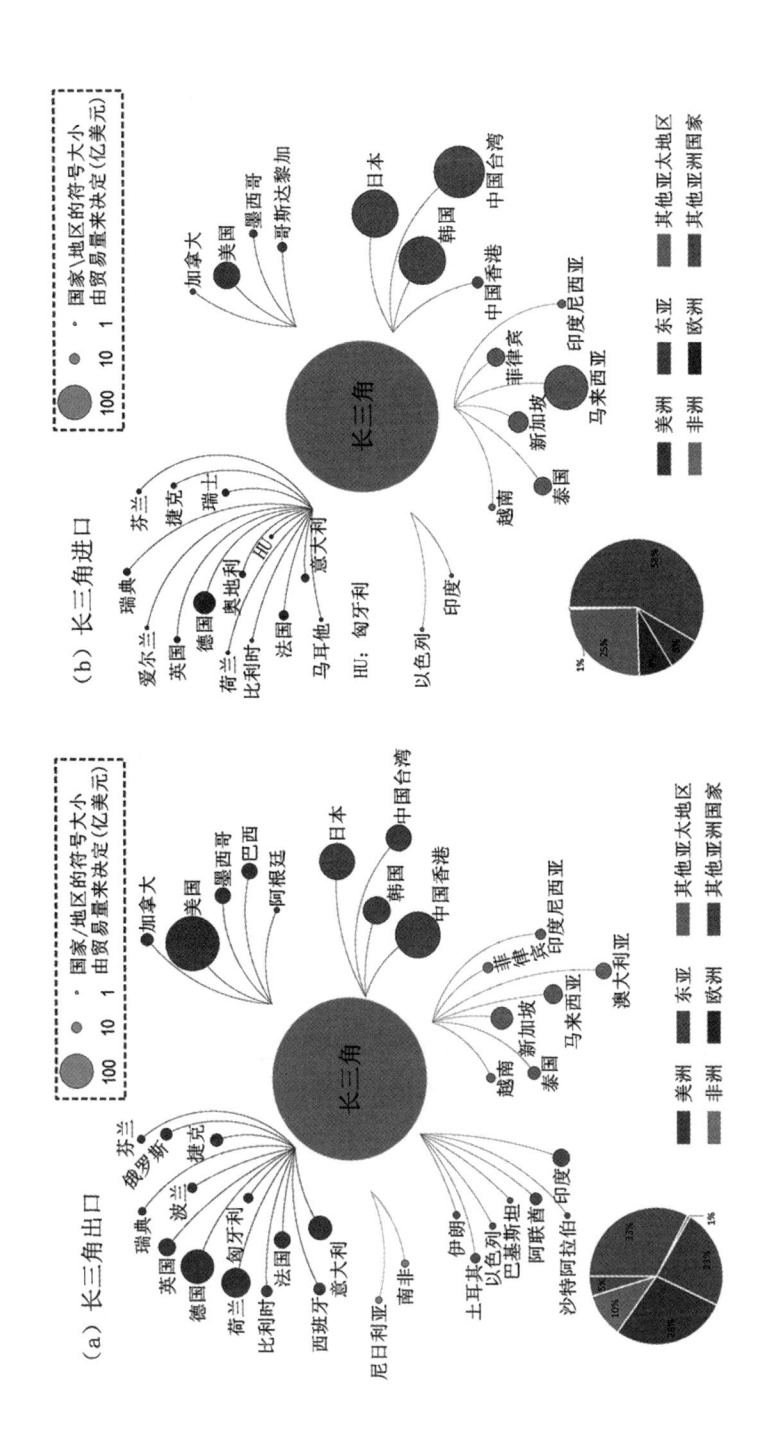

第七章 中国电子制造业的省域空间组织与格局

(a) 长三角出口

(b) 长三角进出口

· 189 ·

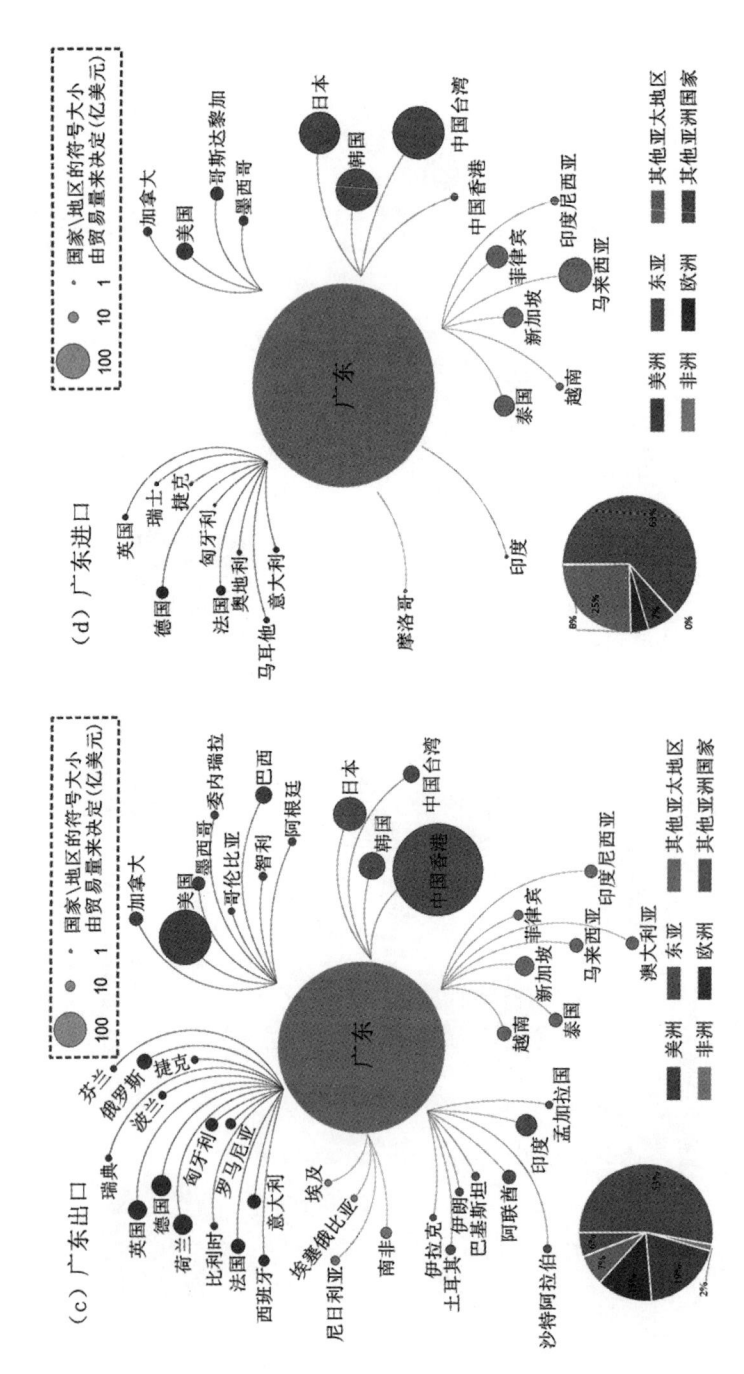

图7-13 2010年长三角及广东地区电子制造业的主要进出口对象

数据来源：笔者绘制。

子产品出口的目的地主要为中国香港及美国，2010年两者占比分别为40.08%、13.93%。

（三）长三角地区及广东电子制造业出口拉动作用

图7-14为长三角地区及广东电子制造业出口拉动增加值在各省份电子制造业实际增加值的比重。由该图可知，与长三角地区相比，广东电子产品出口的总体拉动能力较强。这与两个地区电子制造业类型有密切关系。上述分析已指出，广东的主要电子产品为各种消费型电子、办公设备以及台式电脑，这些产品的零部件中除了核心元器件主要从国外进口外，其他一般性零部件可以由省内其他地区提供。相较而言，长三角地区的主要电子产品是笔记本电脑，其核心元器件同样由国外购进，同时它对一般性零部件的需求要低于广东。

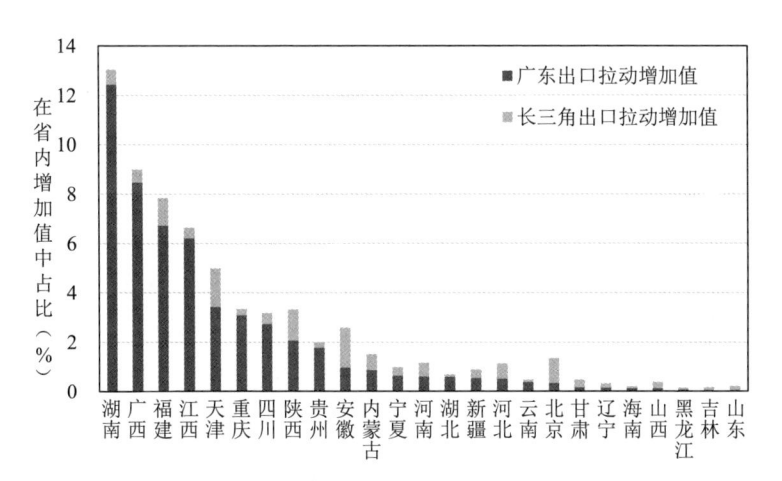

图7-14 长三角及广东出口拉动增加值占各省电子行业增加值比重

数据来源：笔者绘制。

从影响范围来看，广东主要对中国中部及南部的省份具有较强拉动力，而长三角地区主要对东北及华北地区省份有较强影响（见图7-14）。其中，长三角地区拉动增加值超过广东的地区包括黑龙江、吉林、辽宁、北京、河北、山东、山西、安徽、甘肃；而广东地区拉动能力较强的地区包括天津、福建、海南、内蒙古、河南、江西、湖北、湖南、广西、重庆、四川、贵州、云南、陕西、宁夏及新疆等。

从拉动强度来看，广东电子产品出口拉动地区主要包括湖南、广西、福建及江西。2010年，广东电子制造业出口分别拉动湖南、广西、福建及江西形成增加值 23.08、3.38、41.02、14.76 亿元，分别占各省区电子制造业实际增加值的 12.44%、8.46%、6.72% 及 6.21%。此外，广东对天津、重庆、四川、陕西及贵州的拉动能力也较强，其拉动增加值分别占四省市电子制造业实际增加值的 3.42%、3.09%、2.74%、2.07% 及 1.76%。而长三角地区电子产品出口主要对安徽、天津、陕西、福建及北京的拉动作用较强，2010 年其分别拉动上述五个省市电子制造业形成增加值 2.26、5.00、2.03、6.82 及 3.08 亿元，分别占各省市电子制造业实际增加值的 1.61%、1.56%、1.25%、1.12% 及 1.02%。

第五节　小结

本章首先梳理了新中国成立以来我国电子制造业的发展历程，以及近年来电子制造业省域空间组织格局的演变过程及总体趋势；之后，基于中国 30 省区市区域间投入产出表，对当前电子制造业省域间贸易格局及联系强度等进行了分析，揭示了当前电子制造业省域空间组织的总体格局；最后，计算分析了当前空间组织模式下出口对各省区市电子制造业发展的影响，并特别对长三角地区及广东电子制造业贸易模式以及其出口拉动效应的空间分布等进行了刻画。主要结论如下：

（1）新中国成立初期，为应对战争威胁，中国政府在深山内陆建厂，主要生产军用电子产品。改革开放后，开始社会主义市场经济探索，陆续在珠三角、长三角、环渤海等东部沿海地区建立生产基地，转为民用电子产品为主。80 年代，在组建企业集团和发展加工贸易的基础上，消费类电子产品大幅增加。90 年代后，国有企业进行市场化改革、外商投资环境不断优化，中国电子制造业蓬勃发展，投资类和基础类电子产品逐渐成为主导。尽管如此，中国电子制造业仍然处于世界产业链的中低端。2008 年国际金融危机爆发后，受到了巨大冲击。在国家宏观调控下，进入了结构性的深化调整阶段，主要表现出内需市场拉动效应增强、外贸市场贸易主体多元化；中西部地区投资增速迅猛、东部地区行业增速趋缓；内资企业贡献增大，外资企业比重减少；竞争压力增大、创新需求凸显等特征。

（2）1988年以来，中国电子制造业省域空间分布经历了一个分散→集聚→扩散的过程。80年代末、90年代初时，广东及中西部部分地区（如陕西、四川等）电子制造业规模较大，且专业化水平较高，总体空间格局较为分散；但随着沿海开放政策的加强，广东、长三角以及京津地区的电子制造业开始迅速发展，至2000年时电子制造业集中布局在东部沿海地区，且2000—2005年期间电子制造业进一步向广东及长三角地区集中。2008年国际金融危机爆发后，中国东部沿海地区受到明显冲击，中国为扩大内需不断加大投资力度，并有计划地扩大对中西部地区的投资规模，以四川及重庆为代表的中西部地区电子制造业加速发展，空间布局从集聚趋于分散。

（3）当前中国电子制造业空间组织中存在两大组团，以江苏为核心的泛长三角组团以及以广东为核心的泛珠三角组团。根据生产规模及区域联系情况，可以将30省区市划分为四大层级，其中第一层级为江苏及广东，第二层级包括东部沿海六个省市，第三层级主要集中在中东部及西部少数省份，第四层级多远离东部沿海地区。其中第二、三层级省份与广东及泛长三角地区联系紧密，且对全国电子制造业发展的前向推动作用普遍较强，而第四层级省份发展较为孤立。

（4）当前产业空间组织模式下，占据核心地位的省份从出口贸易中受益最大，而周边省份对核心省份依赖性较强，但受益水平相对较低。广东、江苏及上海从电子制造业出口拉动中受益较高，且对外省出口依赖程度较低；第二层级省份受益水平次之，且对外省出口依赖性较强；第三层级受外省电子制造业出口拉动的影响最大，但出口拉动形成增加值对地区发展的贡献程度较低；第四层级省份与其他省份电子制造业发展发展联系较弱。

（5）长三角地区及广东电子制造业组织模式存在区别，广东地区对其他省份带动力更强。长三角地区主要生产笔记本电脑，其中核心零部件主要从发达国家或地区进口，组装完成后销往西方发达国家；而广东代表的泛珠三角组团主要生产消费性电子、办公设备及台式电脑，核心零部件同样从发达国家或地区购进,而周边省份为其提供一般性零部件,组装完成后转口中国香港,销往欧美等发达国家。广东地区电子产品出口带动力较强,影响范围主要为中国中部及南部省份,而长三角地区主要对东北及华北地区省份有较强影响。

第八章
主要结论与研究展望

第一节 主要结论

自 20 世纪 90 年代以来,东亚地区电子制造业的产业空间组织不断整合,目前已形成较为完善的生产网络,并对相关地区经济发展形成深远影响。针对这一现象,很多学者从全球生产网络及全球价值链角度进行研究。然而,受数据获取限制,当前多数研究以定性分析为主,定量研究较为薄弱。基于上述背景,本书通过编制东亚地区间投入产出表,对东亚及中国电子制造业的空间组织格局及区域联系进行研究,并通过增加值贸易核算分析了当前空间组织模式对区域发展的影响。本书主要研究结论如下:

一 全球电子制造业呈现梯度转移发展特征,目前东亚—东南亚组团不断崛起

通过对 1980—2014 年期间电子制造业及集成电路制造业的进出口贸易空间格局的分析,可以发现世界各国的电子制造业呈现出梯度发展的阶段性特点。截至目前,全球电子制造业已经经历了"美国—日本—韩国、中国台湾—中国大陆"等由高度发达国家向中等发展中国家梯度转移的四个阶段。20 世纪 80 年代后半期,随着生产组织方式向模块化的转变,韩国和中国台湾分别以不同的嵌入方式,参与到全球电子制造业的产业分工中,成为全球电子生产网络的重要节点。20 世纪 90 年代后,中国为代表的发展中国家也凭借廉价的劳动力优势参与

到全球电子制造业分工中，成为重要的全球性电子生产组装基地。

同期，全球电子制造业进出口贸易格局经历了"集聚—分散—集聚"的过程，目前东亚—东南亚组团不断崛起。1980—2000年期间，东亚、东南亚地区开始崛起，电子制造业贸易格局由集中走向分散；2000—2014年期间，东亚及东南亚地区贸易领先优势进一步扩大，电子制造业再次呈现集聚发展态势。对1990年以来世界电子制造业贸易组团网络的社团结构进行分析，可以发现世界各国电子制造业和集成电路业贸易网络的社团数量逐渐增多，且区域化特征逐渐明显，东亚—东南亚组团日益突出。

二 东亚地区贸易地位迅速发展，且地区内贸易联系总体较强

2001—2014年期间，东亚地区电子制造业贸易迅速发展，除日本外，进出口商品结构均呈现集中化态势。中国大陆及台湾地区的出口贸易发展较快，而日本的进口贸易地位更加凸显。在出口商品结构方面，中国大陆以自动数据处理设备及有线电话及电报设备出口为主，而日本、韩国及中国台湾地区出口商品结构逐步由集成电路及微电子组件主导。在进口商品结构方面，中国大陆地区及台湾地区、韩国的电子制造业进口商品结构日趋集中化，集成电路及微电子组件占据绝对主导地位，而日本电子制造业进口商品结构趋向多元化，终端产品进口比重不断增加。

2001—2014年期间，东亚内部中国大陆、中国台湾、日本、韩国这四个国家/地区电子制造业的进出口贸易联系呈现出差异化的格局与态势。从贸易联系强度来看，韩国与中国台湾地区之间的贸易联系比较密切，而中国大陆与日本及中国台湾地区之间的贸易联系则相对较为薄弱。从贸易互补程度来看，日本与韩国及中国大陆地区之间、韩国与中国台湾地区之间的双向贸易互补性均较强，而中国大陆与韩国及中国台湾地区之间、日本与中国台湾地区之间的贸易互补性水平不对称，中国大陆进口与韩国及中国台湾两地出口之间、中国台湾地区进口与日本出口之间的贸易互补性较强。

三 中国大陆对日本、韩国及中国台湾地区中间投入依赖程度较强，中国台湾地区、韩国及日本为增加值净流入地

在东亚电子制造业空间组织中，日本主要负责核心零部件的生产，同时对最终产品消费较多，中国承担了大量加工组装环节，韩国及中国台湾地区处于相对中间的位置，主要负责核心零部件的生产等。2010年，东亚各地区电子制造业的进口商品结构较为一致，以集成电路及微电子组件为主。出口方面，日本，韩国，中国台湾地区、西北地区、川渝地区以集成电路及微电子组件为主，东部沿海地区、北部沿海地区以自动数据处理设备为主，京津地区以有线电话及电报设备为主，其他地区的出口商品结构则较为多元。

当前，中国大陆电子制造业对日本、韩国及中国台湾地区中间投入依赖程度较强，后三者受益水平最高，为增加值净流入地。从产业前后向联系来看，日本、韩国及中国台湾地区、东部沿海地区、南部沿海地区电子制造业联系较为紧密。其中，我国南部沿海地区及东部沿海地区对日本、韩国及中国台湾地区电子制造业增加值的拉动作用明显；而日本、韩国及中国台湾地区对我国南部沿海地区及东部沿海地区电子制造业推动作用较强。由此可见，我国电子制造业发展对日本、韩国及中国台湾地区依赖性较强，中间大量投入都来源于这些地区。从最终的增加值分配格局来看，中国台湾地区、韩国及日本受益最大，是增加值贸易的净流入地；而中国南部沿海、东部沿海地区则是主要的增加值贸易净流出地。

四 我国电子制造业空间布局经历了分散→集聚→扩散的过程，当前已形成泛长三角及泛珠三角两大组团

新中国成立以来，中国电子制造业产业发展政策不断变化，其先后经历了奠基发展阶段、探索发展阶段、快速发展阶段，2008年国际金融危机爆发后，中国电子制造业进入结构性深化调整阶段。在省域空间布局方面，中国电子制造业经历了一个分散→集聚→扩散的过

程。80年代末、90年代初时，广东及中西部部分地区（如陕西、四川等）电子制造业规模较大，且专业化水平较高，总体空间格局较为分散；但随着沿海开放政策的加强，广东、长三角以及京津地区的电子制造业开始迅速发展，至2000年时电子制造业集中布局在东部沿海地区，且2000—2005年期间电子制造业进一步向广东及长三角地区集中。2008年国际金融危机爆发后，中国东部沿海地区受到明显冲击，中国为扩大内需不断加大投资力度，并有计划地扩大对中西部地区的投资规模，以四川及重庆为代表的中西部地区电子制造业加速发展，空间布局从集聚趋于分散。

当前中国电子制造业空间组织中存在两大组团，以江苏为核心的泛长三角组团以及以广东为核心的泛珠三角组团。根据生产规模及区域联系情况，可以将30省区市划分为四大层级，其中第一层级为江苏及广东，第二层级包括东部沿海六个省市，第三层级省份主要集中在中东部及西部少数省份，第四层级多远离东部沿海地区。其中第二、三层级省份与广东及泛长三角地区联系紧密，且对全国电子制造业发展的前向推动作用普遍较强，而第四层级省份发展较为孤立。

五 当前产业空间组织模式下，处于核心地位的省份受益水平最大，而依赖性较强的省份受益程度较低

基于中国30省区市区域间投入产出表，对当前空间组织模式下出口对各省区市电子制造业发展的影响进行分析。结果发现，占据核心地位的省份从出口贸易中受益最大，代表省份为广东、江苏及上海，它们对外省出口依赖程度较低。而周边省份对核心省份依赖性较强，但受益水平相对较低。

长三角地区及广东电子制造业组织模式存在区别，广东地区对其他省份带动力更强。长三角地区主要生产笔记本电脑，其中核心零部件主要从发达国家或地区进口，组装完成后销往西方发达国家；而广东代表的泛珠三角组团主要生产消费性电子、办公设备及台式电脑，核心零部件同样从发达国家或地区购进，而周边省份为其提供一般性

零部件，组装完成后转口中国香港，销往欧美等发达国家。广东地区电子产品出口带动力较强，影响范围主要为中国中部及南部省份，而长三角地区主要对东北及华北地区省份有较强影响。

第二节 对我国电子制造业发展的政策建议

结合上述研究结论，本节将分别从生产要素投入、需求拉动、区域联系及空间布局四个维度，对我国电子制造业的转型升级及空间组织优化路径提出政策建议。

一 加强对创新研发及人力资源的投入，推动产业创新驱动发展

研究发现，日本、韩国及中国台湾地区电子制造业的增加值构成中，资本及人力投入两者所占份额均较高，而中国大陆地区的生产税份额相对较高。这表明，相较于中国，日本、韩国及中国台湾地区电子制造业的发展更加依赖技术及人力资本的投入。在这种发展路径下，上述三个地区在东亚电子制造业生产网络中均占据优势地位，成为东亚地区增加值净流入的主要目的地。因此，未来中国电子制造业发展中，应进一步降低生产税收水平，鼓励企业加强对创新研发及人力资源建设的投入，特别是加强对电子制造业核心零部件的研发投入，降低中国企业对其他发达地区的依赖，推动中国企业往电子制造业价值链的两端移动，提升产业的价值创造及俘获能力，促进产业实现创新驱动发展。

二 进一步扩大内需，促进形成产业发展稳定动力

研究发现，东亚地区电子制造业的多数产品用于出口，满足世界其他发达国家及地区的消费。特别是中国的东部沿海地区及南部沿海地区，其增加值中有很大一部分来源于东亚以外其他地区的消费。然而，

金融危机爆发导致全球经济持续下行，国际需求市场受到冲击，表现较为波动。这种情况下，过于依赖国际市场将不利于我国电子制造业的稳定持续发展。因此，扩大内需，形成产业发展稳定动力，是促进我国电子制造业以及其他行业发展的有效途径。特别地，随着经济生活水平的提高，中国内需市场潜力巨大。基于此，未来中国电子制造业发展中，应鼓励企业加强创新研发，提升产品多样性，通过增强有效供给，进一步刺激鼓励我国内需市场的发展。

三 重视区域生产网络的构建，加强地区间联动发展

研究指出，尽管中国是东亚地区电子制造业的重要组装加工基地，但其核心零部件仍主要依靠其他国家供给。特别地，中国台湾电子企业与中国大陆生产网络联系薄弱，其主要的零部件供应商仍为中国台湾企业。这种发展模式严重制约了中国本土品牌企业的发展以及国际竞争力的培育，也不利于推动中国区域经济的发展。本书证实，长三角地区电子制造业对中国其他地区电子制造业的发展带动能力表现较为不足。因此，未来中国电子制造业发展中，中国应重视国内区域生产网络的构建，通过降低税收等优惠政策鼓励外资企业加大本土采购比例，并鼓励产业有序向内陆地区转移，加强地区间产业联动发展。

四 优化产业链空间布局，实现资源配置效率最大化

结合电子制造业生产链不同环节的特点，优化产业链的空间布局。一方面，促进创新研发环节向长三角为代表的人才及知识密集地区集聚，激发创新活动的规模集聚效应，推动我国电子制造业实现创新驱动发展，提升产业核心竞争力。另一方面，鼓励组装加工环节从长三角及珠三角地区向环境承载力较好且劳动力成本较低的地区转移，在带动这些地区发展的同时，将较发达地区的更多稀缺资源投入到高附加值生产环节，从而实现资源配置效率最大化。

第三节 研究展望

本书通过编制东亚地区间投入产出表,对东亚及中国电子制造业的空间组织格局及区域联系进行研究,并通过增加值贸易核算定量分析了当前空间组织模式对区域发展的影响。由于自身学术水平及客观因素限制,本书在研究内容及投入产出表编制方面仍存在一些不足之处,未来将进一步完善研究方法,更加细致深入研究国内不同地区重点产业联系水平与模式。

一 时间维度对比研究不足,未来应加强构建投入产出表时间序列数据

由于投入产出表的编制工作较为繁杂,本书仅编制了2010年东亚地区间投入产出表对东亚地区电子制造业生产网络进行了分析。由于缺少时间维度的对比分析,本书在揭示东亚地区电子制造业生产网络的时空演变过程方面表现不足。尽管本书利用历年贸易数据进行了填补性分析,但现有贸易数据多以国家为单位,且贸易数据无法反映地区产业间联动效应。因此,未来应进一步加强投入产出表的研制工作,努力形成投入产出表时间序列数据,以便日后进行时间维度的对比研究。

二 对产业整体发展关注不足,未来应加强不同行业部门间关联对比分析

考虑到研究目的及重点,本书仅对东亚地区电子制造业的区域联系进行了分析。尽管地区间投入产出表提供了不同地区不同行业部门的投入及需求联系数据,但本书并未对不同行业部门之间的联系进行分析,这影响了本书对东亚及中国产业发展整体情况的判断,也在某

种意义上未能充分体现投入产出分析的优势。未来研究中，可将本书的研究模式推广到各行业部门，加强不同行业部门间的关联及对比分析，从而实现对产业发展整体格局及态势的把握及理解。

三 微观尺度关注较少，未来应加强尺度间关联研究

地区间投入产出表涉及空间单元多为大区或国家，研究尺度偏于宏观及中观。而本书利用东亚地区间投入产出表对东亚电子制造业生产网络进行研究，致力于从宏观层面上揭示东亚地区电子制造业的空间组织特点及增加值分布格局，因而微观尺度分析较少。但与此同时，电子制造业生产网络具有多尺度特点，它在不同尺度上的空间组织模式有所差异，进行尺度间关联分析具有重要意义。因此，未来本书将加强对微观尺度的分析，并增强微观尺度与中观、宏观尺度的联系分析，进一步完善东亚地区电子制造业生产网络空间组织的研究体系。

四 东亚地区间投入产出表的准确性有待进一步提高

受人力、物力、财力等客观因素的限制，编制东亚地区间投入产出表时所使用的很多数据都为二手数据，比如进口品的分配结构矩阵、国际运费及保险费率等。同时，国际上对于服务贸易的统计相对不完善，且进口服务的使用结构更加难以进行调查。此外，用于链接的中国台湾地区投入产出表是由购买者价格的投入产出延长表转换调整而来，该过程中不可避免存在误差。上述这些问题都在不同程度上对投入产出表的准确性产生影响。因此，未来应督促各国及地区的投入产出表编制单位完善投入产出调查，规范调查方法及程序，为投入产出表编制及地区间投入产出表链接做好基础工作。

参考文献

［1］陈才.2009.区域经济地理学（第二版）.北京：科学出版社.

［2］陈鹏，郑翼村.2006."微笑曲线"理论对我国产业结构高度化的启示.市场论坛，11.

［3］陈锡康，李秉全，闫树海，薛新伟.1982.经济数学方法与模型.北京：中国财政经济出版社.

［4］陈锡康，杨翠红.2011.投入产出技术.北京：科学出版社.

［5］戴维·哈维 著.阎嘉 译.2003.后现代的状况：对文化变迁之缘起的研究.北京：商务印书馆.

［6］樊纲，关志雄，姚枝仲.2006.国际贸易结构分析：贸易品的技术分布.经济研究，(8).

［7］高鸿业.2011.西方经济学（第5版）.北京：中国人民大学出版社.

［8］高满达.2010.手机研发流程与质量管理.北京：人民邮电出版社.

［9］工业和信息化部运行监测协调局.2009.2008年电子信息产业统计公报.

［10］工业和信息化部运行监测协调局.2010.2009年电子信息产业经济运行公报.

［11］工业和信息化部运行监测协调局.2013.2012年中国工业经济运行报告.中国建材资讯，(01).

[12] 工业和信息化部运行监测协调局.2015.2014年电子信息产业统计公报.

[13] 顾国达,周蕾.2010.全球价值链角度下我国生产性服务贸易的发展水平研究——基于投入产出方法.国际贸易问题,(5).

[14] 关志雄.2002.从美国市场看"中国制造"的实力——以信息技术产品为中心.国际经济评论,(7-8).

[15] 桂雁鸿.2005.中国新型工业化道路中的信息产业政策研究.武汉大学.

[16] 郭福等编.2011.电子组装技术与材料.北京:科学出版社.

[17] 韩宇.2009.美国高技术城市研究.北京:清华大学出版社.

[18] 黄琪轩.2013.大国权力转移与技术变迁.上海:上海交通大学出版社.

[19] 黄卫平等.2009.中国加入区域经济一体化研究.北京:经济科学出版社.

[20] 姜鲁明,王文华.2012.中国近现代国防经济史.北京:中国财政经济出版社.

[21] 江小涓.2014.经济转轨时期的产业政策对中国经验的实证分析与前景展望.上海:格致出版社.

[22] 孔欣欣.2006.中国电子工业成长动力因素分析.北京:经济管理出版社.

[23] 雷家骕,秦颖,郭淡泊.2013.中国的自主创新:理论与案例.北京:清华大学出版社.

[24] 李国平,卢明华.2002.北京高科技产业价值链区域分工研究.地理研究,21(2).

[25] 李健.2008.从全球生产网络到大都市区生产空间组织.华东师范大学.

[26] 李建,宁越敏.2010.计算机产业全球生产网络的地方竞争性分析.上海经济研究,5.

[27] 李涛著,李思屈.2014.文化产业概论.杭州:浙江大学出版社.

[28] 刘冬梅.2013.区域特色产业和科技资源空间布局研究.北京:科

学技术文献出版社.

[29] 刘鸿熙,林贤郁.1988.日本编制和应用投入产出表简介.北京:中国统计出版社.

[30] 刘敏,赵翠薇,施明辉.2012.贵州山区土地利用变化多尺度空间自相关分析.农业工程学报,28(20).

[31] 刘世锦.2006.关于我国增长模式转型的若干问题.管理世界,(2).

[32] 刘卫东.2003.论全球化与地区发展之间的辩证关系——被动嵌入.世界地理研究,12(1).

[33] 刘卫东,马丽,刘毅.2003.经济全球化对我国区域发展空间格局的影响.地理研究,22(3).

[34] 刘卫东,金凤君,刘彦随等.2011a.中国区域发展报告2011.北京:商务印书馆.

[35] 刘卫东,陈杰,唐志鹏等.2011b.中国2007年30省区市区域间投入产出表编制理论与实践.北京:中国科学出版社.

[36] 刘卫东.2013.经济地理学思维.北京:科学出版社.

[37] 李小建,李国平,曾刚等.2006.经济地理学(第二版).北京:高等教育出版社.

[38] 娄勤俭.2003.中国电子信息产业发展模式研究.北京:中国经济出版社.

[39] 陆大道,薛凤旋.1997.中国区域发展报告1997.北京:商务印书馆.

[40] 卢明华,李国平.2004.全球电子信息产业价值链及对我国的启示.北京大学学报(哲学社会科学版).41(4).

[41] 吕郑.2012.工业年鉴2011.北京:中国财政经济出版社.

[42] 梅丽霞,王缉慈.2009.权力集中化、生产片段化与全球价值链下本土产业的升级.人文地理,(4).

[43] 苗长虹,魏也华,吕拉昌.2011.新经济地理学.北京:科学出版社.

[44] 覃征.2014.软件文化概论.北京:清华大学出版社.

[45] 上海市经济和信息化委员会,上海科学技术情报研究所. 2013. 2013世界制造业重点行业发展动态. 上海:上海科学技术文献出版社.

[46] 世界经济年鉴编辑委员会. 1991. 世界经济年鉴1991(上). 北京:中国社会科学出版社.

[47] 施祖辉. 1996. 台湾的投入产出统计及其应用. 统计与预测,(2).

[48] 宋斌. 2014. 计算机导论. 北京:国防工业出版社.

[49] 王关义. 2014. 中国企业生产运营管理案例. 北京:经济管理出版社.

[50] 王浩. 2011. 区域产业竞争力的理论与实证研究. 长春:吉林大学出版社.

[51] 王缉慈. 2010. 超越集群:中国产业集群的理论探索. 北京:科学出版社.

[52] 王云霞,李国平. 2006. 产业链现状研究综述. 工业技术经济, 25(10).

[53] 王铮,李刚强,谢书玲,杨念,闫丹. 2007. 中国新经济产业区域专业化水平分析. 地理学报, 62(8).

[54] 魏后凯. 2006. 现代区域经济学. 北京:经济管理出版社.

[55] 魏然. 2010. 产业链的理论渊源与研究现状综述. 技术经济与管理研究,(6).

[56] 文嫮,曾刚. 2005. 全球价值链治理与地方产业网络升级研究. 中国工业经济,(7).

[57] 伍皓. 2013. 产业新区论. 北京:世界图书出版公司.

[58] 吴金明,邵昶. 2006. 产业链形成机制研究——"4+4+4"模型. 中国工业经济,(4).

[59] 武奇生,惠萌,巨永锋,陈圆媛. 2014. 物联网工程及应用. 西安:西安电子科技大学出版社.

[60] 吴旭琴. 2013. 生活中的物理学. 兰州:甘肃文化出版社.

[61] 谢康. 2001. 世界信息经济与国家知识优势. 广州:广东人民出版社.

[62] 亚当·斯密. 1976. 国民财富的性质和原因的研究. 北京:商务

印书馆.

［63］于津平. 2003. 中国与东亚主要国家和地区间的比较优势与贸易互补性. 世界经济，26(5).

［64］于志达. 2013. 实用国际经贸地理. 天津：南开大学出版社.

［65］喻志军. 2009. 中国外贸竞争力评价：理论与方法探源——基于"产业内贸易"与"显示性比较优势指数"的比较分析. 统计研究，26(5).

［66］曾忠禄. 2001. 从企业价值链看战略联盟优势. 当代财经，(1).

［67］张宏，王建. 2013. 中国对外直接投资与全球价值链升级. 北京：中国人民大学出版社.

［68］张厚明. 2014. 两岸投资与产业合作研究. 北京：九州出版社.

［69］张辉. 2006. 全球价值链下地方产业集群转型和升级. 北京：经济科学出版社.

［70］张秀生 主编. 2007. 区域经济学. 武汉：武汉大学出版社.

［71］张亚雄，赵坤. 2006. 区域间投入产出分析. 北京：社会科学文献出版社.

［72］张亚雄，赵坤，王飞. 2010. 国家间投入产出模型方法、研制与应用. 统计研究，27(11).

［73］周尚意，李新，董蓬勃. 2003. 北京郊区化进程中人口分布与大中型商场布局的互动. 经济地理，23(3).

［74］朱凤涛，李仕明，杜义飞. 2008. 关于价值链、产业链和供应链的研究辨识. 管理学家 (学术版)，(4).

［75］Amin A. 1998. Globalisation and Regional Development: A Relational Perspective. Competition and Change, 3.

［76］Bair J., Gereffi G. 2001. Local Clusters in Global Value Chains: The Cause and Consequences of Export Dynamism in Torreon's Blue Jeans Industry. World Development. 29(11).

［77］Balassa B. 1965. Trade Liberalisation and "Revealed" Comparative Advantage. he Manchester School 33 (2).

［78］Baldwin C.Y., Kim B.C. 2000. Design Rules, Volume 1: The Power of Modularity Cambridge, MA: The MIT Press.

［79］Bazan L, Navas-Aleman, L. 2003. Upgrading in Global and National Value Chains: Recent Challenges and Opportunities for the Sinos Valley Footwear Cluster. In H. Schmitz (ed.). Local Enterprises in the Global Economy: Issues of Governance and Upgrading. Cheltenham: Edward Elgar.

［80］Boggs J.S., Rantisi N.M. 2003. The "Relational Turn" in Economic Geography. Journal of Economic Geography, 3.

［81］Brown A.J. 1948. Applied Economics: Aspects of the World Economy in War and Peace. New York: Rinehart and Company.

［82］Coe N.M., Hess M. 2011. Local and Regional Development: A Global Production Network Approach. in Pike A, Rodriguez-pose A, Tomaney J. (eds). Handbook of Local and Regional Development,. Routledge.

［83］Coe N. M., Hess M., Yeung H. W., Dicken P., Henderson J. 2004. "Globalizing" Regional Development: A Global Production Networks Perspective. Transactions of the Institute of British Geographers, 29.

［84］Coe N.M., Kelly P.F., Yeung H.W. 2007. Economic Geography: A Contemporary Introduction. Oxford: Blackwell.

［85］Coe N.M., Yeung H.W. 2015. Global Production Networks: Theorizing Economic Development in an Interconnected World. Oxford: Oxford Unversity Press.

［86］Cox K.R. 1997. Spaces of Globalization. New York: Guilford Publication.

［87］Chen X., Cheng L.K., Fung K.C. et al. 2001. The Estimation of Domestic Value-added and Employment Induced by Exports：An Application to Chinese Exports to United States. Stanford University, Meimo.

［88］Chen X., Cheng L.K., Fung K.C. et al. 2005. The Estimation of Domestic Value-added and Employment Induced by Exports：An Application to Chinese Exports to United States. American Economic Association Meeting. Philadelphia Stanford University.

［89］Chenery H. 1953. Regional Analysis. In Chenery P., Clark V., Cao Pinna, eds. The Structure and Growth of the Italian Economy. Rome, US Mutual

Security Agency.

［90］Dedrick J., Kraemer K.L., Linden G. 2010. Who Profits from Innovation in Global Value Chains: A Study of the iPod and Notebook PCs. Industrial and Corporate Change, 19.

［91］Dicken P. 2003. Global Shift. New York: The Guilford Press.

［92］Dicken P. 2007. Global Shift: Mapping the Changing Contours of the Wolrd Economy. London: Sage Publications Inc.

［93］Dicken P., Thrift N. 1992. The Organization of Production and the Production of Organization: Why Business Enterprises Matter in the Study of Geographical Industrialization. Transactions of the Institute of British Geographers.

［94］Dixit A.K., Stiglitz J.E. 1977. Monopolistic Competition and Optimum Product Diversity. American Economic Review, 67.

［95］Dunning J.H. 1977. United Kingdom Transnational Manufacturing and Resource based Industries and Trade Flows in Developing Countries. Geneva, UNCTAD.

［96］Dunning J.H. 1993. Multinational Enterprises and the Global Economy. New York: Addison-Wesley Publishing Company.

［97］Ernst D. 1997. From Partial to Systemic Globalization: International Production Networks in the Electronics. BRIE Working Paper 98.

［98］Floyd T.L., Buchla D.M. 2014. 殷瑞祥, 殷粤捷译. 交直流电路基础：系统方法. 北京：机械工业出版社.

［99］Gangnes B., Assche A.V. 2011. Product Modularity and the Rise of Global Value Chains: Insights from the Electronics Industry. CIRANO-Scientific Publication, Working Paper No. 11-19.

［100］Granovetter M. 1984. Small is Bountiful: Labor Markets and Establishment Size. American Sociological Review, 49 (6).

［101］Gereffi. 1999. A Commodity Chains Framework for Analyzing Global Industries. Duke University Working Paper.

［102］Gereffi G., Humphrey J., Sturgeon T. 2005. The Governance of

Global Value Chains. Review of International Political Economy, 12(1).

［103］Gereffi K. 1994. Commodity Chains and Global Capitalism. Santa Barbara: Greenwood Press.

［104］Hausmann R., Hwang J., Rodrik D. 2005. What You Export Matters. NBER Working Paper Series. No. 11905.

［105］Helleiner G.K. 1981. Intra-firm Trade and Developing Countries. London: Macmillan.

［106］Henderson J., Dicken P., Hess M., Coe N., Yeung H.W. 2002. Global Production Networks and the Analysis of Economic Development. Review of International Political Economy, 9.

［107］Hess M., Yeung H.W. 2006. Whither Global Production Networks in Economic Geography Past, Present and Future. Environment and Planning A.

［108］Hobday M. 1995. Innovation in East Asia: The Challenge to Japan. Cheltenham: Edward Elgar.

［109］Hummels D., Ishii J., Yi K. 2001. The Nature and Growth of Vertical Specialization in World Trade. Journal of International Economics, 54(1).

［110］Humphrey, S. 2000. Goverance and Upgrading: Linking Industrial Clusters and Global Value Chain Research. IDS Working Paper 120. Brighton: Institute of Development Studies, University of Sussex.

［111］Humphrey S. 2002. Developing Country Firms in the World Economy: Governance and Upgrading in Global Value Chains. INEF Report 61/2002. Duisburg: INEF-University of Duisburg.

［112］Isard W. 1951. Interregional and Regional Input-Output Analysis: A Model of a Space Economy. The Review of Economics and Statistics.

［113］Isard W. 1960. Methods of Regional Analysis: An Introduction to Regional Science. Cambridge: The MIT Press.

［114］Isard W. 1998. Methods of Interregional and Regional Analysis. England: Ashgate Publishing Limited.

［115］Kaplinsky R., Morris M.A. 2002. A Handbook for Value Chain Research. Paper Prepared for the IDRC.

[116] Kaplinsky R., Memedovic O., Morris M., Readman J. 2003. The Global Wood Furniture Value Chains: What Prospects for Upgrading by Developing Countries. SSRN eLibrary.

[117] Kawakami M. 2008. Exploiting the Modularity of Value Chains the Inter-firm Dyanmics of the Taiwanese Notebook PC Industry. IDE Discussion Paper. No. 146.2008.4.

[118] Kimura, T. 2006. The Continuing Smile Curve Phenomenon in Electronic Computing Equipment and Accessory Equipment: Further Validation for the Smile Curve. FRI Research Report.

[119] Kishimoto C. 2004. Clustering and Upgrading in Global Value Chains: The Twaiwanese Personal Computer Industry. In Schmitz H. (eds). Local Enterprises in the Global Economy: Issues of Governance and Upgrading. Massachusertts, USA: Edward Elgar Publishing.

[120] Kogut B. 1985. Designing Global Strategies: Comparative and Competitive Value-added Chains. Sloan Management Review, 26(4).

[121] Kojima K. 1962. Sckai Keizai to Nihon Hoeki. Tokyo: Keiso.Shobo.

[122] Koopman R., Wang Z., Wei S.J. 2009. A World Factory in Global Production Chains: Estimating Imported Value Added in Exports by the People's Republic of China. NBER Working Paper Series. No. 7430.

[123] Kotabe M. 1989. Hollowing Out of US Multinationals and Their Global Competitiveness. Journal of Business Research, 19.

[124] Kotabe M. 1996. Global Sourcing Strategy in the Pacific: American and Japanese Multinational Companies. In G. Boyd (ed.). Structural Competitiveness in the Pacific. Cheltenham, UK: Edward Elgar.

[125] Krugman P. 1980. Scale Economic, Product Differentiation, and the Pattern of Trade. American Economic Review, 70.

[126] Lall S., Weiss J., Zhang J. 2006. The Sophistication of Exports: A New Trade Measure. World Development, 34(2).

[127] Langlois R.N. Modularity in Technology and Organization. Journal of Economoic Behavior & Organization, 49.

［128］Leontief W., Strout A. 1963. Multiregional Input-output Analysis. In Barna T. Structural Interdependence and Economic Development. London: St. Martin's Presss.

［129］Liu W.D., Dicken P., Yeung H.W. 2004. New Information and Communication Technologies and Local Clustering of Firms: A Case Study of the Xingwang Industrial Park in Beijing. Urban Geography, 25.

［130］Mackinnon D. 2012. Beyond Strategic Coupling: Reassessing the Firm-region Nexus in Global Production Networks. Journal of Economic Geography, 12.

［131］Macleod G. 2001. New Regionalism Reconsidered: Globalization and the Remaking of Political Economic Space. International Journal of Urban and Regional Research, 25.

［132］Marconi N. 2012. The Industrial Equilibrium Exchange Rate in Brazil: An Estimation. Brazilian Journal of Political Economy, 32(4).

［133］Mathews J.A., Dong-Sung C. 1998. Tiger Technology: The Creation of a Semiconductor Industry in East Asia, Vol. 42. Cambridge: Cambridge University Press.

［134］Messner D., Meyer-Stamer J. 2000. Governance and Networks: Tools to Study the Dynamics of Clusters and Global Value Chains. Institute for Development and Peace, University of Duisburg.

［135］Michaely M. 1984. Trade, Income Levels, and Dependence. North Holland: Elsevier Science Ltd.

［136］Michaely M. 1996. Trade Preferential Agreements in Latin America: An Ex-ante Assessment. The World Bank, Policy Research Working Paper Series.

［137］Miller R., Blair P. 2009. Input-Output Analysis：Foundations and Extensions (Second Edition). Cambridge: Cambridge University Press.

［138］Moses N. 1955. The Stability of Interregional Trading Patterns and Input-output Analysis. American Economic Reviews, 85(3).

［139］Newman M.E.J., Barkema G.T. 1999. Monte Carlo Methods in

Statistical Physics. Cambridge: Cambridge University Press.

［140］Ohmae K. 1985. Triad Power: The Coming Shape of Global Competition. New York: Free Press.

［141］Pietrobelli C., Rabellotti R. 2004. Upgrading in Clusters and Value Chains in Latin America: The Role of Policies. Washington, DC: Micro, Small and Medium Enterprise Division, Inter-American Development Bank.

［142］Polanyi K., Arensberg C.M, Pearson H.W. 1957. Trade and Market in the Early Empires: Economies in History and Theory. Glencoe, Illinois, USA: The Free Press.

［143］Polenske R. 1970. A Multiregional Input-Output Model for the United States. Harvard Economic Research Project. Washington DC: U.S. Economic Development Administration.

［144］Porter M. 1985. Competitive Advantage: Creating and Sustaining Superior Performance. London: Macmillan.

［145］Porter M. 1990. The Competitive Advantage of Nations. New York: The Free Press.

［146］Powell W.W. 1990. Neither Market nor Hierarchy: Network Forms of Organization. In Staw B.M. and Cummings (eds). Research in Organizational Behavior. CT: JAI Press.

［147］Ricardo D. 2004. On the Principles of Political Economy and Taxation. New York: Dover Publications.

［148］Rosvall M., Bergstrom C.T. 2008. Maps of Random Walks on Complex Networks Reveal Community Structure. Proceedings of the National Academy of Sciences of the United States of America, 105.

［149］Rosvall M., Axelsson D., Bergstrom C.T. 2009. The Map Equation. The European Physical Journal Special Topics, 178.

［150］Saxenian A. 2002. Transnational Communities and the Evolution of Global Production Networks: The Cases of Taiwan, China and India. Industry and Innovation, 9.

［151］Schott P.K. 2006. The Relative Sophistication of Chinese Exports.

NBER Working Paper Series, No. 12173.

［152］Scott, A. 1988. The Global Assembly-operations of US Semiconductor Firms: A Geographical Analysis. Environment and Planning A, 20.

［153］Sturgeon T.J. 2002. Modular Production Networks: A New American Model of Industrial Organization. Industrial and Corporate Change, 11.

［154］Swamidass P., Kotabe M. 1993. Component Sourcing Strategies of Multinationals: An Empirical Study of European and Japanese Multinationals. Journal of International Business Studies, 24(1).

［155］Torrens R. 1840. The Budget: On Commercial and Colonial Policy. London: Smith, Elder.

［156］UNIDO. 2002. Annual Report.

［157］Venkatesan R. 1992. Strategic Sourcing: To Make or Not to Make. Harvard Business Review, 11-12.

［158］Vernon R. 1966. International Investment and International Trade in the Product Cycle. Quarterly Journal of Economics, 80.

［159］Wakita K., and Toshiyuki T. 2007. Finding Community Structure in Mega-scale Social Networks. Pages in 2007 International Conference on the World Wide Web, Proceedings of the 2007 International Conference on the World Wide Web.

［160］Wang Z., Wei S.J. 2008. What Accounts for the Rising Sophistication of China's Exports？ NBER Working Paper Series. No. 13771.

［161］Wang Z., Pwers W., Wei S.J. 2009. Value Chains in East Asian Production Networks: An International Input-Output Model Based Analysis. NBER Working Paper Series. No. 2009-10-C.

［162］Wonnacott R.J. 1961. Canadian-American Dependence: An Interindustry Analysis of Production and Prices. Amsterdam: North-Holland Publishing Co.

［163］Xing Y., Detert N. 2010. How the iPhone Widens the United States Trade Deficit with the People's Republic of China, ADBI Working Paper Series, No. 257.

［164］Yeung H.W. 1994. Critical Reviews of Geographical Perspectives on Business Organisations and the Organisation of Production: Towards a Network Approach. Progress in Human Geography, 18(4).

［165］Yang Y. 2006. The Taiwanese Notebook Computer Production Network in China: Implication for Upgrading of the Chinese Electronics Industry. Center for Research on Information Technology and Organizations.

［166］Yang C. 2007. Divergent Hybrid Capitalisms in China: Hong Kong and Taiwanese Electronics Clusters in Dongguan, Economic Geography, 83.

［167］Yeung H. W. 2005. Rethinking Relational Economic Geography, Transactions of the Institute of British Geographers, 30.

［168］Yeung H.W. 2007a. From followers to Market Leaders: Asian Electronics Firms in the Global Economy. Asia Pacific Viewpoint, 48.

［169］Yeung H.W. 2007b. Handbook of Research on Asian Business. Cheltenham, UK • Northampton, MA, USA: Edward Elgar Publishing Ltd.

［170］Yeung H.W. 2009a. Regional Development and the Competitive Dynamics of Global Production Networks: An East Asian Perspective, Regional Studies, 43.

［171］Yeung H.W. 2009b. Transnational Corporations, Global Production Networks, and Urban and Regional Development: A Geographer's Perspective on Multinational Enterprises and the Global Economy, Growth and Change, 40.

［172］Yeung H.W. 2015. Regional Development in the Global Economy: A Dynamic Perspective of Strategic Coupling in Global Production Networks. Regional Science Policy & Practice, 7.

［173］Yamazawa I. 1970. Intensity Analysis of World Trade Flow. Hitotsubashi Journal of Economics, 10(2).

［174］Yang D.Y., Coe N.M. 2009. The Governance of Global Production Networks and Regional Development: A Case Study of Taiwanese PC Production Networks, Growth and Change, 40.

［175］Yang Y., Hsia C. 2007. Spatial Clustering and Organizational Dynamics of Transborder Production Networks: A Case Study of Taiwanese

Information-technology Companies in the Greater Suzhou Area, China, Environment and Planning A, 39.

［176］Yeh C.H., Huang J.C.Y., Yu C.K. 2011. Integration of Four-phase QFD and TRIZ in Product R&D: A Notebook Case Study. Research in Engineering Design, 22.

［177］Yusuf S., Altaf M.A., Nabeshima K. (eds). 2005. Global Production Networking and Technological Change in East Asia. World Bank Group.